소프트웨어 세계화

소프트웨어 세계화 : 세계에서 통하는 소프트웨어를 만드는 방법 A to Z

초판발행 2016년 4월 1일

지은이 박미라 / **펴낸이** 김태헌 / **베타리더** 서진호, 유재석, 대니얼 어, 김기열
펴낸곳 한빛미디어(주) / **주소** 서울시 마포구 양화로 7길 83 한빛미디어(주) IT출판부
전화 02-325-5544 / **팩스** 02-336-7124
등록 1999년 6월 24일 제10-1779호 / **ISBN** 978-89-6848-266-3 93000

총괄 전태호 / **책임편집** 김창수 / **기획** 이상복 / **편집** 이현실
디자인 표지 이경란 내지 강은영 조판 방유선
영업 김형진, 김진불, 조유미 / **마케팅** 박상용, 송경석, 변지영 / **제작** 박성우

이 책에 대한 의견이나 오탈자 및 잘못된 내용에 대한 수정 정보는 한빛미디어(주)의 홈페이지나 아래 이메일로
알려주십시오. 잘못된 책은 구입하신 서점에서 교환해드립니다. 책값은 뒤표지에 표시되어 있습니다.

한빛미디어 홈페이지 www.hanbit.co.kr / 이메일 ask@hanbit.co.kr

지금 하지 않으면 할 수 없는 일이 있습니다.
책으로 펴내고 싶은 아이디어나 원고를 메일(writer@hanbit.co.kr)로 보내주세요.
한빛미디어(주)는 여러분의 소중한 경험과 지식을 기다리고 있습니다.

이 책은 저자 개인의 저작물로 마이크로소프트의 의견을 대변하지 않습니다.

세계에서 통하는 소프트웨어를 만드는 방법 A to Z

소프트웨어 세계화

박미라 Mira Park 지음

한빛미디어 Hanbit Media, Inc.

오랫동안 마이크로소프트 시애틀 본사에서 다양한 프로젝트를 맡아온 박미라 님이 직접 쓴 책이다. 공기 없이는 생명체가 살 수 없듯, 세계시장을 타깃으로 소프트웨어를 개발하는 데 필수 불가결한 책이라고 생각한다. 세계화를 통해 국내 앱 시장을 넘어 세계 앱 시장의 정복을 꿈꾸는 개발자들에게 좋은 지침서가 될 것이 틀림없다.

– 서진호 IT 칼럼니스트

1장만 읽어도 책의 가치를 충분히 알 수 있다. 이제는 대기업은 물론이고 스타트업이나 개인에게도 글로벌 시장은 필수인 시대가 되었다. 이 책은 글로벌 시장 공략을 세계화, 국제화, 현지화로 세부적으로 분류해 설명하고, 이에 따른 전략을 소개함으로써 트렌드에 맞는 조언을 제공한다.

– 유재석 모비인사이드 콘텐츠 디렉터/라이터

최근 가장 인기 있는 개발 플랫폼인 모바일을 중심으로, 소프트웨어 디자인에서 세계화 시 주의해야 할 점을 여러 각도에서 알려준다. 비전문가는 소프트웨어 세계화의 기본적인 콘셉트를 빠른 시간에 습득할 수 있을 테고, 전문가는 책이 제공하는 풍부한 기술 자료를 통해 특정 주제를 더 깊이 조사하는 데 도움을 받을 수 있을 것이다. 책의 지침을 따라 세계화 및 제품 설계에 임한다면 성공적인 제품을 만들 수 있으리라 확신한다.

– 대니얼 어 Daniel Eoh 마이크로소프트 수석 국제 소프트웨어 엔지니어

이론과 실무를 잘 섞어놓아서 도움이 많이 되었다. 딱딱하고 복잡할 수밖에 없는 주제이지만, 읽기 쉽게 구성된 점도 만족스러웠다. 세계화 관련 토픽들의 맥락을 빠르게 파악하고 싶은 사람들에게 추천한다.

— **김기열** 구글 소프트웨어 엔지니어

프롤로그

필자는 중학교 때 미국으로 이민을 가서 인생의 반을 미국, 나머지 반을 한국에서 보냈다. 그래서 상황에 따라 두 문화의 언어가 모두 필요할 때가 있다. 업무 관련된 자리나 사적인 자리에서 한국어와 영어를 자주 번갈아 써야 하기 때문에, 소프트웨어 제품을 사용할 때 주로 영어와 한국어 제품을 모두 설치하여 사용한다. 따라서 필자는 소프트웨어 세계화에 관한 문제를 자주 경험하는 편이다. 예컨대 문자를 입력할 때 빠르게 언어를 바꿔야 하는 경우가 매우 잦은데 이런 상황에서 문자가 깨져 보이거나, 잘못된 문자가 입력되면 시간 낭비를 하게 된다. 컴퓨터 운영체제의 위치를 미국으로 설정해놓고 한국 웹사이트에 접속하니 모든 글자가 깨져 보여서 인터넷 결제를 하려고 한 시간 이상 소요한 적도 있다. 특정 소셜 네트워크 사이트에서는 한글을 입력할 때 글자가 다 깨져서 영어로 입력해야 하기도 했다.

소프트웨어 세계화에 대한 오해

"개발자들은 영어를 할 줄 알아서 번역을 안 해도 된다." 소프트웨어 세계화에 대해 토론할 때 가끔 이런 말을 하는 사람들이 있다. 개발자들이 영어 제품을 잘 사용하고 이해할 것이라는 추측은 외국 사용자의 필요를 잘 이해하지 못하는 미국 중심의 사고에서 온 것 같다. 하지만 외국어를 배우면서 힘들게 의사소통을 해본 사람은 모국어와 그 문화에 맞게 잘 만들어진 제품의 가치를 인정할 것이다. 또한 해외시장을 생각하기 전에 국내시장에 먼저 집중해야 한다거나, 제품을 번역하기 전에는 세계화하지 않아도 된다고 생각하는 사람들도 있다. 초기 투자 비용이 너무 많이 들 것으로 지레 겁먹기도 한다. 하지만 이런 생각은 세계화에 대한 오해에서 비롯된 것이다.

필자는 마이크로소프트의 국제화 부서에서 10년 이상 소프트웨어 엔지니어 및 프로젝트 매니저로 일하면서 닷넷 프레임워크, 비주얼 스튜디오, 실버라이트를 비롯하여 IT 제품, 비즈니스 데이터 분석 도구, 정보 노동자가 사용하는 앱 등 다양한 제품의 세계화를 담당했다. 윈도우를 100개 이상의 언어로 출시하고 세계화한 곳이 MS라는 기업이다. 이런 회사의 국제화 부서에서 일한다는 것은 여러 가지로 흥미로운 일이었다. 특히 소프트웨어 개발 종사자들에게 제품의 세계화의 중요성을 인식시키는 것이 제품을 세계화하는 기술만큼이나 중요한 일이라는 것을 알게 되었다.

마이크로소프트(MS)가 2015년 7월부터 9월까지 벌어들인 수입만 해도 200억 달러가 넘는다. 테크크런치에 따르면 2013년 회계연도에 MS는 총수입 중 44%를 미국과 캐나다 시장에서 벌어들였고, 나머지 56%를 다른 해외시장에서 벌어들였다. 과연 전 세계에서 그 많은 돈을 벌 수 있었던 원동력은 어디에서 나올까?

필자는 세계화에 그 열쇠가 있다고 말하고 싶다.

기업의 세계화 사례와 해외시장에서의 성공

인터넷이 크게 보급되면서 세계에는 정치적인 국경만 있을 뿐 문화적인 국경은 사라지고 있다. 검색엔진이 발달하면서 정부가 인터넷 정보에 개입하는 몇몇 나라를 제외하고는 공적 정보를 포함한 다양한 정보를 누구나 검색하고 접근할 수 있게 되었다. 정보의 접근성이 개선됨에 따라, 클릭 하나로 태평양 건너의 나라에서 어떤 노래가 유행하고 어떤 제품이 출시되는지도 알 수 있게 되었다. 이런 현상은 많은 기업이 해외시장에 뛰어들 발판을 마련해주었다.

한국에서도 많은 사용자가 이용하는 트위터, 페이스북, 윈도우 등은 모두 미국 기업의 제품이다. 이러한 제품을 만든 기업은 세계 각지의 특성과 언어에 맞게 제품을 현지화하며 글로벌 기업으로 자리매김한 기업들이다. 2008년 론칭 이후 빠르게 성장하고 있는 숙박 공유 서비스 에어비앤비는 2015년 8월 기준으로 190여 국의 100만 개 이상의 숙소 목록을 제공하고 있다. 이 기업들이 영어만 지원되는 제품을 미국 시장에서만 출시했다면 세계적인 기업으로 성장하지 못했을 것이다.

많은 기업이 이 같은 성공을 바라고 해외시장에 제품을 출시하기 원한다. 하지만 출시하려는 국가에 대한 충분한 사전조사 없이 제품을 출시하면 국내시장에서는 성공했더라도 해외시장에서의 성공은 보장되지 않는다.

제품의 개인정보 보호 방침이 출시하려는 나라의 법에 어긋나면 불필요한 소송에 휘말릴 수도 있고, 제품의 기능이 특정 요구사항을 충족하지 못하면 해당 국가 정부가 제품 출시를 막는 일도 생길 수 있다. 중국 정부가 이런 규제를 할 수 있는 나라 중 하나다. GB18030은 소프트웨어에서 지원하는 중국어 문자에 대한 중국의 표준으로서 외국 기업이 소프트웨어 제품을 중국에 유료로 판매할 때에는 이 표준을 지원한다는 인증을 받아야 한다. 인증 심사를 통과하지 못하면 출시가 늦어지거나 판매를 하지 못하게 될 수도 있다.

소프트웨어 세계화는 체계적으로 접근해야 한다

소프트웨어 제품의 세계화는 '제품에 사용되는 글을 번역하는 것' 이상을 의미한다. 번역은 성공적인 제품의 세계화에 필요한 수많은 필요사항 중 하나일 뿐이며, 그 외에도 시장 맞춤 기능, 대상 지역 데이터 지원 등 많은 것을 고려해야 한다. 제품마다 해외시장에서 필요로 하는 기능 및 특성이 다를 수 있다. 세계화에는 해외 사용자들이 제품을 쉽게 사용할 수 있게 맞춤 기능을 지원하고 번역하여 현지 제품처럼 느낄 수 있게 하는 노력이 필요하다.

　글로벌 기업이 중요하다는 것은 많은 사람이 공감하는 부분일 것이다. 글로벌 트렌드는 곳곳에서 쉽게 찾아볼 수 있다. '글로벌'이라는 검색어로 책을 검색하면 글로벌 경영, 마케팅, 디자인, 리더십 등 글로벌 시장에서 성공하기 위한 내용을 다루는 수많은 종류의 책들이 출판된 걸 알 수 있다. 하지만 소

프롤로그

프트웨어 제품을 글로벌하게 만드는 설계와 과정을 총체적으로 다루는 책은 시중에서 찾지 못했다.

소프트웨어 제품의 세계화 과정은 종합적이고 체계적으로 접근할 필요가 있다. 이러한 필요에 따라, 제품을 세계화하기 위한 기획부터 실행에 필요한 설계 및 과정을 총체적으로 쉽게 설명하기 위해 이 책을 쓰게 되었다.

한국에서도 세계적인 소프트웨어가 나오길 꿈꾸며

이 책은 구체적인 방법을 제시하면서도, 다양한 기술을 사용하는 기업들이 응용할 수 있도록 일반적인 내용으로 구성했다. 즉 이론과 업무 실행 사이에 원활한 전환을 위해, 실질적이면서도 원론적인 방법을 제시한다. 소프트웨어 개발 환경이 바뀌어도 제품 설계 및 과정에서 대부분의 내용을 적용할 수 있을 것이다. 필자는 주로 윈도우 플랫폼 기반의 제품들을 다루었기에, 대체로 윈도우 플랫폼에 대한 내용을 많이 살펴보겠지만, iOS와 안드로이드 예제도 포함한다. 유니코드를 포함한 상당 부분이 플랫폼 중립적인 내용이기 때문에 다른 플랫폼에 적용하는 데 아무 문제도 없을 것이다.

또한 이 책의 내용은 특정 기업에 국한된 내용이 아니라 업계에서 널리 사용되는 지침과 다양한 통계 자료를 바탕으로 한다. 소프트웨어 기술과 관련 문서를 예제로 삼지만, 글의 핵심은 IT 산업 전반에 적용될 수 있는 내용이다.

한국 기업의 제품들이 체계적인 세계화를 통해 전 세계로 활발히 뻗어나가며 대한민국의 위상을 드높일 수 있기를 바라는 마음으로 세계화에 관련된 내용을 담으려 했다. 아무쪼록 이 책이 글로벌 소프트웨어 개발을 꿈꾸는 이 땅의 IT 관련 종사자에게 미약하나마 실질적인 도움을 주어, 세계적인 소프트웨어를 개발하는 밑거름이 되기를 꿈꿔본다.

대 상 독 자

소프트웨어 개발에 참여하는 다양한 이들이 이 책에서 도움을 얻을 수 있기를 바란다. 구체적으로는 다음과 같은 독자가 해당된다.

- 소프트웨어 기술을 설계하고 구현하는 실무 담당자(개발자, 개발 팀장, 아키텍트)
- 제품의 스케줄, 예산, 품질 등을 관리하는 프로젝트 매니저
- 제품 기획에 관여하는 마케팅, 분석, 비즈니스 담당자
- 현지화에 참여하는 로컬라이저 또는 번역가

소프트웨어를 다른 언어로 출시하지 않고 국내에만 출시하려는 이들에게도 이 책을 권하고 싶다. 국제화는 제품을 번역하는 현지화 단계 이전에 기능이 여러 국가나 지역에서도 잘 작동하는지를 다룬다. 즉 한국어 사용자가 해외에 나가서도 기능을 사용할 수 있게 설계하는 과정이 포함된다. 또한 아직 해외 진출 계획이 없다 해도, 세계화의 필요성에 대해 이해하고 세계화에 필요한 전략과 기술을 습득할 수 있을 것이다.

혹은 제품을 이미 세계화했다면 이 책을 통해 제품이 올바르게 세계화되었는지 점검해볼 수도 있을 것이다.

이 책의 구성

책의 구성은 크게 세계화 전략과 기술로 나뉜다. 1장에서는 세계화, 국제화, 현지화가 무엇이며 왜 필요한지에 대해 다루고, 2장에서는 세계화 전략을 중심으로 세계화에 접근하는 기획 과정을 살펴본다.

세계화의 큰 틀을 더 쉽게 이해하기 위해 1~2장에서는 가상의 회사 커넥트의 인물 나원래 팀장이 겪는 시나리오와 함께 세계화 전략을 살펴볼 것이다. 나원래 팀장은 우리가 주위에서 쉽게 볼 수 있는 개발 팀장이다. 개발 팀장과 개발자 직원과의 대화를 통해서 국내 소프트웨어 제품이 글로벌 제품으로 변해가는 과정을 묘사해봤다.

3장에서 5장은 국제화 기능 지원 및 설계, 6장에서 7장은 현지화 프로젝트 및 엔지니어링에 대해 다룰 것이다. 8장에서는 지금까지 살펴본 이론 및 개념을 바탕으로 간단하게 국제화 및 현지화를 실습해볼 것이다.

목차

베타리더들의 추천사 ... 004

프롤로그 ... 006

대상 독자 ... 012

이 책의 구성 ... 013

CHAPTER
1

세계화, 국제화, 현지화란 무엇인가?

소프트웨어 세계화의 중요성 ... 020

세계화, 국제화, 현지화의 의미와 성격 ... 021

왜 세계화가 필요한가? ... 025

세계화의 트렌드 ... 028

소프트웨어 세계화에 대한 오해와 진실 ... 034

적극적으로 세계화를 추진한 기업들 ... 038

제품 개발 사이클과 세계화의 관계 ... 043

어떤 제품이 국제화와 현지화가 필요할까? ... 047

CHAPTER
2

세계화 전략

세계화는 어디서부터 시작해야 할까? ... 054

세계화 성숙도 이해하고 결정하기 ... 055

다양한 세계화팀 모델 ___ 059

시장분석 ___ 068

비즈니스 인텔리전스 ___ 077

우선순위에 따른 시장 선택 ___ 080

세계화를 고려한 제품 사양 작성 및 UX/UI 디자인 ___ 083

CHAPTER
3

국제화: 유니코드

국제화의 필수사항 ___ 090

유니코드 ___ 091

폰트 ___ 113

중국 진출을 위한 GB18030 표준 ___ 118

CHAPTER
4

국제화: 언어와 지역 데이터

언어와 지역 데이터의 중요성 ___ 124

로케일 ___ 125

공통 로케일 데이터 리포지토리(CLDR) ___ 130

로케일 활용하기 ___ 133

입력 언어 설정 ___ 150

목 차

UI 언어 모델 ... 153

통합 자원 식별자 ... 157

이메일 주소 ... 160

CHAPTER

5

국제화: UI 구현

UI 국제화와 현지화 가능성 ... 164

UI 국제화의 대상 ... 164

문자열과 코드 분리 ... 166

원하는 로케일의 리소스 파일 로딩 ... 168

자동 레이아웃 설정 ... 171

문자열 처리 지침 ... 175

CHAPTER

6

현지화: 프로젝트 관리

현지화의 의미 ... 182

현지 맞춤 기능 ... 183

현지화 프로젝트 관리 ... 185

현지화 모델의 종류 ... 191

CHAPTER

7

현지화: 엔지니어링, 번역 작업, 품질관리

현지화 프로세스 ... 210

현지화 엔지니어링 ... 210

현지화 번역 작업 ... 218

유형별 현지화 팁 ... 222

현지화 품질관리 ... 229

소프트웨어 요소별 현지화 주의사항 ... 234

현지화하지 않는 요소 ... 238

현지화 후 파일 확인 ... 239

CHAPTER

8

국제화 및 현지화 실습

국제화 및 현지화 실습 준비 ... 244

국제화 실습 ... 245

현지화 실습 ... 254

목차

부록: 기술 정보

다양한 기술과 라이브러리 ... 272

자바스크립트 라이브러리 ... 278

현지화의 표준 XLIFF ... 279

에필로그 ... 281

CHAPTER 1

세계화, 국제화, 현지화란
무엇인가?

소프트웨어 세계화는 체계적으로 접근해야 한다.

세계화, 국제화, 현지화를 집을 짓는 과정에 비유하면

먼저 세계화는 집을 설계하는 일이고

국제화는 기초 뼈대를 짓는 일이며

현지화는 각 방을 용도에 맞게 꾸미는 일이라고 할 수 있다.

이 세 개념을 이해하고 세계화의 큰 그림을 그려보는 것으로 시작해보자.

소프트웨어 세계화의 중요성

제프리 삭스(Jeffrey Sachs)는 "세계화는 기술과 올바른 생각에 의해 이루어진 깊이 있는 트렌드"라고 말했다. 제프리 삭스는 하버드 대학교 역사상 최연소 종신 경제학 교수 중 한 명으로, 세계화를 포함한 다양한 경제 사회 문제를 연구했다. 필자는 그가 말하는 기술의 대표가 인터넷이라고 말하고 싶다. 인터넷은 물리적인 시장의 한계를 넘어선 세계적인 가상 시장을 만들어냈고 세계화를 가속화했다고 볼 수 있다.

한국에서도 사용되고 있는 숙박 공유 서비스 에어비앤비(Airbnb)는 서비스 초기부터 인터넷을 활용해 세계화에 힘썼다. 그 결과 2015년 현재 190개 국가의 숙소 목록을 제공하고 있으며, 모바일 앱이 27개 언어로 현지화됐을 정도로 세계시장 진출에 성공했다.

물론 소프트웨어가 세계시장에 진출했다 해도 해외 사용자들이 제품의 기능을 제대로 사용할 수 없다면 의미가 없다. 세계 사용자들이 각각의 문화와 언어에 맞는 제품을 사용할 수 있을 때 비로소 가치가 부여된다. 예를 들어 미국에 살면서 중국어를 사용하는 사용자가 시계 앱을 사용한다고 해보자. 이 사용자는 미국 지역의 시간을 볼 수 있고 UI(사용자 인터페이스) 문자열은 중국어로 되어 있는 앱을 원할 것이다.

이처럼 세계 사용자들에게 가치 있는 소프트웨어를 만들기 위한 소프트웨어 세계화의 중요성은 계속 커지고 있다. 이와 관련하여 소프트웨어의 세계화, 국제화, 현지화 등의 용어가 사용되고 있다. 세계화, 국제화, 현지화는 모두 비슷하게 느껴질 수 있는 단어이지만, 이들은 뚜렷하게 다른 의미를 지닌 용어다. 이 용어들의 의미를 잘 이해하고 올바르게 사용하면 제품 개발 단계에서 혼동을 줄이고 효과적으로 소통할 수 있다.

이런 혼동을 줄이고자 여러 단체에서 움직임이 있었다. 특히 1990년부터 2011년까지 존재했던 LISA(Localization Industry Standards Association)라는 단체는 기업과 독립적으로 국제화와 현지화 소프트웨어 산업의 세계화 표준을 만들고자 했다. 현재 많은 기업이 LISA의 표준 용어 정의를 따르며, 특정 기업에서는 약간 다른 용어를 사용하기도 하지만 의미를 좀 더 세분화한 것이지 큰 틀은 다르지 않다. 이 책 역시 많은 기업에서 사용하는 LISA의 표준 용어를 바탕으로 쓰였다.

세계화, 국제화, 현지화의 의미와 성격

세계화, 국제화, 현지화는 각각 globalization, internationalization, localization을 한국어로 옮긴 것이다. 혹자는 글로벌리제이션과 로컬리제이션을 영어 발음 그대로 사용하기도 하지만, 이 책에서는 업계 표준을 따르고 표현의 명료함을 위해 이들을 세계화, 국제화, 현지화로 표현할 것이다.

다음 그림은 세계화, 국제화, 현지화를 집을 짓는 과정에 비유한 그림이다. 먼저 세계화를 통해 집을 설계하고, 국제화로 기초 뼈대를 짓고, 현지화로 각 방을 용도에 맞게 꾸민다. 그림에서 한국, 미국, 중국, 일본 등은 제품을 해당 국가에 맞게 현지화했다는 의미다. 이렇게 완성된 집은 세계화가 잘 이루어진 소프트웨어라고 할 수 있다.

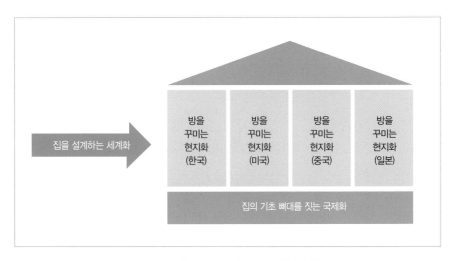

그림 1-1. 건축에 비유한 세계화, 국제화, 현지화

■ 세계화

소프트웨어 세계화(globalization)는 세계시장의 사용자들이 제품을 사용할 수 있도록 만드는 기획 단계이자 국제화와 현지화를 포함하는 총체적인 사이클이다. 집을 짓는 것에 비유하면 세계화는 집의 설계다. 어느 지역에, 어떤 주민을 대상으로 할지 전체적인 설계를 한다. 또한, 세계화는 총체적인 사이클이기 때문에 완성된 집은 세계화된 제품이라고 할 수 있다.

기업의 자원과 기술 현황에 맞게 세계화를 하려면 마케팅팀, 개발팀, 영업팀 등 여러 팀이 협력하여 세계화 전략을 토론하고 대상 시장을 결정하는 것이 중요하다. 세계화 사이클을 들여다보면, 세계화 전략을 수립한 후에 국제화를 구현하고 현지화 작업을 한다. 진출하려는 나라와 그 지역 언어 전략을 수립하고 국제화와 현지화가 잘 구현됐을 때에 제품이 올바르게 세계화됐다고 말할 수 있다.

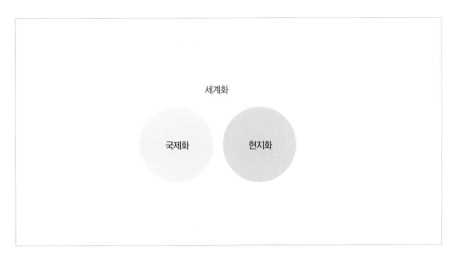

그림1-2. 세계화, 국제화, 현지화의 관계

■ 국제화

소프트웨어 국제화(internationalization)는 여러 문화와 언어권에서 기능을 사용할 수 있도록 소프트웨어를 구현하는 것이다. 국제화는 소프트웨어 개발 단계에서 구현되기 때문에, 기술적인 부분을 많이 다룬다.

· 언어 입력 및 표시, 날짜 및 시간 표기, 문자 정렬 순서, 데이터 교환 등을 포함하고 다양한 데이터를 지정 언어와 지역(또는 국가)에 맞는 형식으로 표현한다.
· 문자열이나 그림 등의 리소스를 코드 안에 삽입하지 않고, 리소스를 코드로부터 분리해 저장한다.
· UI 레이아웃을 고정하지 않고 어떤 언어로 바꿔도 자동으로 조절될 수 있게 구현한다.

국제화는 집의 기초 뼈대를 만드는 단계다. 집의 기초를 잘 만들면 집주인이 원하는 모양대로 방을 만들 수 있다.

■ 현지화

소프트웨어 현지화(localization)는 제품을 대상 지역의 언어, 문화, 관습적인 기대에 맞게 변경하고 콘텐츠를 넣는 일이다. 현지화는 소프트웨어 제품 문자열뿐만 아니라 문서, 그림, 오디오, 비디오 등에도 적용된다. 현지화를 할 때는 문자 그대로 번역만 하는 것이 아니라 문화를 이해할 필요가 있다.

『문화에 맞게 맞춤화된 웹사이트』라는 책에서는 문화와 지각의 관계를 다음과 같은 사례로 표현했다.[1] 미국 노인과 인도 노인에게 각각 '예배 장소에서 흰옷을 입고 있는 여자'를 머릿속에 그려보라고 했다. 미국 사람 대부분은 제단에 서 있는 신부를 상상했고, 인도 사람 대부분은 기도하는 미망인을 상상했다. 이런 상상은 정보를 선택하고, 정리하고, 해석하는 과정의 차이에서 비롯된다. 문화적인 차이는 환경과의 상호작용을 통해 정보를 처리할 때 중요한 역할을 한다.

현지화는 다음과 같은 절차와 작업을 포함한다.

· 제품을 만드는 데 필요한 파일을 다루는 단계에서 현지화할 파일을 만드는 방법을 고안한다.
· 현지에서 필요로 하는 특정 기능이 있다면 맞춤 기능을 구현한다.
· 현지화 모델을 선택하고 현지화 작업을 위해 다양한 도구를 선택해 리소스(그림, 문자열 등)를 번역한다. UI에 나타나는 리소스 외에도 콘텐츠(날씨, 뉴스 등)를 현지에 맞게 번역하거나 맞춤화한다. 현지화 모델로는 기업 내 담당자가 직접 번역하는 모델을 비롯해 크라우드소싱(사용자 번역), 아웃소싱, 기계번역 엔진 등 크게 네 가지가 있다. 뒤에서 다시 살펴볼 것이다.

현지화는 집에 여러 방을 만들고 그 방만의 고유의 멋과 특성에 맞게 방을 꾸미는 것이다. 여기서 방은 대상 지역 및 국가다. 즉 한국, 미국, 중국, 일본 등이 각 방에 해당한다. 집 안의 각 방을 그 방의 특성에 맞게 꾸미듯이, 소프트웨어 제품을 특정 국가로 현지화할 때는 그 국가의 문화와 특색에 맞게 번역하

---

1 Nitish Singh & Arun Pereira, *The Culturally Customized Web Site*, New York: Routledge, 2011, p.29.

고 콘텐츠를 맞춤화해야 한다.

　이제부터는 가상 인물인 나원래 팀장이 겪는 시나리오를 통해서 세계화를 들여다보겠다.

왜 세계화가 필요한가?

나원래 팀장은 최근 고민이 생겼다. 개발자 10년 경력을 뒤로하고 커넥트(Connect)에 입사한 지 1년 만에 큰 벽에 부딪힌 기분이었다.

커넥트는 소셜 커넥션을 효율적으로 관리하고 생산성을 높이는 소프트웨어를 개발하는 한국의 중견 IT 기업이다. 여기서 나원래 팀장은 개발팀 팀장으로서 프로젝트를 기획하고 실행하는 일을 맡게 되었는데, 최근 기획 중인 제품 커넥트올(Connect All)이 영 진도를 나가지 못하는 상태다.

커넥트올은 이메일과 달력 기능이 핵심인 소셜 소프트웨어로 개발될 예정이다. 그런데 초기부터 부서장은 트렌드에 맞춰 해외시장에서도 완벽하게 통하는 소프트웨어를 요구하고 있다. 나원래 팀장은 해외 업무 경험은 없지만 글로벌 경영에 관한 책은 여러 권 읽어봤고, 영어 공부도 꾸준히 한다. 하지만 제품 개발 준비로 분주하여 해외시장 진출에 대해 구상할 시간이 없었다.

조사 끝에 세계화, 국제화, 현지화 같은 용어에 대한 개념은 잡았지만, 당장 기획 중인 제품에 세계화를 적용할지에 대해서는 선뜻 자신이 없다. 세계화가 왜 필요한 것일까?

컴퓨터와 인터넷이 일반화되기 전, 만난 적 없는 해외 친구와 펜팔을 하기 위해 외국어를 배우던 시절이 있었다. 열심히 손 편지를 쓰고 우표를 붙여서 편지를 우편으로 부치고, 답장을 받으면 사전을 찾아가며 번역해야 했던 시절이다.

최근에는 인터넷의 발달로 기계번역을 거쳐 인스턴트 메신저로 글을 보내고 답이 오면 번역 버튼을 클릭하여 빠르고 쉽게 원하는 언어로 읽을 수 있다. Internet World Stats에 따르면(http://www.internetworldstats.com/stats.htm) 2015년 11월 기준으로 대략 70억이 넘는 인구 중 인터넷 사용자가 30억이 넘으며 이는 증가 추세에 있다. 아시아만 해도 인터넷 사용자가 16억이 넘는다. 언어의 장벽과 국경을 넘어 정보를 공유할 수 있는 인터넷 덕분에 해외시장의 사용자들에게 소프트웨어 제품을 쉽게 배포할 수 있는 환경이 마련된 것이다.

Ethnologue는 세계에서 한 명 이상이 사용하는 언어가 7천 개가 넘는다는 조사 결과를 보고했다(http://www.ethnologue.com/statistics). 아시아에서만 2천 개가 넘는 언어가 사용되고, 아메리카에서는 1천 개가 넘는 언어가 사용된다고 한다. 이렇게 많은 언어를 제품에 다 지원할 수는 없겠지만, 빠른 인터넷 보급으로 더 많은 언어가 인터넷에도 등장할 것이다.

필자가 2003년에 마이크로소프트의 국제 부서에서 일을 시작할 때도 세계화 노력이 이루어지고 있었지만, 10년 전에는 세계화 산업이 이렇게 커질 것이라고 상상하지 못했다. 독립적인 시장조사 회사인 Common Sense Advisory(CSA Research)의 발표에 따르면(http://bit.ly/TH5W1K) 2013년 현지화 서비스를 제공하는 회사 중에는 총수입이 1억 달러가 넘는 곳도 있었다. 라이언브리지(Lionbridge), HP, 트랜스퍼펙트(TransPerfect) 등은 총수입이 4억 달러 이상이었다.

세계화가 필요한 데에는 여러 이유가 있다. 먼저 수익을 증대할 기회가 열린다. 전자상거래를 통한 소프트웨어 수출을 예로 들어보자. 앞서 언급한 Internet World Stats의 통계에 따르면 아시아에는 16억이 넘는 인터넷 사용자가 있다. 이는 전체 인터넷 사용자의 48.2%에 해당한다. 한국은 아시아 인터넷 사용자 중 겨우 2.8% 정도를 차지한다. 이것은 해외시장에서 창출할 수 있는 수익 잠재력이 매우 크다는 것을 의미한다. 세계화를 하지 않는다면 큰 잠재력을 가진 해외 시장을 놓치는 셈이다.

또한 세계화는 고객 만족에 기여한다. 즉 모국어 제품을 선호하는 해외 사용자들을 만족시킬 수 있다. 2014년 2월 Common Sense Advisory 자료가 이를 보여준다(http://bit.ly/1JfCC8W). 10개 국가(브라질, 중국, 이집트, 프랑스, 독일, 인도네시아, 일본, 러시아, 스페인, 터키)에서 3,002명의 소비자를 대상으로 설문조사한 결과, 75% 가 모국어로 된 사이트에서 제품을 구입하기 원한다고 응답했다. 영어 사이트에서 물건을 구입하는지 묻는 질문에 대해서는 30%는 절대 구입하지 않는다고 답했고, 30%는 거의 구입하지 않는다고 답했다. 많은 사람이 소비자가 영어 사이트에서 제품을 구입하는 데 거부감이 별로 없을 것이라고 생각하지만, 이 조사는 전혀 다른 결과를 보여주고 있다. 바꿔 말하면 현지화 비용을 줄이기 위해 영어만 지원하는 상태로 해외시장에 진출하면 낭패를 볼 수도 있는 것이다.

세계화가 필요한 또 다른 이유는 비즈니스 리스크를 분산하는 것이다. 국내에만 제품을 출시할 경우, 경쟁이 치열해지거나 국내시장이 포화 상태가 되었을 때 시장 점유율을 높이거나 유지하기가 어려워진다. 하지만 해외시장에는 아직 유사한 제품이 출시되지 않았거나 국내시장만큼 경쟁이 치열하지 않은 곳도 있을 것이다. 이런 시장에 세계화된 제품을 출시하여 시장 침투를 겨냥해볼 수 있다.

이처럼 제품의 기능을 세계화하는 것은 해외시장에서의 성공을 좌우할 만큼 중요해졌다고 할 수 있다. 이러한 이유로 실제로 여러 기업에서 제품을 세계화하려는 시도가 급증하고 있다. 구체적인 기업 사례들을 곧이어 자세히 살펴볼 것이다.

세계화의 트렌드

최근 10~15년 안에 크게 성장한 미국 기업들 중에는 소프트웨어 세계화의 중요성을 인식하고 회사 창립 이후 빠르게 제품의 세계화를 추진한 기업이 많다. 15년 전 이미 세계화가 시작되었고 해외시장의 시장 점유율이 중요해지기 시작했기 때문이다. 특히 패키지 위주의 제품에서 온라인 서비스와 앱으로 흐름이 옮겨감에 따라 세계화가 더욱 빠르게 확산되었다.

대표적인 사례로 페이스북은 2004년에 처음 서비스를 출시한 이후 2005년부터 영국, 멕시코 등 해외로 서비스를 확장하기 시작했다. 트위터는 2007년 창립 이후 빠르게 세계로 진출하여, 이미 2010년에 인도네시아나 브라질에서는 20% 이상의 인터넷 사용자가 트위터를 방문하는 기록을 세웠다. 해외시장 진출을 제품 개발 이후의 단계로 분리해서 생각하지 않고 개발 초기부터 사이클에 포함했음을 알 수 있다.

또한 소프트웨어 제품이 빠르게 세계화되면서 많은 단체가 국제화 데이터 형식을 표준화하려고 한다. 현지화 형식도 플랫폼에 상관없이 균일화하려는 노력이 이어지고 있다. 또한 많은 기업이 여러 오픈소스 국제화 라이브러리를 사용하고 있고, 기계번역이나 번역 도구 또한 발전하고 있다. 이런 노력들 덕분에 기업은 처음부터 모든 라이브러리를 구현하거나 데이터를 모으는 수고를 덜 수 있다. 업계 표준으로 사용할 수 있는 기술과 데이터를 사용함으로써 시간과 비용을 줄일 수 있게 되었다.

다만 소프트웨어 제품 세계화를 트렌드에 뒤처지지 않기 위해서 꼭 해야만 하는 '숙제'라고 생각하지는 않기 바란다. 좋은 제품을 발견하면 많은 사람에게 널리 알리고 싶은 것처럼, 좋은 제품을 한국인뿐 아니라 여러 나라 사람과 나누는 것이 바로 세계화다. 제품을 세계화하는 것은 기업이 제품을 통해 나타내고자 하는 비전을 여러 나라의 더 많은 이들과 공유할 수 있게 확장하는 것이다.

■ 대기업의 세계화

세계화 사이클에서 매우 중요한 부분이 현지화 단계다. 그리고 현지화의 중요한 부분은 번역이다. 2012년 3월 Common Sense Advisory가 포춘 500대 기업 중 콘텐츠를 다른 언어로 번역한 회사를 대상으로 번역 목적이 무엇인지에 대해 설문조사를 한 결과를 살펴보자(http://bit.ly/1dYEyqr). 총 49개 회사가 설문조사에 참여했다.

표 1-1. 포춘 500대 기업의 콘텐츠 번역 목적

번역 목적	회사 수	비율
현지 고객의 기대를 충족하기 위해	39	79.59%
브랜드 가치를 유지하거나 높이기 위해	35	71.43%
경쟁하는 시장에서 더 많은 고객을 유치하기 위해	35	71.43%
지역 규정이나 법적 요구사항을 충족하기 위해	34	69.39%
전체 수익을 높이기 위해	28	57.14%
새로운 시장에 진입하기 위해	28	57.14%
경쟁사보다 우위를 유지하거나 확보하기 위해	27	55.10%
직원들에게 동기를 부여하기 위해	24	48.98%
국내시장에서 현지 언어의 필요를 충족하기 위해	24	48.98%
파트너와 소통하고 동기를 부여하기 위해	15	30.61%

49개 회사가 가장 많이 선택한 이유는 현지 고객의 기대를 충족하기 위해서였다. 즉 사용자가 원하는 언어를 지원하기 위한 목적이었다.

두 번째 이유는 기업의 브랜드 가치를 유지하거나 높이기 위해서, 그리고 경쟁하는 시장에서 더 많은 고객을 유치하기 위해서였다. 브랜드는 표준화해야 한다고 생각하는 사람도 있지만, 의미나 로고는 지역마다 다르게 해석될 수 있으므로 현지화하여 번역하는 것이 브랜드 가치를 높이는 데 도움이 될 수 있다.

세 번째 이유는 특정 지역의 규정 및 법적 요구사항을 충족하기 위해서다. 지도나 국기 같은 민감한 그림에 나라 이름을 잘못 표기하면 그 지역에서 소송에 휘말리거나 벌금을 내는 등의 손해를 볼 수 있다. 판매 금지처분을 받는 경우도 생길 수 있다.

과반수가 선택한 다른 답변들을 보면 이 기업들은 수익을 높이고 새로운 시장에 진입하기 위해서, 경쟁사보다 우위를 확보하기 위해서 콘텐츠를 번역했다. 새로 확장하는 언어의 번역 비용보다 그 언어 사용자들에게서 벌어들일 잠재적 수익이 크다면 번역할 가치가 충분할 것이다. 또한 선점 효과(first-mover advantage)에 따라 먼저 시장에 진출하면 경쟁사보다 우위를 차지할 확률이 높아진다.

■ 스타트업의 세계화

2014년 1월, 블룸버그에서 세계 혁신 지표에 기반해 215개국 중 혁신적인 30개국을 선정한 결과 한국이 1위를 차지했다(http://bloom.bg/1d063b1). 한국이 혁신 기술에서 선두 주자로 있다는 이미지는 해외 투자자들을 한국으로 끌어들이는 데 유리하다.

실제로 한국 정부뿐만 아니라 구글 등 여러 해외 기업들이 한국의 스타트업을 키우기 위해 투자하고 있다. 소셜커머스 사이트 쿠팡은 1억 달러가 넘는 자금 조달을 통해 2014년 회사 가치가 10억 달러에 달하게 되었다. 세쿼이아 캐피털(Sequoia Capital)의 마이클 모리츠 회장이 투자를 주도했다. 그는 "한국은 세계에서 매우 매력적인 전자상거래 시장 중 하나"이며 "한국의 전자상거래 시장 환경은 여러 면에서 특별하고 성장 가능성이 크다"라고 밝혔다. 세쿼이아는 야후가 스타트업일 때 200만 달러를 투자했고, 구글이 세계시장을 개척할 당시 1250만 달러를 투자한 바 있다. 이런 회사가 한국의 스타트업에 관심을 가지는 것은 한국 시장에 빠른 혁신 성장을 통한 투자 가치가 있다는 판단 때문일 것이다.

이런 스타트업들은 국내시장뿐만 아니라 해외시장을 겨냥하며 시장 점유율을 높이려고 시도한다. 작은 나라의 스타트업일수록 국내시장에만 의존하여 성장하기는 어렵다. 국내시장의 절대적인 크기가 작다면 더욱더 해외시장을 겨냥하는 것이 중요하다. 제품의 세계화를 통해서 매출 잠재력이 크다는 것을 보여주면, 투자자들에게 더 매력적인 투자 대상으로 보일 수 있다.

스타트업의 제품을 해외 투자자에게 소개해야 하는 경우, 제품이 이미 투자자가 있는 지역에서 세계화되어 인지도가 조금이라도 있다면 투자자에게 제품을 알리기가 더 수월할 것이다. 투자자가 직접 제품을 분석하기도 상대적으로 수월할 것이므로 기업과 제품에 대한 투자 결정이 효과적일 수 있다.

물론 스타트업은 시작 단계의 회사이기 때문에 다른 기업에 비해서 제품의 기능을 구현하고 고객 기반을 만드는 데에 많은 시간과 노력이 필요할 것이다. 따라서 스타트업은 출구 전략(exit strategy)에 따라 세계화 전략을 수립할 수 있다. 여기서 출구(퇴각)는 회사를 상장한다든지 매각하는 등의 목표를 뜻한다. 빠른 시일 내에 국내시장에만 제품을 출시하고 퇴각할 계획이라면 세계화를 당장 고려하지 않을 수도 있다. 하지만 스타트업을 대략 3년 이상 키울 예정이거나 더 많은 투자를 모으기 위해서는 세계화를 고려해볼 수 있다.

세계화를 하기로 결정했다면 스타트업의 수명 주기에서 세계화를 할 적당한 시기는 언제일까? 스타트업의 수명은 회사마다 차이가 크므로 일반화하기는 어렵지만 대개 3단계로 표현할 수 있다.

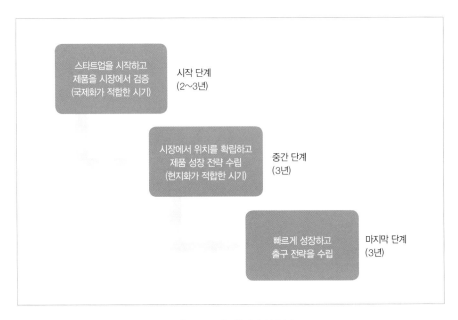

그림 1-3. 스타트업의 수명 주기

시작 단계인 처음 2~3년 동안은 스타트업의 문화를 수립하고, 제품 개발에 주력한다. 그리고 개발한 제품을 시장에서 테스트하면서 제품을 검증하는 시간을 갖는다. 이 시기는 제품 검증을 통해서 계속적으로 제품이 변화되고 업데이트되기 때문에 변동이 많다. 그러므로 이 시기에는 제품 개발 단계에서 구현하는 국제화는 권장하지만 현지화하는 것은 권장하지 않는다. 현지화는 번역을 포함하며 어떤 현지화 모델(공급업체 번역, 기계번역 등)을 사용하든 프로젝트 관리가 필요하기 때문에 비용이 소요될 수 있다.

다음 3년은 중간 단계로서 차별화된 제품으로 대상 시장과 고객 기반을 확립하여, 스타트업의 핵심 가치를 고객에게 전달할 수 있는 시기다. 또한 시장 점유율을 높이고 성장하기 위한 전략을 수립하고 실행하는 시기다. 이 단계에도 자금 조달이 필요할 수 있는데 스타트업이 해외시장으로 확장하여 큰 수익 성장을 거둘 수 있다는 것을 투자자들에게 보여준다면 자금 조달이 더 원활해질 수 있다. 그러므로 이 단계는 제품을 여러 지역의 언어로 현지화하기에 적합한 시기일 수 있다. 구글도 1996년 처음 설립자들이 검색엔진을 만들기 시작하고 4년 후인 2000년 google.com을 처음 현지화하여 10개 언어로 출시했다.

마지막 단계는 스타트업이 성숙해짐에 따라 출구 전략을 수립하는 시기다. 출구 전략은 크게 두 가지로 나눌 수 있는데, 상장(IPO)하거나 다른 회사와 인수 합병되는 것이다. 어떤 출구 전략을 선택하든 개인 투자자나 투자 기업이 스타트업의 가능성을 평가하여 투자하게 된다. 해외 투자를 유치할 때, 제품이 해당 지역 및 언어로 세계화되어 해외 투자자들에게도 인지도가 있다면 분명히 더 유리할 것이다. 제품의 세계화를 통해 지속적인 수익 성장을 할 수 있다는 점을 투자자에게 보여준다면 좀 더 적극적인 투자를 끌어낼 수도 있을 것이다.

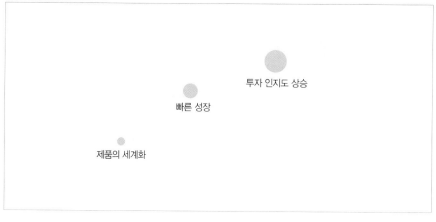

그림 1-4. 스타트업의 세계화

소프트웨어 세계화에 대한 오해와 진실

나원래 팀장이 기획 중인 커넥트올에는 단순한 음성 비서 기능을 넘어서는 혁신적인 인공지능이 들어 있다. 한 가지 예를 들면 이메일을 쓸 때 검색 기능이 작동하여 지명이나 특정한 단어를 사용하면 검색엔진 결과 하이퍼링크를 자동으로 추가해준다.

요즘 여기저기에서 글로벌을 외치니 나원래 팀장도 부서장의 말대로 해외에서도 통하는 제품을 만들고 싶은 마음은 있다. 하지만 기능을 구현할 일정도 바쁘고, 국내에 먼저 선보일 제품이라면 제품의 세계화는 나중에 고려하고 싶은 게 사실이었다.

생각에 지친 나원래 팀장은 커넥트올의 검색창에 중국어 입력기를 켜고 중국어 단어를 입력해봤다. 이런! 입력할 때 문자가 깨져 보이네? 이번에는 중국어 단어를 복사하여 붙여넣고 검색 기능을 확인해봤다. 허걱! 엉뚱한 문자에 하이퍼링크가 추가되다니?

나원래 팀장: 외국어 단어를 넣었다고 기본 기능조차 제대로 사용할 수 없다니. 이런 걸 바르게 구현하는 게 국제화였던가? 확실히 기능을 개발할 때 이런 문제가 발생하지 않게 구현해야겠군. 안 그러면 외국어 단어를 사용하는 한국인들도 기능이 깨졌다고 불평하겠는걸.

기능을 테스트해보고 나서야 나원래 팀장은 국제화 구현을 조금 이해할 수 있었다. 나 팀장은 해외에서 통하는 제품을 만드는 것에 대해 오해를 많이 하고 있었음을 깨달았다.

세계시장의 성공 가능성은 알지만, 기업이 세계시장으로 진출하지 않거나 성공하지 못하는 것은 여러 가지 오해에서 비롯되기도 한다. 사람들이 흔히 오해하는 부분들을 살펴보면서 세계화를 올바로 이해해보자.

- 세계화는 초기 투자 비용이 많이 든다.

제품을 세계화하려면 국제팀과 인프라를 갖춰야 하고 거기에 따른 많은 초기 투자 비용이 든다는 오해가 있다. 하지만 세계화는 투자자본수익률(ROI)이 높으며, 인프라 없이 개발팀만 있는 상황에서도 인터넷으로 시장 정보를 모으고 해외 진출을 결정할 수 있다. 비용 면에서는 번역비에 비용이 많이 소요될 수 있지만, 최근에는 크라우드소싱이 성공적으로 사용되고 있고, 다양한 기술과 도구를 사용하는 기계번역 등 저가의 방법들이 많이 생기고 있다.

- 국내시장에 먼저 집중해야 한다.

국내시장에서 큰 성과를 아직 거두지 못한 경우, 세계시장 진출을 미루고 국내시장에 집중해야 한다고 생각하는 경우도 많다. 하지만 국내에서 큰 성공을 거두지 못한 제품이라도 해외에서는 큰 성공을 거둘 수도 있다. 모바일 메신저인 네이버 라인(LINE)은 한국에서는 이미 시장을 선점한 카카오톡의 아성을 넘지 못했다. 하지만 2014년 기준으로 60개가 넘는 국가에서 라인이 모바일 메신저 1위를 기록했다. 이는 문화권에 따라 콘텐츠에 대한 선호도나 제품에 대한 트렌드가 매우 다를 수 있기 때문이다. 또한 인프라나 지정학적 요인으로 제품을 받아들이는 속도나 반응이 많이 차이 날 수 있다. 국내에서 먼저 성과를 거두고 세계화를 겨냥하면 경쟁사에 우위를 빼앗길 수 있기 때문에 국내시장의 성공 여부를 기다리는 것보다 세계화 성공 가능성을 빠르게 판단하고 행동하는 것이 유리하다.

- 현지화 단계 이전에는 국제화 기능을 지원하지 않아도 된다.

이것은 큰 오해다. 외국인뿐만 아니라 다국어를 사용하는 내국인, 해외에 방문하는 내국인도 국제화 기능을 필요로 하기 때문이다. 예를 들어 한국어로만 만들어진 제품이라 해도, 미국과 중국 등에서 사용할 때에는 그 지역에 맞는 데이터를 잘 처리하고 기능이 잘 작동되어야 한다. 만약 어떤 기업이 해외에 진출할 계획이 없고 번역을 하지 않기 때문에 국제화 기능을 지원하지 않는다면, 많은 고객이 불편을 느끼게 될 것이다. 제품 기능에 결함이 있다고 생각할 수도 있다. 이것은 기업 이미지에 부정적인 역할을 한다.

- 세계화는 곧 번역이다.

흔히 제품을 대상 지역 언어로 번역하면 세계시장에 진출할 수 있다고들 생각한다. 번역은 세계화의 일부인 현지화 과정이지 세계화 전체가 아니다. 고품질의 번역은 매우 중요한 일이지만, 번역이 잘되었다고 해도 지역별 데이터 형식을 사용하지 않거나 다른 언어 입력 등의 국제화 기능을 지원하지 않으면 기능이 작동한다고 볼 수 없다. 번역만 하고 해외에 진출하면, 현지 사용자들의 마음을 움직이긴 어렵다. 마치 그 지역에서 개발한 제품처럼 지역의 문화나 필요에 맞게 현지화하면 사용자들이 편하게 사용할 수 있을 것이다.

또한 현지화를 반대하는 주장을 펼치는 이들도 있다. 기술이 세계에 퍼지면서 문화적 거리가 줄어들고 동질적인 문화가 형성되면서 현지화는 불필요해진다는 주장이다. 하지만 2014년 Common Sense Advisory의 조사 결과는 이런 주장과는 반대로 사용자들이 현지화를 선호한다는 것을 보여준다(http://bit.ly/1crIHlM).

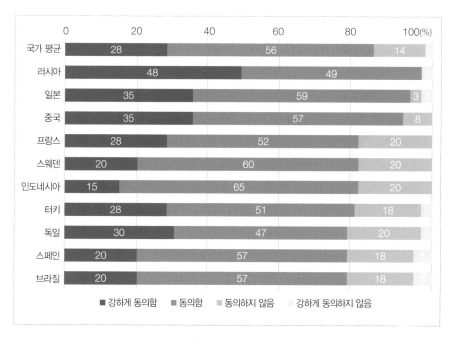

그림 1-5. 현지화된 인터페이스에 대한 선호도

여러 대륙에 걸친 다양한 10개국에서 "UI가 현지 언어로 되어 있거나, 현지의 비즈니스 관행에 맞게 현지화되어 있는 경우 제품을 구매할 가능성이 높습니까"라는 설문에 대해, 28%가 강하게 동의함, 56%는 동의함, 14%는 동의하지 않음, 2%는 강하게 동의하지 않음이라고 응답했다. 10개국 모두 설문 대상자의 70% 이상이 동의하거나 강하게 동의한다고 응답했고, 일본, 중국, 러시아는 90% 이상이 동의하거나 강하게 동의한다는 결과가 나왔다. 이 설문조사에서 확인할 수 있듯이, 대상 국가에서 제품이 성공하기 위해서는 현지화된 인터페이스를 제공하는 것이 필수요소다.

적극적으로 세계화를 추진한 기업들

나원래 팀장은 세계화에 대해 계속 고민하고 여러 자료를 찾아 읽었다. 세계화에 대한 인식이 조금씩 변하고 있는 듯했다. 계속해서 자료를 찾던 중 나원래 팀장의 주의을 끈 것은 세계화를 해서 성공한 기업들의 사례였다.

나원래 팀장: 이것 봐라? 세계화를 잘한 여러 기업이 해외와 국내에 있군? 외국 기업은 넷플릭스나 에어비앤비 사례에서도 배울 게 꽤 많겠어.

나원래 팀장은 다른 팀원과 공유하기 위해 기사 등의 자료를 정리하기 시작했다. 아직은 막막한 세계화 분야이지만 특히 함께하고 싶은 팀원이 한 명 있었다.

■ 미국 IT 기업의 세계화

미국 IT 기업들의 사례를 살펴보면 해외시장이 기업의 성과에 많은 영향을 끼치는 것을 알 수 있다.

씨넷(CNET)은 세계 최대 온라인 비디오 스트리밍 기업 넷플릭스(Netflix)의 세계시장 성과는 13세기 베네치아 탐험가 마르코 폴로도 감동할 만한 성과라고 극찬한 바 있다(http://cnet.co/1ANhekt). 2015년 1월 발표에 따르면 넷플릭스는 전 4분기에 비해 새로운 해외 구독자를 200만 명 이상 늘렸다. 미국 내에서 성장률이 둔화되자 글로벌 서비스 기업으로 재빠르게 변모하여 유럽과 아메리카 등 해외시장에서 성장률을 높일 수 있었던 것이다.

해외시장은 기업의 성과에 영향을 끼침에 따라 주가에도 영향을 준다. 인베스터(Investor) 뉴스에 따르면 2015년 2월 링크트인은 총수입이 전 4분기 실적보다 44% 상승했다(http://bit.ly/1H5qDIQ). 이 발표가 있던 날 주가는 7% 이상 올

랐다. 이 기간에 링크트인 회원은 1500만 명 정도 증가했는데, 그중 75% 이상이 미국 외 해외시장 회원이라고 한다. 해외 실적이 총수입에 크게 기여한 것이다. 링크트인 같은 소셜 네트워크 서비스는 회원이나 구독자 수가 주가에 영향을 주는 중요한 요인이므로 해외시장 점유율이 주가에 큰 영향을 줄 수 있다.

또한 미국의 경제를 선도하는 IT 기업 중 하나인 구글도 해외시장에서 많은 수익을 거두고 있다. 2015년 2월 기준으로 미국 기업 중 시가총액 4위인 구글은, 10년 만에 총수입을 20억 달러에서 680억 달러로 늘렸다. 어떻게 이렇게 빠른 수익 성장이 가능했을까? 2015년 1월 보도에 따르면 구글의 현금 60% 정도인 380억 달러가 미국 밖의 해외시장에 있다(http://yhoo.it/1DYGX9r). 구글의 성장률이 급증한 시기를 보면 해외시장에 적극적으로 진출하여 벌어들인 수입이 큰 기여를 한 것을 알 수 있다.

앞서 '소프트웨어 세계화의 중요성'에서 소개했던 에어비앤비의 게릴라 전략을 좀 더 자세히 들여다보자. 여기서 주목할 만한 것 중 하나는 에어비앤비가 확장하려는 지역에 직원들을 파견하여 사람들을 직접 만나서 문화를 이해하고 제품을 이해시키고 피드백을 받았다는 점이다. 이런 게릴라 전략은 페이스북에 광고하는 광고 모델 유형인 CPA(cost per action)보다 결과가 다섯 배 더 좋았다고 한다(http://bit.ly/1DocjNg).

에어비앤비는 현지화할 때 크라우드소싱 모델과 기업 내 현지화 모델을 함께 사용했다. 크라우드소싱을 통해 에어비앤비 서비스를 잘 이해하는 여러 언어의 사용자와 호스트를 모집하여 번역하고 교정에 참여하도록 장려한다. 그다음 기업 내의 전문 번역가와 현지화 담당자가 내용이 일관성 있고 정확하게 번역되었는지 검토하는 방식이다.

또한 에어비앤비의 엔지니어링팀은 새로운 언어를 쉽게 추가하고 콘텐츠를 업데이트할 수 있는 시스템을 개발했다. 시스템은 사이트에 새로운 구문이 추가

될 때 자동으로 화면을 캡처하여 번역가에게 보낸다. 번역가는 사이트에서 구문을 선택하여 번역을 수정할 수 있고 수정한 번역 구문은 거의 바로 사이트에 게시된다. 하지만 많은 내용을 고품질로 빠르게 번역하긴 어렵다. 따라서 시스템은 특정 기간 얼마나 많은 사용자가 페이지를 봤는지 추적하여 페이지 뷰에 따라 우선순위를 정한다. 번역가는 우선순위가 높은 문자열을 먼저 번역하면 되는 것이다.

이뿐만 아니라 언어를 여러 국가에 맞게 현지화하기 위해서 철자와 단어를 바꿔주는 프로세스를 자동화했다. 예를 들어 미국 영어, 영국 영어, 캐나다 영어인지에 따라서 철자법이나 단어 사용법을 알맞게 바꿔준다. canceled와 cancelled, 그리고 cabin과 cottage 등 각 국가에서 사용하는 영어의 철자와 단어를 선택하는 식이다. 이런 노력들은 에어비앤비가 세계시장에서 성장할 수 있는 발판을 마련해주었다.

물론 빠르게 세계시장으로 진출하는 것만이 정답은 아니다. 에어비앤비가 여러 국가에 진출하는 속도만큼 빠르게 각 국가에서 관련 규정을 만들지 못하고 있다. 정식으로 숙박업 신고를 하지 않아 관련 규정이 없어서 안전, 위생 등에 대한 법규 위반사항이 문제가 되고 있는 것이다. 제품을 현지화할 때 제품의 특성에 따라서 국가 규정에 어떻게 적용될지, 그리고 사용자들에게 어떤 영향을 줄지에 대한 정보를 알아보고 이에 따라 계획을 세우는 과정이 필요하다.

■ 국내 게임과 앱의 세계화 공략

게임포커스 뉴스에 따르면 글로벌 게임 기업 넥슨이 2013년 해외시장에서 벌어들인 매출은 1조 원이 넘으며 이는 전체 매출의 72%에 달한다고 한다(http://bit.ly/1JJm4UZ). 넥슨은 창업 초기부터 해외시장을 개척했다. 첫 번째 북미 수출은 문화 차이로 인해 큰 성과를 거두지 못했지만, 이후 게임의 콘텐츠를 지역에 맞게 적극적으로 현지화했다. 이를 계기로 전 세계 100개국 이상에 진출하게 되었다.

엔씨소프트는 2014년 2분기에 전체 매출 중 49%를 해외에서 거둬들였다. 중국 서비스를 위해 현지 게임 회사와 계약을 체결하고 일본 회사와 퍼블리싱 계약을 체결하는 등 게임 업계가 부진할 때 적극적으로 해외시장을 공략한 결과다. 하지만 2015년 2분기 실적에서는 해외 매출이 33%에 그쳤다. 해외 매출 부진은 전체 실적 부진에 상당한 영향을 끼쳤다. 이에 엔씨소프트는 "자체 개발뿐 아니라 자회사 게임, 외부 게임사에서 공급하는 게임도 세계시장에 출시할 계획"이라며 다시금 지속적으로 세계화 공략을 추진할 의향을 밝혔다.

2011년 3월 일본에서는 9도 지진으로 지진 해일이 발생해 많은 일본인이 생명을 잃었다. 이 사건으로 NHN의 지사인 일본 NHN은 재난을 당했을 때 가족과 친구에게 연락할 해결책을 만들고자 했고(http://bit.ly/1NMwjLm), 그 결과물이 라인 앱이었다. 라인의 무료 문자와 통화 기능은 사람들이 쉽게 정보를 주고받고 연락할 수 있게 해주었다.

2011년 여름에 출시된 라인은 2014년 4분기 230여 개국에서 월간 활성 사용자 수 1억 8천 명을 돌파했다. 230개국 중 69개 국가에서는 모바일 메신저 1위를 기록하고 있다. 2015년 1월 기준으로 가입자 수는 6억 명을 돌파했다. 2015년 2월 크런치 어워드에서는 최고 국제 스타트업 상까지 받았다.

■ 인튜이트의 세계화 실패와 재기

이번에는 세계화에 실패한 기업 사례를 하나 살펴보자. 인튜이트(Intuit)는 1983년에 설립된 미국의 상장 회사로 8천 명 이상의 직원을 두고 있다. 연 수입이 약 40억 달러로 매출이 큰 회사다. 금융 및 세금 계산을 도와주는 소프트웨어 제품과 소기업이 쓸 수 있는 회계 관련 제품을 만들고 있다. 연말정산을 비싼 비용으로 회계사에게 맡기지 않고 본인이 직접 간단하게 할 수 있게 도와주는 제품이라 필자를 포함하여 미국 내 직장인들에게 인기가 많다. 하지만 인튜이트 제품이 한국에서는 인지도가 높지 않을 것이다. 2015년 8월 기준으로 한국에 진출하지 않았기 때문이다.

창업자 중 한 명인 스콧 쿡(Scott Cook)은 인튜이트가 세계화에 실패했던 경험을 인터뷰에서 설명한 적이 있다. 인튜이트는 1993~1994년에 캐나다와 영국에 진출한 이후, 일본, 멕시코, 남아메리카와 몇몇 유럽 국가에 진출했다. 그는 인튜이트가 왜 여러 나라에서 세계화에 성공하지 못했는지 일본에서 미팅을 할 때 깨달았다고 한다. 한 직원이 조심스럽게 "왜 미국 제품이랑 일본 제품이랑 같나요?"라고 질문했다. 일본은 미국과 문화적으로나 여러 면에서 필요로 하는 기능이 다를 텐데 왜 미국 제품을 기반으로 만들었느냐는 질문이었다. 스콧 쿡은 인튜이트가 기능적인 측면에서 문제가 있었다기보다, 대상 나라의 문화를 깊게 이해하여 제품에 반영하지 않고 미국 제품을 기반으로 진출한 것이 실패의 원인이었다고 답변했다.

세계화를 할 때 제품에 따라 필요한 국제화나 현지화의 수준은 많이 다르다. 인튜이트 제품은 지역의 세금과 금융 규정 등에 크게 의존하기 때문에 현지화가 성공과 실패를 가르는 결정적인 요인이 될 수 있다. 현지의 세금 규정이 바뀌면 제품에 바로 반영해야만 정확한 세금 보고를 할 수 있다. 또한 결과를 정부에 보고하기 때문에, 오차가 있으면 제품을 사용하여 잘못 보고한 사용자가 벌금을 내거나 혹은 더 곤란한 상황에 처할 수 있다. 따라서 인튜이트 제품은 다른 제품들보다 세계화에 대한 더 많은 연구와 투자가 필요하다고 볼 수 있다.

인튜이트는 세계화에서 실패를 맛본 이후로 10년 정도 글로벌 확장을 하지 않았다. 그리고 2008년쯤, 실패의 경험을 토대로 다시 세계화를 시도했는데, 이

번에는 현지에 직원을 고용하고 현지 사용자들의 필요를 깊게 이해하고 솔루션을 제공하려고 노력했다. 미국에서 만든 제품을 기반으로 하지 않고 대상 지역의 문화를 이해하고 반영하기 위해 현지화에 많은 투자를 한 것이다. 그래서 현재 인튜이트는 인도, 싱가폴, 뉴질랜드, 남아프리카 등 더 많은 지역에 진출하여 그 지역의 언어를 지원하고 있다.

제품 개발 사이클과 세계화의 관계

나원래 팀장은 커넥트올 프로젝트의 해외시장 중요성에 대해 확신을 가지게 되었다. 이제 해외시장을 더 구체적으로 파악하기 위해 팀원인 개발자 김훈 대리와 대화하게 되었다. 나 팀장을 상사이자 멘토로 생각하는 김훈 대리는 나 팀장만큼이나 커넥트올이 혁신적인 제품이라고 믿고 열심히 개발을 해왔다.

나원래 팀장: 국내시장만 겨냥하면 시장 점유율이 한정될 수 있을 거라는 지적이 나왔네. 해외시장을 겨냥하고 기획하는 것이 좀 더 설득력이 있을 거 같아.

김훈 대리: 그렇죠. 해외에 거주하는 한인, 국내에 거주하는 외국인, 해외시장 등을 겨냥하면 시장은 충분히 크다고 생각합니다. LA 지역에만 몇만 명이 넘는 한인들이 살고 있고, 중국이나 동남아 지역에도 한국어를 사용하는 한인이 많은 걸로 알고 있습니다.

나원래 팀장: 맞네. 어느 나라로 진출하고 어떤 언어로 번역하는 것이 성공적일지는 이제 조사를 해봐야겠지. 비용이 들 수 있는데, 그 비용보다 더 많은 가치를 끌어낼 수 있다고 판단하고 있네.

김훈 대리: 그런데 저희가 지금 이메일과 달력에 들어갈 기능을 개발하고 있어 바쁜데 지금 해외 진출을 걱정할 필요가 있나요?

나원래 팀장: 자료를 찾아보니 개발 사이클과 세계화 사이클이 같이 움직여야 나중에 코드를 다시 짜거나 고치는 일을 줄일 수 있다고 하네.

김훈 대리: 그럼 현재 이메일 인공지능과 달력을 구현하기 위해 기획하고 디자인하는 데 세계화를 포함하면 되는 건가요?

나원래 팀장: 그렇지. 사용자 요구사항을 기획한 내용과 전체적인 디자인을 들여다보고 개발 사이클이 세계화 사이클과 어떻게 같이 움직여야 하는지 알아보세!

다음 그림을 보며 제품 개발 사이클과 세계화 사이클이 어떻게 연결되는지 살펴보자.

그림 1-6. 제품 사이클과 세계화 사이클

1 제품의 시작 단계에서는 아이디어 및 사용자의 요구사항에 따라서 어떤 제품을 만들지 기획하고 전체적인 구조를 설계한다.

2 시장 진출을 하기 위해 시장 정보를 모으고 세계시장 진출 계획을 세운다. 어떻게 팀을 구성하여 세계화 역할을 담당할지 계획하고 세계화 사이클에 진입한다.

3 설계한 제품의 기능과 UX(사용자 경험)에 대한 사양을 작성하고, 알맞은 프로그래밍 언어를 선

택하여 기능을 개발한다.

4 기능을 개발할 때, 코드 구현 단계에서 국제화를 지원하게 한다.

5 제품 기능을 테스트할 때 국제화가 올바르게 구현되었는지도 테스트한다.

6 대상 지역의 언어와 문화에 맞게 번역하여 현지화한다. 현지화는 국제화가 잘 구현된 후에 시작
하는 것이 좋다. 국제화 지원에 문제가 많으면 현지화를 해도 번역한 UI가 제대로 보이지 않는 등
의 문제가 생길 수 있기 때문이다.

7 현지화한 제품의 언어 품질, UI, 기능을 테스트한다. 기능 테스트를 하는 이유는 현지화한 경우
핵심 기능이 깨지는 경우가 있기 때문이다. 그리고 UI 테스트는 번역했을 때 언어 길이와 폭이
바뀌기 때문에 UI가 깨지지 않고 잘 보이는지 등을 살펴봐야 한다.

8 현지화 테스트가 끝나면 현지화 제품을 사용자에게 출시한다. 제품 특성에 따라서 모든 언어를
동시에 출시할 수도 있고 언어별로 시기를 나누어 출시할 수도 있다.

각 단계를 성공적으로 수행하기 위해서는 기획과 실행이 바르게 결합되어야
한다. 기획에 많은 시간과 노력을 투자했지만 실행이 미흡하면 제품 품질이 떨어
질 수 있고, 기획이 충분하지 않은 상태에서 실행에만 투자를 많이 한다면 사용
자가 원하지 않는 제품이 만들어질 수 있다. 기업마다 제품 개발 모델이 다를 수
있어 세계화 사이클 단계 순서가 다를 수는 있다. 하지만 이러한 워크플로에 따
라 제품 개발 사이클과 세계화 사이클이 함께 움직이면 튼튼한 기초를 세울 수
있다. 이 워크플로를 더 간략하게 표현하면 다음 그림과 같다.

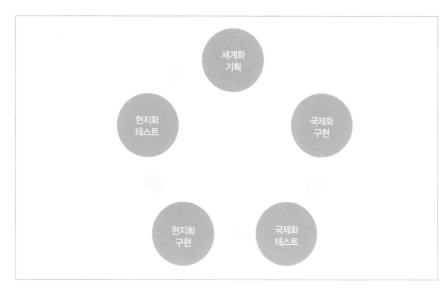

그림 1-7. 세계화 단계

여러 기업이 제품 개발 초반에 비용과 인적 자원을 줄이기 위해서 세계화를 미루지만, 늦게 세계화를 시작할수록 나중에 소요되는 비용이 초반에 절약하는 비용보다 더 커진다. 여기에서 비용은 금전적인 투자 비용만을 말하는 것이 아니다. 낮은 품질 때문에 브랜드 이미지에 손상을 입을 수 있고, 늦게 세계시장에 진출함으로써 경쟁사에 시장 점유율을 뺏길 수 있다.

보통 제품 개발팀은 국제화는 개발 업무의 일부분으로 생각하지만, 현지화는 제품 개발과는 관계가 없다고 생각하는 경우도 많다. 성공적인 세계화를 위해서는 앞에서 살펴본 것과 같이 세계화, 국제화, 현지화가 제품 개발 프로세스와 함께 움직이도록 해야 한다. 지속적으로 해외시장에 진출하고 확장하려면 체계적인 프로세스를 갖추는 게 중요하다.

어떤 제품이 국제화와 현지화가 필요할까?

나원래 팀장: 커넥트올 기능과 디자인을 살펴보니 국제화해야 할 부분이 있는 거 같은데, 자세한 건 해외 사용자 관점에서 기능을 고려해봐야 할 거 같아. 그리고 UI가 표시될 때 번역해서 현지화해야 할 부분도 있는 거 같고.

김훈 대리: 이메일 인공지능은 사용자가 입력한 단어를 검색해서 보여주는 기능이라서 여러 언어를 입력해도 인식할 수 있어야 합니다. 그리고 달력에 장소를 추가하면 자동 예약 기능이 작동되는데 이건 해외에서 사용하려면 그 지역의 예약 앱을 사용해야 합니다. 커넥트올도 국제화와 현지화해야 할 부분이 많아 보입니다. 그리고 국제화와 현지화를 구분해야 할 것 같습니다. 국제화는 여러 지역과 언어권에서 제품을 사용할 수 있도록 기능을 구현하는 것이고, 현지화는 UI나 다양한 리소스를 현지에 맞게 바꿔주는 것이니까요.

나원래 팀장: 국제화와 현지화를 깔끔하게 설명해줘서 좋군. 그런데 그런 명쾌한 설명은 어디서 배웠나?

김훈 대리: 국제화에 대해서는 검색해보니 유니코드 단체에서 제공한 자료가 도움이 되었습니다. 그리고 현지화에 대해선 번역 전문 회사들이 설명해놓은 정보가 있었습니다.

나원래 팀장: 오케이! 그럼 모은 자료를 바탕으로 이메일 인공지능과 달력을 해외에서 어떻게 사용할 수 있을지 이해하도록 외국인 가상 인물을 만들어서 UX를 작성해볼 수 있겠나?

김훈 대리: 아, 좋은 아이디어입니다. 해보겠습니다.

제품을 세계화한다는 것은 제품을 국제화하고 현지화하는 것을 포함한다. 구체적으로 국제화가 필요한 기능과 현지화가 필요한 경우를 살펴보자.

국제화가 필요한 기능에는 어떤 것이 있을까? 국제화는 제품 기능에서 여러 언어를 사용하거나 다양한 지역에서 데이터 형식을 사용하는 것을 뜻하므로, 국제화는 거의 모든 경우 필수적이다. 3~5장에서 더 자세히 국제화에 대해서 다룰 것이다.

같은 언어를 쓰는 미국과 영국도 형식 표기에 큰 차이가 있고 아랍어는 한국어와 텍스트 방향이 반대다. 또한, 날짜의 월과 일의 위치가 바뀌면 큰 실수를 할 수도 있다. 필자는 동아시아, 남미, 유럽의 국가들과 일을 하는데, 체코에서 일하는 직원이 스케줄 날짜의 월과 일의 순서를 체코 기준으로 바꾸어 보내서 스케줄을 잘못 결정할 뻔한 적이 있다.

특수 처리가 필요한 언어일수록 기능을 국제화해야 할 필요성이 높은 편이다. 특수 처리가 필요한 언어란 예를 들어 텍스트 방향이 왼쪽에서 시작하지 않고 위에서 아래로 흐른다든지 오른쪽에서 왼쪽으로 흐르는 언어다. 문자열을 쓸 때 뒤에 오는 문자열에 따라서 앞에 쓴 문자열 모양이 변하는 아랍어 같은 경우다. 이런 경우 해당 언어를 처리하기 위해서 특별한 기능이 필요할 수 있다.

제품이 다음과 같은 기능이나 특성을 지닌다면 기획 단계에서부터 국제화를 어떻게 지원할지 고려해야 한다. 많은 사용자가 기본적으로 사용하는 기능 중 국제화가 필요한 기능이다. 아래에 해당하는 기능이 아니어도 국제화가 필요할 수 있다.

· 사용자가 언어 문자열을 입력하는 컨트롤
· 사용자가 저장된 텍스트를 여는 기능
· 클라이언트와 서버 사이의 데이터 교환
· 날짜, 숫자, 시간 등 지역 데이터를 표시하거나 처리하는 기능
· 달력, 화폐, 주소, 전화번호 등 지역 형식 데이터를 표시하거나 처리하는 기능

- 인터넷 도메인, 이메일 주소, 파일 서버 등의 이름을 만들거나 처리하는 기능
- 문자열이나 그림 등을 검색하는 기능
- 음성인식, 음성 입력 및 산출 기능
- 언어나 지역을 선택하거나 인식하는 기능
- 다국어 문자열을 정렬하는 기능
- 리소스를 불러와 보여주는 기능

예를 들어 해외 사용자에게 제품을 팔기 위해서는 기본적으로 화폐단위 기능이 국제화되어야 한다. 결제 시스템에 사용되는 화폐단위는 해외 사용자가 그 지역의 결제 시스템으로 결제가 가능한 화폐여야 한다. 신용카드, 전자지갑, 은행 송금 등 다양한 방법이 있는데, 달러(USD), 원(KRW), 위안(CNY) 등으로 사용자 지역 설정에 따라서 자동으로 보여주거나 사용자가 선택하도록 할 수 있다.

국제화가 필요한지 아닌지 알기 위해서는 다양한 국가 및 지역의 UX를 바탕으로 기능을 테스트하고 어떤 결과가 나오는지 검토할 필요가 있다. UX 측면에서 국제화가 잘 이루어진 예를 몇 가지 들면 다음과 같다.

- 독일어 사용자가 영어 검색창에서 독일어로 단어를 입력하면 독일어 단어에 맞는 검색 결과를 보여준다.
- 한국어 사용자가 프랑스어 스마트폰을 사용할 때 한국어로 노트 필기를 저장하고 다시 열면 내용이 깨지지 않고 잘 표시된다.
- 한국인이 노트북을 가지고 중국으로 출장을 갈 때, 운영체제에서 시간대를 중국으로 바꾸고 화폐단위를 중국 화폐단위로 바꾸면 소프트웨어가 그 기준에 맞는 데이터 형식을 사용하여 표시한다.
- 영국인이 영어 달력 소프트웨어를 사용하면 날짜 형식이 영국 형식에 맞게 보여진다(미국은 날짜를 월/일/년으로 표시하지만, 영국을 포함한 많은 유럽 국가는 일/월/년으로 표시한다).

또한 각 지역의 언어마다 기본 형식 값이 다르다. 예를 들어 국제화가 잘 지

원되어야 다음과 같이 사용자에게 올바른 값이 표시된다.

표 1-2. 국제화 데이터 비교

국가/지역	한국	미국	영국	중국	이집트
언어	한국어	영어	영어	중국어	아랍어
텍스트 방향	왼쪽 → 오른쪽	왼쪽 → 오른쪽	왼쪽 → 오른쪽	왼쪽 → 오른쪽	오른쪽 → 왼쪽
화폐 기호	₩	$	£	¥	ﺝ.ﻡ.
짧은 날짜 표현	2014-01-05	01/05/2014	05/01/2014	2014/01/05	٠٥-٠١-٢٠١٤

■ 현지화가 필요한 경우

현지화가 필요한 경우는 다음과 같이 다양하다.

· 사용자에게 보여주는 그림, 문자열, 음성 등을 번역해야 하는 경우
· 언어나 지역에 맞는 콘텐츠를 제공하는 경우
· 언어나 지역에 맞게 특정 기능을 추가해야 하는 경우

현지화에서 중요한 부분은 바로 번역이다. 번역은 대상 언어로 글을 단순히 옮기기만 하는 것이 아니라 지역의 문화와 시장에서 사용하는 용어를 잘 반영해야 하는 일이다.

특히 제품의 기능을 이해하여 거기에 맞는 용어를 선택해야 한다. 전문 용어를 사전 의미대로 직역하여 문맥에 맞지 않게 번역하는 일이 종종 있다. 프로그래밍에서 단위 테스트 또는 유닛 테스트를 뜻하는 'unit test'라는 용어가 있는데, 여기서 'unit'을 한 개 두 개 등을 의미한다고 생각하고 '개 테스트'로 번역한다거나, 앱스토어의 'store'를 '저장'이라는 의미로 번역하는 등 웃지 못할 일들이 일어나곤 한다. 이러한 실수를 범하지 않으려면 번역자 및 로컬라이저에게도

전문 지식이 필요하다.

번역에는 문자열 외에도 오디오와 비디오도 포함된다. 아웃소싱 모델을 사용하여 공급업체의 전문 번역가가 제품을 번역한다고 해도 품질 측정이 중요하고, 일반인이 번역하는 크라우드소싱에서도 중요하다. 콘텐츠를 알맞게 현지화하는 것은 두말할 필요도 없이 매우 중요하다. 특히 게임 분야에서는 배경, 인물, 음악 등을 지역의 문화에 맞게 현지화할 필요가 있다. 뉴스나 블로그와 같은 다양한 콘텐츠를 가지고 오는 서비스는 지역에 맞는 콘텐츠를 보여줄 수 있어야 한다.

사용자의 문화와 선호도에 맞게 소프트웨어의 UI, 색, 컨트롤 등을 바꾸는 것도 현지화에 속한다. 중국에서는 보통 빨간색이 행운을 가져온다고 생각하기 때문에 긍정적인 표현에 사용하지만, 미국에서는 초록색을 긍정적인 표현에 사용한다. 또한 중국과 한국은 숫자 4가 부정적이라고 생각하지만 미국은 숫자 13이 부정적이라고 생각한다.

특정 지역이나 언어에 따라서 추가해야 하는 기능이 있다면 현지화해야 한다. 예를 들어 세금 보고 소프트웨어를 개발해서 미국에 맞춰 현지화한다면, 미국 세법에서 필요로 하는 헬스케어 및 항목별 공제 등의 선택사항을 추가해야 할 것이다. 게임을 일본에 현지화한다면 강한 커뮤니티 지향성을 가진 일본 문화에 맞춰 다양한 커뮤니티 기능을 추가할 수도 있을 것이다.

현지화에 대해서는 6장과 7장에서 본격적으로 살펴볼 것이다.

■ 국제화가 필요하지 않은 경우

국제화가 필요하지 않은 경우는 매우 드물다. 하지만 국제화 기능이 중요하더라도 모든 제품을 국제화해야 하는 것은 아니다. 다음은 국제화에 대한 필요성이

상대적으로 적은 경우다.

- 기본 언어에만 국한되거나, 해외의 지역 데이터(시간대, 화폐, 숫자 단위 등)를 처리할 필요가 없는 제품. 예를 들어 한국어만 지원하는 국어사전 앱이나 한국어 맞춤법 검사기 기능 등.
- 법적, 전략적 이유로 다른 언어를 지원하지 않고 해외에도 진출하지 않는 경우. 예를 들어 특정 국가에 특화된 보안 관련 프로그램은 다른 언어와 지역으로 진출할 이유가 없다.

핵심 정리

- 세계화, 국제화, 현지화는 집을 짓는 것과 유사하다. 세계화를 통해 집을 설계하고, 국제화로 기초 뼈대를 짓고, 현지화 과정에서 각 방을 용도에 맞게 꾸민다.

- 제품을 세계화하지 않는 이유는 여러 가지 오해에서 비롯된 것이다. 대표적으로 세계화는 초기 투자 비용이 많이 든다는 등의 오해가 있지만, 기계번역이나 크라우드소싱 등을 이용하면 저비용으로도 다른 언어를 지원할 수 있다.

- 에어비앤비나 인튜이트 등의 세계화 성공과 실패 사례를 통해, 진출 지역의 사용자와 소통하여 문화를 깊이 이해하고 제품에 반영하는 전략이 중요하다는 사실을 엿볼 수 있다. 에어비앤비는 확장하려는 지역에 직원들을 파견하여 사용자들을 직접 만나서 문화를 이해하고 제품을 이해시켰다. 크라우드소싱 모델을 통해 에어비앤비 서비스를 잘 이해하는 여러 언어의 사용자를 모집하여 번역하고 교정에 참여하도록 장려하기도 했다.

- 세계화에서 국제화가 필요하지 않은 경우는 매우 드물다. 예외가 있지 않는 한 국제화가 필요하다고 가정하는 것이 안전하다.

CHAPTER 2

세계화 전략

세계화 기획과 실행을 위해서는
충분한 시간을 가지고 사전에 계획을 하는 것이 중요하다.
세계화 성숙도를 결정하고, 세계화팀을 짜고, 시장을 철저히 분석한 뒤에
국제화 준비에 들어가야 한다.
이러한 세계화의 큰 흐름을 순서대로 살펴보겠다.

세계화는 어디서부터 시작해야 할까?

유엔 사무총장을 지낸 가나의 코피 아난은 "세계화에 반대하는 것은 중력의 법칙에 반대하는 것과 같다"라고 표현한 적이 있다. 미국의 온라인 시장 점유율은 25% 이상으로 세계에서 가장 높다. 하지만 더 많은 국가의 사람들이 온라인을 사용하면서 새로운 언어가 웹사이트에 추가되고 있고 온라인에서 영어를 모국어로 사용하는 사람들의 비율이 줄어들고 있다. 하나의 지역 및 언어 시장만 겨냥해서는 비즈니스를 확장하고 키워나가기 어려워지게 된 것이다.

이런 이유로 대부분의 기업이 세계시장과 세계화의 중요성을 인식하고 글로벌 기업으로 성장하는 것을 목표로 삼고 있다.

우리가 잘 알고 있는 페이스북의 예를 들어보자. 페이스북은 세계화를 적극적으로 추진한 기업이다. 2013년까지는 다음 그림 왼쪽처럼 엄지손가락을 세우는 손동작이 페이스북의 영어 버전 '좋아요(Like)' 버튼 아이콘에 표시되었다. 2013년 11월 페이스북은 외부 사이트에 노출되는 새로운 '좋아요' 아이콘을 선보였고, 이 새로운 아이콘에는 엄지손가락 이미지가 사라졌다.

그림 2-1. 페이스북의 기존 '좋아요'와 새로운 '좋아요'

중동 등에서는 엄지손가락을 드는 동작이 경멸하는 뜻으로 받아들여진다. 페이스북은 고해상도 화면에 최적화하기 위해 새로운 디자인을 만들었다고 발표했지만, 다양한 문화권 사용자들에게 불쾌함을 주지 않으려는 의도도 담긴 선택이었을 것이다.

그렇다면 세계화를 어디서부터 시작해야 할까? 먼저 세계화에는 여러 단계가 있음을 이해하고 어떤 단계를 선택할지 결정해야 한다. 그다음 세계화팀을 짜고, 시장분석을 통해 대상 시장을 선택한다. 시장을 선택한 다음에는 제품 개발 계획에 세계화를 포함한다.

이제부터 세계화의 큰 흐름을 순서대로 살펴보겠다. 세계화 전체 기획을 구상 중이거나 시장 진출 결정을 논의 중이라면 반드시 고려해야 하는 내용이다. 여기서 설명하는 세계화의 기본 개념은 규모가 큰 기업뿐만이 아니라 스타트업에도 적용할 수 있다.

세계화 성숙도 이해하고 결정하기

선택할 수 있는 소프트웨어 제품이 많은 오늘날, 세계화 기능이 잘 작동하지 않는 제품을 시장에 출시한다면 사용자들은 다른 제품으로 옮겨 갈 것이다. 하지만 단기간에 모든 프로세스와 엔지니어링을 최적화하긴 쉽지 않다. 따라서 세계화 기획과 실행을 위해서는 충분한 시간을 가지고 사전에 계획을 하는 것이 중요하다.

제품을 세계화할 때, 필요한 여러 프로세스가 얼마만큼 갖춰졌는지 확인해 보는 척도가 바로 '세계화 성숙도'다. Common Sense Advisory에서는 '현지화 성숙도'를 5단계로 분류했는데(http://bit.ly/1RkdiAr) 이 개념을 변형하여 세계화에 적용해볼 수 있다. 세계화 성숙도는 대략 세 단계로 나눌 수 있다.

1단계: 미성숙기

· 제품이 균일하게 세계화되지 않았고, 체계적인 기획과 실행에 필요한 프로세스가 부족하다.
· 제품이 시장의 변화에 빠르게 반응하지 못하고 적정 시기에 언어 및 시장을 확장하지 못한다.

- 엔지니어링 시스템 및 자원 활용이 최적화되지 못하여 대상 시장에 제품을 적절한 시기에 출시하지 못한다.

2단계: 시작기

- 체계적인 기획과 실행에 필요한 프로세스를 갖추었다.
- 제품이 시장의 변화에 빠르게 반응하여 새로운 언어 및 시장을 적정 시기에 지원할 수 있다.
- 엔지니어링 시스템 및 자원 효율성을 높여서 적정 시기에 대상 시장에 출시할 수 있다.
- 제품이 각 대상 시장에서 필요한 맞춤 기능과 UX를 지원하며, 대상 시장의 규제를 잘 이해한다.
- 여러 제품이 함께 사용되는 경우 일관성 있게 세계화되어 있지는 않다.

3단계: 성숙기

- 지속적으로 시장 변화에 반응하여 적정 시기에 업데이트를 출시한다.
- 대상 시장에서 필요한 맞춤 기능과 UI/UX를 지원하며, 특정 언어 및 시장을 주 대상으로 개발한 제품들은 균일하고 원활한 경험을 제공할 수 있다.

이러한 세계화 성숙도 3단계에 적절한 측정 단위를 도입하면 기업의 현재 세계화 성숙도가 몇 단계인지 알 수 있고, 각 단계의 성격을 더 분명히 드러낼 수 있다.

표 2-1. 세계화 성숙도 단계

성숙도 측정 단위	1단계	2단계	3단계
세계화 도입	요청에 의해	참고사항	필수사항
시장 결정	개발팀 및 개인이 단독으로	세계화팀	세계화팀과 다른 팀들이 협력
기술 및 도구	수동적 수준	자동화 단계	첨단 기술이 필수사항
프로세스 정립	프로세스 정의 & 불규칙적인 실행	프로세스 자동화 & 규칙적인 실행	자동화 프로세스 확장 & 규칙적인 실행
팀 공동 작업	요청에 의해	파트너 관계 수립	한 팀으로 작업

측정 단위에 대한 더 자세한 설명은 다음과 같다.

- 세계화 도입

제품을 개발하면서 세계화 도입을 고려할 때, 1단계에서는 표준 프로세스에 세계화를 포함하지 않고 요청에 의해서만 고려한다. 2단계에서는 세계화를 참고 프로세스로 생각한다. 3단계에서는 세계화를 필수사항으로 생각하고 표준에 포함한다.

- 시장 결정

1단계에서는 세계화팀이 존재하지 않거나 권한이 없어서, 지역 및 언어 세계화 결정을 세계화팀이 아닌 개발팀이나 다른 운영팀에서 단독으로 정한다. 2단계에서는 세계화팀이 조사와 분석을 한 후에 결정한다. 3단계에서는 세계화팀과 다른 관련된 팀이 협력하여 충분한 조사와 분석을 한 후에 결정한다.

- 기술 및 도구

1단계에서는 제품을 세계화할 때 시간이 많이 소요되는 수동 작업을 한다. 2단계에서는 기술과 도구가 자동화되어 균일한 형태로 작업할 수 있지만 기술 개발을 위해 지속적으로 투자를 하지는 않는다. 3단계에서는 세계화 작업을 위한 첨단 기술을 필수사항으로 생각하고 투자한다. 스타트업이나 1인 개발자가 세계화 기술에 투자를 하기 어려운 경우는 전문업체에 서비스를 맡기는 방법이 있다.

- 프로세스 정립

제품 세계화 작업은 효율적인 프로세스를 정립하는 것이 중요하다. 1단계에서는 프로세스는 정의되어 있지만 불규칙적으로 실행한다. 2단계에서는 프로세스가 자동화되어 있고 규칙적으로 실행하지만 지속적인 프로세스 확장은 하지 않는다. 3단계에서는 시행착오를 통해서 지속적으로 프로세스를 개선하고 확장하고 규칙적으로 실행한다.

- **팀 공동 작업**

  세계화팀은 프로젝트 관리팀 등과 함께 작업해야 하므로 팀워크가 필요하다. 1단계에서는 세계화팀이 요청하면 다른 팀들이 미팅에 참여하고 토의를 한다. 2단계에서는 세계화팀과 관련 팀들이 파트너십 관계를 형성하고 주기적으로 미팅을 하면서 협력한다. 3단계에서는 관련 팀들이 가상의 팀을 만들어서 한 팀처럼 같은 비전을 가지고 밀접하게 협력하여 작업한다. 여기서 가상 팀이란 조직도로 보면 서로 다른 팀이어도 세계화라는 같은 목적을 가지고 협력하는 팀을 말한다.

  기업의 모든 세계화 성숙도 기준이 한 단계에만 속하지는 않을 수도 있다. 예를 들어, 세계화 도입은 3단계이지만 기술 및 도구는 1단계에 속할 수도 있다.

  기업마다 사용할 수 있는 재정과 인적 자원이 다르기 때문에 팀이나 프로세스를 갖추기가 어려울 수도 있다. 많은 스타트업과 1인 개발자 같은 경우는 세계화를 추구하지만, 한정된 자원을 우선순위에 따라서 나누어야 하기 때문에 어려움이 있을 수 있다. 이런 경우는 물리적으로 팀을 나누기보다는 전문 분야에 따라서 팀원이 협력해서 역할을 담당할 수 있다. 올바른 프로세스를 갖추는 것도 중요하지만, 세계화에 대한 동기부여를 통해 팀원들이 열정을 갖게 하는 것이 좋은 품질의 제품을 만들 수 있는 중요한 성공 요인이다.

다양한 세계화팀 모델

나원래 팀장은 김훈 대리에게 국제화 및 현지화가 필요한 기능의 검토를 맡기긴 했지만, 김훈 대리는 원래 개발해야 하는 기능이 있어서 상당히 바쁜 편이다. 해외 진출 업무까지 맡길 수는 없는 노릇이다. 커넥트올을 개발하는 팀은 전체 9명이다. 적은 인원으로 많은 기능을 개발해야 하다 보니, 나원래 팀장은 팀의 인력을 어떻게 최적화할지 고민에 빠지게 되었다.

나원래 팀장: 김 대리, 다른 지역에서도 기술적인 부분이 잘 지원될 수 있는지 확인하는 작업은 어떻게 되어가나?

김훈 대리: 제가 맡고 있는 자동 예약 기능에 문제가 생겨서 그 문제를 먼저 고치느라고 아직 확인해보지 못했습니다.

나원래 팀장: 김 대리가 맡고 있는 기능을 개발하는 것만 해도 많은 시간이 소요되는 건 알지만, 해외로 진출하는 일도 긴급하고 중요한 일일세. 그래서 말인데, 업무를 재구성했으면 하네. 우리 팀원들은 지금 각자 기능을 개발하고 있는데, 우리가 진출하려는 지역에서도 UX와 기능이 잘 작동할 수 있도록 팀원들에게 세계화 교육을 해줄 수 있겠나? 세계화팀 일을 맡아서 하는 거지. 기능을 개발하는 일은 다른 개발자가 도울 수 있도록 일을 나눠줄 수 있네.

김훈 대리: 아, 팀장님. 해외 진출은 제가 관심 있는 분야긴 하지만, 시도해본 적은 없는데요. 한번 노력해보겠습니다. 어떻게 시작해야 할지 자문도 계속 구해보겠습니다.

나원래 팀장: 물론이지. 같이 리서치도 하고 정보 공유도 하면서 노력해보자고!

세계화를 하려면 먼저 팀을 구성해야 한다. 회사마다 세계화에 투자하는 리소스의 규모가 다르기 때문에 어떤 회사는 세계화 담당자가 한 명이고, 마이크로소프트와 같은 대기업은 몇십 명 이상이 되기도 한다. 회사마다 세계화팀을 국제화팀, 현지화팀 등 여러 다른 이름으로 지칭하기도 한다. 필자가 마이크로소프트에서 세계화를 담당했던 팀의 이름은 International Team, 즉 '국제팀'이었다.

세계화팀을 구성하는 모델은 다양하지만, 크게는 제품별 모델과 지역별 모델 두 가지로 나눌 수 있다. 제품별 모델에는 하나의 세계화팀이 기업의 모든 제품의 세계화를 담당하는 제품 집중형 모델과, 세계화팀이 각 제품 개발팀에 속한 제품 분산형 모델이 있다. 지역별 모델은 물리적 위치를 기반으로 한 모델로서, 세계화팀이 한 지역에 모여 있는 지역 집중형 모델과 여러 지역에 위치한 지역 분산형 모델이 있다. 모델에 따라 장단점이 있기 때문에 어떤 모델이 최적의 모델이라고 말하기는 쉽지 않다. 필요와 상황에 따라 회사의 모델이 바뀌기도 한다. 제품별 모델과 지역별 모델에서 각각 원하는 모델을 결합하여 팀을 만들 수도 있다. 각 모델에 대해 하나씩 살펴보자.

그림 2-2. 다양한 세계화팀 모델

■ 제품별 모델

먼저 제품별 모델에서 제품 집중형 모델은 기업에서 세계화를 담당하는 팀이 하나 있고 여러 제품을 개발하는 개발팀이 그 세계화팀과 일하는 방식이다. 세계화팀이 여러 개 있을 때 발생하는 중복되는 일을 줄일 수 있고 도구와 프로세스를 통합할 수 있으므로, 제품 분산형보다 적은 인력으로 감당할 수 있다는 게 장점이다. 현지화 비용도 절감할 수 있다. 예를 들어 번역을 공급업체에 맡길 때 한 번에 많은 프로젝트를 맡김으로써 비용 할인을 협상해볼 수도 있다. 제품 집중형 세계화팀이 지원하는 여러 개발팀들이 공통된 빌드 시스템을 갖추고 있다면 세계화 도구를 통합하기도 수월하다. 세계화 프로세스를 통합하기도 수월할 것이다.

단점은 세계화팀이 제품 개발팀과 분리되어 있기 때문에, 국제화를 개발 단계부터 잘 구현하도록 개발팀을 교육하고 설득하는 데 어려움이 있을 수 있다는 것이다. 개발팀과는 '파트너' 관계가 성립하므로 제품 기획이나 개발 단계에서 세계화 요구사항을 관철하는 것이 어려울 수 있다.

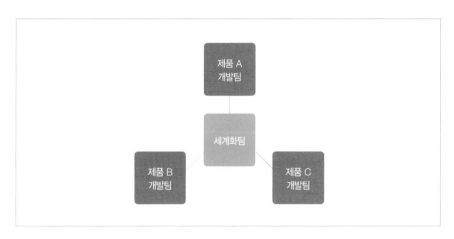

그림 2-3. 제품 집중형 모델

다음으로 제품 분산형 모델은 각 제품 개발팀 밑에 그 제품을 담당하는 세계화팀이 있다. 이 모델의 장점은 각 개발팀 밑에 속하기 때문에, 개발팀의 엔지니어링 프로세스를 이해하기 수월하고, 신제품에 대한 정보를 미리 알고 빠르게 세계화를 추진할 수 있다는 점이다. 또한 세계화 요구사항을 출시 기준에 포함한다면 세계화 품질을 높이는 데 도움이 된다.

반면 세계화팀이 분산되어 있기 때문에 세계화팀들 간에 많은 교류가 없다면 중복되는 일을 할 가능성이 높다. 예를 들어 현지화의 번역은 여러 가지 도구를 사용하여 효율을 높여야 하는데, 이런 도구를 여러 개 개발하면 기업의 예산 낭비로 이어질 수 있다. 또한 해외 사용자들에게 일관된 번역 스타일을 보여주는 게 어려울 수도 있다.

구체적으로 생각해보자. 소셜 미디어 제품은 친근하고 편안한 느낌의 용어를 사용해야 하고, 세금과 재무 관련 제품은 사무적이고 딱딱한 용어를 사용해야 한다. 특히 공급업체나 번역가가 다른 경우, 제품들이 각기 다른 언어 스타일이나 용어를 사용하면 브랜드 이미지를 각인시키기 어렵다.

그림 2-4. 제품 분산형 모델

이상을 정리하면 다음 표와 같다.

표 2-2. 제품 집중형 모델과 제품 분산형 모델 비교

제품 집중형		제품 분산형	
장점	단점	장점	단점
중복되는 일을 줄임으로써 인력을 줄일 수 있다. 공통 프로세스와 도구를 사용할 수 있다.	제품 개발팀의 프로세스에 깊이 관여하여 영향력을 끼치기 어려울 수 있다.	제품 개발 단계에 관여하고 개발팀과 밀접하게 일하기가 용이하다.	각 세계화팀에서 중복되는 일을 할 수 있고 기업의 모든 제품을 균일하게 세계화하기 어렵다.

■ 지역별 모델

지역별 모델도 두 가지로 나뉜다. 한국에 본사가 있는 기업을 예로 들어 설명하면, 지역 집중형 모델에서는 한국 본사에 위치한 세계화팀이 모든 세계화, 국제화, 현지화 작업을 담당한다. 본사에서 어느 지역으로 진출할지를 결정하고, 국제화를 구현하고, 모든 대상 지역의 언어로 현지화한다. 기업 내에서 번역가가 번역을 하든, 외부 공급업체에 맡기든 간에, 프로젝트 관리는 본사에서 담당한다.

이 경우 본사에서 모든 업무를 처리하기 때문에 결정이 빠르고, 신속하게 해외시장에 진출할 수 있다. 그리고 프로세스 관리나 팀 간 의사소통에 많은 시간이 필요하지 않다. 반면, 진출하는 지역의 문화를 이해하기가 어렵고, 현지 고객과의 소통이 원활하지 않을 가능성이 크다. 즉 국제화와 현지화를 할 때 대상 지역 고객의 필요를 반영하기가 어렵다.

그림 2-5. 지역 집중형 모델

지역 분산형 모델에서는 한국 본사에서 제품 세계화와 국제화를 담당하고, 각 현지 팀이 현지화를 담당한다. 현지 고객과 가깝게 면담하면서 관계를 쌓을 수 있고 피드백을 받을 수 있다는 게 장점이다. 또한 현지 팀이 그 지역의 문화를 잘 이해할 수 있고, 피드백을 제품에 반영할 수 있어 문화에 맞게 기능을 구현하기 용이하다.

단점은 각 지역에 현지 팀을 고용해야 하기 때문에 비용이 증가한다는 점이다. 요즘은 100개가 넘는 언어를 지원하는 제품도 많은데, 지원하는 모든 언어 지역에 현지 팀을 세우고 확장하기는 굉장히 어려울 것이다. 또한 현지 팀이 많아질수록 본사가 소통해야 하는 팀이 늘어나므로 효율적으로 소통하기 어려워진다.

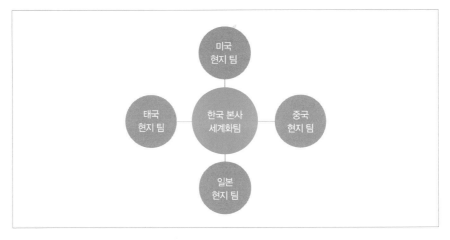

그림 2-6. 지역 분산형 모델

이상을 정리하면 다음 표와 같다.

표 2-3. 지역 집중형 모델과 지역 분산형 모델 비교

지역 집중형		지역 분산형	
장점	단점	장점	단점
본사에서 모든 세계화 업무를 처리하기 때문에 결정이 빠르고. 프로세스를 통합하여 효율성을 높일 수 있다.	현지 문화를 깊이 이해하고 제품에 반영하기는 어렵다. 현지 고객의 필요를 이해하기 어렵다.	현지 팀이 문화를 잘 이해하고 현지의 필요를 제품에 잘 반영한다. 현지 고객과 소통할 수 있다.	비용이 증가하고, 진출하는 지역이 늘어나는 것에 맞춰 확장하기가 어렵다. 본사와 지역 간 원활한 소통이 필요하다.

스타트업이나 세계화팀을 갖추기 어려운 규모의 회사라면 팀 단위가 아닌 개인이 세계화 업무를 담당할 수 있다. 예를 들어 개발팀장이 세계화를 이끌어 어느 시장으로 갈지 팀원들과 결정하고, 국제화 정보를 팀 개발자들에게 학습시킨다. 각 개발자들은 국제화를 이해하고 개발 단계에 포함하여 구현한다. 현지화 관리는 번역 공급업체에 아웃소싱할 수 있다. 6~7장에서 현지화를 다룰 때 자세히 살펴보겠지만, 아웃소싱할 때는 관리와 품질 등의 요구사항을 전달하고 협상하는 것이 중요하다.

세계화팀 모델을 세분화하면 기업마다 다양한 팀 조직 모습을 보일 것이다. 필요에 따라서 두 가지 모델을 절충하여 사용할 수도 있다. 예를 들면 제품 집중형 모델의 중앙 팀이 세계화 전략과 국제화 구현을 담당하고, 현지화는 제품 분산형 모델에서 담당하는 것이다.

기업마다 문화와 필요가 다르기 때문에, 장단점을 이해하고 기업에 맞는 모델을 갖추고 조정해나가는 것을 추천한다.

■ 가상 팀 및 부서

개발팀과 세계화팀이 소프트웨어 세계화의 큰 부분을 담당하지만, 사실 마케팅, 영업, 고객서비스, 법률 팀 등이 함께 세계화를 만들어나가는 것이다. 물리적으로나 지역적으로 함께 위치한 팀은 아니지만 조직에 관계없이 같은 목표를 가지고 업무를 수행하기 위해서 함께 일하는 그룹을 가상 팀(virtual team)이라고 한다. 세계화를 성공적으로 실행하려면 가상 팀이 효과적으로 일할 수 있어야 한다. 조직이 세분화된 기업일수록 더 많은 구성원이 가상 팀으로 세계화 작업을 할 것이다. 각 팀이 어떤 책임을 가지고 협력할지를 먼저 계획하고 수립하는 것이 중요하다.

진출할 대상 지역을 분석할 때는 경쟁사 제품 판매율 및 기업 내 유사 제품 판매율, 제품 수익률 등 다양한 데이터가 필요하다. 모든 지역 및 언어가 통합된 데이터도 필요하지만 세계화에는 각 지역 및 언어별 데이터가 더욱 중요하다. 최근의 소프트웨어 제품은 대개 사용자가 웹에서 다운로드하는 방법으로 사용되기 때문에 웹 데이터 분석이 특히 매우 중요하다. 이런 데이터를 수집하려면 사용자가 위치한 지역과 사용하는 언어 정보를 추출할 수 있는 시스템을 갖춰야 한다. 일반적으로 데이터 수집을 할 때는 고객과 직접 교류하는 영업팀의 역할이 중요하다. 이처럼 세계화팀과 개발팀 외에 다른 팀들이 어떤 역할을 할 수 있는지 살펴보자.

마케팅팀 또는 비즈니스팀은 제품 시장과 고객을 이해함으로써 접근 방식 전략을 만든다. 세계시장의 통계를 이용하려면 각 지역에 그 지역 문화를 잘 이해하는 담당자가 있거나, 그렇지 않다면 지역 데이터를 얻을 수 있는 채널이 필요하다. 이를 통해 사용자의 기술 통계, 심리 통계 등 질적 분석 자료를 기술 개발팀에 효과적으로 전달하는 것이다. 제품의 구조 및 디자인 요소 중심으로 생각하는 개발팀은 고객의 필요 중심으로 생각하는 마케팅팀과 의견 차이가 생기기 쉽다. 예를 들어, 마케팅팀이 최대한 많은 지역의 언어로 제품을 세계화하고 모든 언어를 같은 날 출시하도록 요청한다면 개발팀은 복잡한 언어를 구현하는 기술적 한계로 요청을 거부해야 할 수 있다. 이런 의견 차이를 조정하며 서로 보완하는 파트너십으로 일할 수 있다면 시너지 효과가 클 것이다.

법률팀은 주로 특허 출원 및 기업 소송을 담당하지만 제품 세계화에도 참여한다. 해외시장으로 진출할 때, 대상 국가의 개인정보 보호 방침이나 보안 등 민감한 규제에 대한 소송을 예방하기 위해 법률팀과 먼저 상의하는 것이 중요하다. 사용권 계약 내용 역시 법률팀에서 작성하는데, 이때 어느 팀이 계약 내용을 현지화할 것인지를 정하고 내용의 유효성을 어떻게 검증할 것인지에 대해서도 정해둬야 한다. 계약 내용이 특정 국가의 방침에 따른 것이면 번역만 하는 것이 아니라 내용도 대상 국가의 방침에 맞게 바꿔야 한다. 경우에 따라서 영어로 쓴 내용이라도 같은 내용을 모든 영어권 국가에서 사용하지 못할 수도 있다. 그리고 잘못된 국가 이름을 사용하는 등 지정학적인 문제에 대해 출시 이전에 법률팀과 상담하여 소송을 방지하는 것이 안전하다.

고객서비스팀은 사용자의 만족도에 큰 영향을 미친다. 베타 제품이나 완제품을 해외시장에 출시하려면 현지 고객과 시장을 잘 이해하며 현지 언어를 구사하는 고객서비스팀이 필요하다. 모국어로 피드백을 제공하는 채널이 없으면 피드백을 주길 거부하는 사용자가 많다. 포럼에 영어로만 피드백을 써야 한다거나, 모국어로 피드백을 쓸 경우 고객서비스팀에 전달되지 않는다면 고객이 피드백을 주는 것을 포기하는 경우가 많을 것이다.

일본에 진출한 외국 기업이 피드백을 받는 경로가 여러 개가 있다고 가정해 보자. 제품 버그와 같이 고객서비스팀이 아닌 개발팀에 전달되는 피드백은 기업 입장에서는 영어로 받는 것이 수월할 것이다. 하지만 일본 사용자는 일본어로 피드백을 주는 것을 선호한다. 이런 경우, 피드백 내용을 번역업체를 통하거나 기계번역을 사용해서 번역하는 방법도 있다. 제품 기능 안에 피드백 기능을 추가하여 모국어로 바로 전송할 수 있게 하는 방법도 있다. 소셜 미디어에 사용자들이 올리는 글을 피드백으로 사용할 수도 있다.

가상 팀이 어떤 구성으로 만들어져야 하는지에 대해 정답이 있는 것은 아니다. 하지만 다음 그림처럼 세계화팀을 주축으로 가상 팀이 움직이는 것이 효율적이다. 세계화팀이 세계화를 가장 잘 이해하기 때문이다.

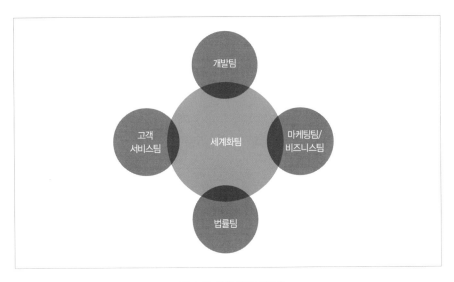

그림 2-7. 가상 팀 구성하기

시장분석

김훈 대리: 팀장님, 그런데 커넥트올 제품은 어느 국가가 주요 타깃이 될까요?

나원래 팀장: 생각해둔 곳이 있긴 하지만, 아무래도 데이터를 보고 결정해야겠지. 마케팅 쪽에 시장분석 자료를 요청해서 받아두게. 우리 고객이 해외에 어떻게 분포되어 있는지, 우리 제품이 어느 국가에 진출했던 적이 있는지, 이런 자료를 알아야 어디에 진출할지 결정할 수 있으니까.

김훈 대리: 알았습니다. 해당 지역 트렌드도 알 수 있으면 좋겠네요. 마케팅팀과 비즈니스팀에 자료를 요청하겠습니다.

새로운 제품이 기획 단계를 거치는 동안 세계화 사이클에서는 시장 진출 계획이 수립되어야 한다(1장의 '제품 개발 사이클과 세계화의 관계'를 떠올리기 바란다). 어느 지역 및 언어 시장에 진출할지 결정하려면 많은 요인을 고려해야 한다. 많은 비용이 투자될지도 모르고 의사결정 과정이 복잡할 수도 있기 때문에 체계적인 분석 과정이 필요하다. 기업의 자본은 한정되어 있다. 충분한 분석을 통해서 시장 지원 결정을 하지 않으면 투자 수익이 없는 시장에 투자하게 될 수도 있다.

시장 진출 결정을 하는 과정이 바로 시장분석이다. 시장분석은 시장 진출 계획 및 전략을 짜기 위해 시장조사로 필요한 정보를 모으고 측정 데이터를 산출하고 의미 있는 정보를 끌어내 의사결정을 돕는 과정이다. 이러한 시장분석은 대상 지역 및 국가, 제품 특성, 대상 시장을 이해하는 데에서 시작된다. 하나씩 살펴보겠다.

여기서 대상 지역 및 국가라고 지칭하는 이유는 진출하려는 시장이 국가일 수도 있지만 이미 진출한 국가의 특정 지역일 수도 있기 때문이다. 예를 들어 캐나다에서는 영어를 가장 많이 쓰지만, 퀘벡 지역은 프랑스어를 많이 쓰고 지역의 고유 특성을 가지고 있어 캐나다에서 분리하여 바라봐야 한다. 홍콩 또한 현재는 중국의 특별행정구로 있지만 영국의 영향 아래 있어서 중국과는 다른 특성을 지니고 있다.

또한 국가로만 국한하면 지정학적 논쟁의 소지가 있다. 독립국가로 인정받는 특정 국가가 정치적인 이유로 다른 국가에 종속되어 있다고 누군가 주장한다면, 법적 분쟁에 휩싸일 수도 있다. 지도를 포함하는 제품은 이런 논쟁에 휩싸일 확률이 높다. 예를 들어 한국과 일본이 독도를 놓고 소유권과 명칭에 관해 대립하고 있다는 인식 때문에 독도를 리앙쿠르 록스(Liancourt Rocks)라고 지칭하는 지도 제품들이 있다. 한국이나 일본은 리앙쿠르 록스라는 이름에 대해 반발할 수 있지만, 제3자인 기업들은 대립을 피하려는 중립적인 자세를 취하는 것이다.

시장분석을 위해서는 제품 특성도 이해해야 한다. 기업이 개발하고 시장에 진출시키려는 제품의 특성을 말한다. 개발하려는 제품이 기존 제품과 어떻게 차별화되고 어떤 사용자들을 대상으로 하는지 등을 분석함으로써 제품 특성을 이해할 수 있다. 특정 지역의 특성과 트렌드를 분석했을 때, 개발한 제품의 특성이 그 지역 특성과 맞지 않으면 그 제품은 그곳에서 성공할 확률이 낮을 것이다. 때로는 제품을 지역 특성이나 필요에 따라서 맞춤화하는 것이 필요하지만, 제품의 특성을 모두 바꿔야 한다면 그 지역에는 진출하지 않는 것이 옳은 결정일 것이다. 이런 경우는 사례별로 다뤄야 한다.

　시장 정보는 시장분석에서 필수적인 정보다. 시장 정보는 지역과 국가의 개념보다는 더 구체적으로 대상 지역에 있는 경쟁사 제품 및 고객군 등 그 제품을 사용할 대상이 있는지에 대한 정보다. 경쟁사 제품이 대상 지역에 진출했다면 어떤 전략을 사용하여 결과가 어떻게 나왔는지를 이해하는 것도 도움이 된다. 유사한 제품이 이미 진출했다면 그 제품의 시장 점유율 정보와 사용자들의 반응 등이 유용하다.

　지금까지 설명한 시장분석의 구성요소를 다음 그림과 같이 표현할 수 있다. 이어서 이들 세 구성요소에 대해 더 자세히 살펴보겠다.

그림 2-8. 시장분석

■ 대상 지역 및 국가 정보

대상 지역 및 국가 정보를 파악하려면 여러 가지를 분석해야 한다. 먼저 문화 관습 분석은 지역 특성이 제품에 어떻게 영향을 끼치는지를 이해하는 것이다. 예를 들어 다음 그림을 보자.

그림 2-9. 한국인이 흔히 사용하는 손동작

이 그림은 한국인들이 많이 쓰는 손동작을 담고 있다. 첫 번째 손동작은 한국에서는 '좋다, 오케이'의 뜻이고, 두 번째는 '최고다'라는 뜻이며, 마지막은 두 사람이 악수하는 모습이다. 모두 다 한국에서는 긍정적인 표시다. 하지만 첫 번째 손동작은 브라질에서는 저주하는 뜻으로 받아들여지므로 굉장히 무례하고 부정적인 뜻이 된다. 미국의 리처드 닉슨 당시 부통령이 1950년대에 브라질에 도착해 이 손동작을 했다고 전해진다.

두 번째 손동작은 중동과 그리스에서는 경멸하는 뜻으로 쓰인다. 앞에서 언급했듯 2013년까지는 이 엄지손가락 손동작이 페이스북의 '좋아요' 버튼 아이콘에 표시되었는데 몇몇 문화권 사용자들은 페이스북의 '좋아요' 버튼을 사용할 때마다 기분이 나빴을 것이다.

마지막 손동작인 악수는 거의 전 세계에서 통하는 인사 방법이다. 하지만 사우디아라비아에서는 여자가 낯선 남자와 몸을 접촉하는 것이 금기시되기 때문에 남녀가 악수하는 것도 금기시된다. 이와 같이 문자나 동작이 지역 문화에 따라서 어떻게 다르게 해석되는지 알아보고 이해하는 것이 문화 관습 분석이다.

또한 대상 지역의 인프라 분석도 필요하다. 해당 지역이 지형적인 요소로 인터넷 보급 상태가 열악한지, 또는 교통수단이 열악하여 제품을 상점에서 구매하기가 어려운지 등을 분석하는 일이다. 한국 기업이 음식 배달 앱을 미국에 출시하려고 한다면, 한국보다 배달 서비스가 느린 미국의 지형이 어떻게 배달 과정에 영향을 주는지 이해해야 할 것이다. 이런 정보는 수익률 예측뿐만 아니라 제품을 대상 지역에 어떤 방법으로 배포할지에 대해서도 전략적 도움을 줄 수 있다.

정부 규제 분석이 제대로 이루어지지 않으면 제품 출시가 지연되거나 아예 막힐 수도 있다. 국가 간 세법이나 개인정보 보호 방침 등이 다르기 때문에 기업의 법률팀과 함께 협력하여 법을 이해하는 것이 매우 중요하다.

특정 국가는 정부가 제품 기능에 관여하기도 한다. 미국에서 검색 시장 점유율 1위인 구글은 정보를 제공하고 공유하는 서비스를 제공하지만, 중국 정부는 여러 가지 검열을 통해 구글의 일부 서비스의 중국 진출을 막았다. 페이스북, 트위터 등 여러 사이트도 중국 진출을 활발하게 하지 못하고 있다. 또한 중국에 소프트웨어 제품을 수출하려면 대부분 GB18030 표준 인증을 통과해야 한다. 정부가 지정한 문자 집합을 지원하는지 정부 관계자에게 검증받아야 하는 것이다. 독일 기업들은 보안에 대한 우려 때문에 사용자가 클라우드 데이터 서버에 접근할 때 대부분 서버가 독일 내에 위치할 것을 원한다.

이와 같이 여러 국가 시장을 겨냥한다면 정부의 검열 규제나 기업들의 정책을 이해하고, 허가를 받을 수 있도록 기능을 맞춤화해야 할 것이다. 중국 GB18030 표준 인증에 대해서는 3장 '중국 진출을 위한 GB18030 표준'에서 자세히 살펴보겠다.

인구통계 분석은 인구의 성별, 연령, 소득, 위치, 언어 지식 등을 포함한다. 제품의 시장 진출 이전에 해야 할 기본적인 조사 중 하나라고 할 수 있다. 인구 통계 자료는 광범위하지만, 자료를 구하는 것은 정부 규제나 인프라 관련 정보를 구하는 것보다 쉬울 수 있다. 하지만 많은 정보 중에서 어떤 정보가 중요한지 알 수 없거나 혹은 중요한 정보를 어떻게 활용해야 할지 몰라 난감할 수도 있다. 몇 가지 예를 들어보자. 제품의 성격이 성별로 나뉜다면 인구 성별 정보를 이용할 수 있다. 또는 소득 수준에 따라 제품의 가격 측정과 투자액 등을 분석해볼 수도 있다. 언어 지식수준 및 연령은 시장 크기를 측정하는 데 도움이 된다. 좀 더 세분화된 컴퓨터 및 인터넷 사용자 데이터도 접근할 수 있다면 도움이 된다.

심리 통계 분석은 인구의 개성, 가치, 태도, 라이프 스타일 등 행동의 심리학적 기준을 이해하는 것이다. 브랜드 이미지를 중요하게 생각하는지 실질적인 기능을 중요하게 생각하는지, 새로운 제품을 받아들이는 태도는 어떤지 등을 이해하면 제품 맞춤화 전략에 도움이 된다. 이는 통계로는 얻기 어려운 정보다. 같은 산업의 제품들이 출시되었을 때 어떤 반응이 나왔는지 조사하거나 설문조사 등을 수행함으로써 조금 더 쉽게 이해할 수 있을 것이다. 예를 들어 인도에 스마트폰 음악 앱을 출시하고 싶으면 현재 출시된 다른 기업의 음악 앱에 대한 사용자들의 반응은 어떤지 알아봐야 할 것이다. 세분화된 사용자를 대상으로 한 설문조사를 통해 사용자 반응을 알아볼 수 있다.

기술 통계 분석은 정보, 통신, 엔터테인먼트 기술 제품 소유 여부, 사용 패턴, 제품에 대한 태도 등을 분석하는 것이다. 사용자가 왜 기술 제품을 사용하는지 동기를 이해하는 것도 포함된다. 포레스터(Forrester)는 시장 연구와 자문을 제공하는 연구 기관이다. 포레스터는 세계적으로 50만 명 이상의 소비자와 비즈니스 리더들을 대상으로 설문조사를 해왔다. 이 연구 기관이 2010년 발표한 SNS에 대한 기술 통계를 살펴보자(http://bit.ly/1L0bObV).

표 2-4. 소셜 기술 통계

그룹	SNS 활동
창조자	블로그나 웹사이트를 만들어서 글, 사진, 음악 등을 올린다.
대화자	소셜 사이트나 트위터에 상태를 업데이트한다.
평론가	온라인에 리뷰를 쓰거나 댓글을 달고 포럼 등에 기여한다.
수집가	RSS 피드나 태그를 사용한다.
가입자	소셜 네트워크 사이트에 프로필을 만들어 유지한다.
관중	다른 사용자가 올린 블로그, 포럼, 리뷰 등을 읽는다.
비사용자	이상의 어느 활동도 하지 않는다.

이 기술 통계는 SNS에 참여하는 정도에 따라 사용자들을 구분했다. 진출하려는 국가의 기술 통계를 통해서 특정 기술에 대한 사용자들의 반응이나 선호도를 알 수 있다. 그러므로 해당 국가에서 출시 제품에 대해서 어떻게 반응할지를 예측하는 데 도움이 될 수 있다.

진출하려는 지역에서 여러 언어를 사용하는 경우, 꼭 현지화해야 하는 언어가 무엇인지 파악하는 언어 분석도 중요하다. 유럽 국가 중에는 모국어와 영어 모두 유창하게 사용하는 지역도 있다. 이런 경우, 영어만 지원하는 게 효율적인지, 모국어로 현지화하는 것이 더 큰 가치를 창출할지 조사해봐야 한다. 예를 들어 프랑스 개발자가 잘못된 코드를 실행하여 비주얼 스튜디오(Visual Studio)가 오류 메시지를 반환했다고 하자. 그 개발자는 제품의 UI는 프랑스어로 현지화된 것을 선호하지만, 오류 메시지는 영어를 선호할 수 있다. 영어 오류 메시지를 검색하면 어떻게 오류를 고치는지에 관한 결과가 더 많이 나오기 때문이다. 이처럼 상황에 따라 사용자가 선호하는 언어가 다를 수 있다.

▪ 제품 특성

제품 특성의 관점에서 살펴볼 주요한 요인을 몇 가지 열거하면 다음과 같다.

먼저 기존 제품과의 연관성을 살펴봐야 한다. 기존 제품과 새로운 제품이 연관성이 있으면 새로운 제품 언어를 기존의 제품이 지원하는 언어에 맞출 수 있다. 연관된 제품에 같은 언어를 지원하면 UX가 자연스럽게 이어질 수 있기 때문이다. 예를 들어 음악 앱과 동영상 앱이 있다면 사용자는 두 앱을 자연스럽게 연동해 사용할 테니 음악 앱에서 스페인어를 사용했다면 동영상 앱에서도 스페인어가 지원될 것이라고 기대할 것이다. 이처럼 제품의 사용 패턴을 이해하고 통합하는 것이 매우 중요하다.

또한 대상 사용자의 유형에 따라 어떤 언어를 지원해야 하는지가 달라진다. 마이크로소프트 워드, 페이스북, 구글 검색은 대상이 최종 사용자라고 볼 수 있다. 이클립스, 비주얼 스튜디오 같은 개발자 도구의 주요 대상은 프로그래머이고, SQL 같은 데이터베이스 제품의 대상은 IT 관리자일 것이다. 또한 회계 관리나 프로젝트 관리 등 정보 관리자를 대상으로 하는 제품도 있다. 영어를 많이 사용하는 개발자나 IT 관리자가 대상인 제품보다 최종 사용자가 대상인 제품이 더 많은 지역과 언어를 지원하는 경우가 많다.

제품이 박스 제품인지, 클라우드 제품인지, 서비스인지 등 제품의 배포 형태도 시장분석에 중요한 요인이 될 수 있다. 클라우드 제품이라면 보안에 민감한 중국이나 독일 같은 경우 진출 허가를 받기 위해 대상 국가 내에 데이터 센터를 설치해야 할 수도 있다. 또한 제품이 서비스 형태로 출시되면 빠르고 반복적으로 업데이트해야 하는 경우가 많다. 이런 경우 업데이트할 때마다 국제화와 현지화를 구현하는 노력과 비용이 소요되기 때문에 언어의 우선순위를 정하고 지원이 이루어지게 해야 한다. 만약 모바일 앱으로만 배포되는 제품이라면 모바일 기기나 앱 센터에서 많이 사용하는 언어를 조사하여 시장 가능성을 파악할 수도 있다. 또는 사용자가 다운로드할 수 있는 제품이라면, 기본 언어를 많이 다운로드하는 지역을 파악하여 그 지역 언어를 지원하는 것도 방법일 수 있다. 요즘은 DVD로 판매하는 경우가 적지만, 케이스에 넣어서 판매하는 소프트웨어 제품이라면 대상 지역에 고객 센터나 영업 지점이 있어야 하는 것이 조건일 수도 있다.

■ 대상 시장 정보

시장 정보의 관점에서 살펴볼 주요한 요인으로는 시장 점유율, 경쟁 제품, 해외 기업 고객 등이 있다. 이에 대해 자세히 살펴보자.

먼저 진출할 지역 분석을 통해서 제품이 진출했을 때의 시장 점유율을 추산해야 한다. 유사한 제품 범주가 이미 존재한다면 그 범주 제품들의 판매 실적을 통해 점유율을 추산해볼 수 있다. 만약 제품이 대상 지역에서 새로운 범주일 때는 유사 지역의 제품 판매 실적 및 시장 점유율을 통해 추산할 수 있다.

또한 대상 지역에 경쟁 제품이 있는지도 조사해봐야 한다. 경쟁 제품은 현지 기업의 제품일 수도 있고 해외 기업이 현지화한 제품일 수도 있다. 현지 기업 제품이라면 지역에 맞춰 더 적합하게 현지화했을 가능성이 높으므로 그 제품을 참고할 필요가 있다. 해외 기업의 현지화 제품과 경쟁한다면 제품을 더 지역 특성에 맞게 현지화하고 맞춤화해야 한다. 경쟁사가 유사한 제품으로 대상 지역에 진출했다면 그 제품이 어떤 언어와 지역을 지원하는지 살펴볼 필요가 있다. 만약 경쟁사의 제품이 한국어, 영어, 러시아어를 지원하지만 러시아 시장 점유율만 현저히 낮다면 시장분석을 통해서 왜 러시아에서만 시장 점유율이 낮은지, 또 러시아 진출이 투자 가치가 있는지 검토해볼 만하다.

중요한 해외 기업 고객이 있다면 고객의 필요를 이해하고 시장에 진출할지를 결정할 수도 있다. 필자가 맡았던 프로젝트 중에 일본 및 독일 대기업들이 현지화된 제품을 빠른 시일 내에 필요로 해서 그에 맞춰서 빠르게 세계화 작업에 돌입한 경우가 있다. 이와 같이 인적 자원과 재정 자원이 제한되어 있다면 기업 고객의 필요에 따라 세계화 대상 지역 우선순위를 정할 수 있다.

비즈니스 인텔리전스

앞에서 언급한 시장분석을 하기 위한 다양한 정보는 어떻게 얻을 수 있을까? 비즈니스 인텔리전스(business intelligence)는 여러 데이터를 가공하여 시장분석에 사용할 수 있게 도와준다. 비즈니스 인텔리전스는 데이터를 비즈니스 분석에 쓰이도록 의미 있고 유용한 정보로 가공하는 것을 의미한다.

데이터 마이닝, 온라인 데이터 분석, 다운로드 수 등 비즈니스 인텔리전스에서 사용할 수 있는 도구는 많다. 제품에 대한 사용자 데이터는 베타 제품을 출시하여 베타 사용자의 지역 및 언어 데이터를 모으면 세계화 결정에 활용할 수 있다. 번역 투자를 하기 전에 이 같은 데이터를 모아서 분석하면 도움이 된다.

■ 세계화에 필요한 비즈니스 인텔리전스 작업

비즈니스 인텔리전스는 여러 작업을 포함하지만 세계화에 적용되는 세 가지 작업으로 단순화하면 데이터 마이닝, 예측 분석, 리포팅을 들 수 있다.

데이터 마이닝은 통계, 기계 학습, 인공지능 등을 사용하여 데이터 집합에서 의미 있는 패턴과 지식을 끌어내는 과정을 말한다. 즉 데이터를 가지고 비즈니스 결정에 사용할 수 있는 유용한 패턴을 추출하는 것이 데이터 마이닝이다. 필요한 데이터를 식별하고 데이터 간의 연관성을 찾거나 데이터 분류를 만들고 시각적으로 표현하는 것도 포함한다. 데이터 마이닝은 세계화 결정에도 유용하게 활용된다. 제품을 구매했거나 서비스에 가입한 사용자를 국가나 언어로 구분하여 살펴볼 수 있다. 다운로드 제품이라면 어느 지역에서 얼마나 다운로드를 했는지 추적해볼 수 있다. 온라인 서비스라면 사용 현황을 데이터로 모아서 대상 국가 사용자의 사용 현황을 볼 수 있다. 사용자의 클릭 수나 서비스의 특정 기능에 머무는 시간 등 다양한 데이터를 모아 분석할 수 있다.

예측 분석은 데이터 마이닝 기법을 사용하여 미래의 트렌드와 리스크 등을 예측하는 것을 말한다. 사용자 반응, 구매 형태, 필요한 제품 기능 등의 외부적인 요소뿐만 아니라 소요될 예산, 자원, 시간 등의 업무 수행을 위한 내부적인 요소도 예측 분석의 대상이 될 수 있다. 예를 들어 영어 제품이 일본에서 많이 다운로드되었고 인기가 있다면 일본어 현지화를 시도해 더 많은 사용자들에게 다가갈 수 있을 것이다. 또한, 제품의 UI는 세계화했는데 문서(도움말)는 세계화하지 않았다면 사용자가 문서를 참고하는 횟수를 분석하여 문서를 세계화할지 결정할 수 있다.

끝으로 리포팅은 지식 관리를 위한 기본 단계다. 다양한 리포팅 도구를 사용할 수 있고, 특히 여러 다른 데이터 소스의 데이터를 융합하여 하나의 리포트로 보여주고자 할 때는 리포팅 도구를 사용하는 것이 편리하다. 최근에는 데이터 시각화의 중요성이 높아지고 있는데, 데이터 시각화를 이용하면 데이터를 다양한 관점에서 살펴보고 의미를 직관적으로 파악하기가 쉽다. 제품이 현지화된 시기와 직접적인 경쟁 제품 등장부터, 결정적인 국제화나 현지화 버그까지 시각화하여 살펴보면 데이터의 등락을 이해하는 데 큰 도움이 될 것이다. 리포팅 시 차트를 사용하여 지역별이나 국가별로 데이터를 비교하면 세계화 데이터를 큰 그림으로 볼 수 있다.

■ 시장분석에 필요한 데이터 구분

시장분석에 필요한 데이터는 기업 내부의 데이터와 외부의 사용자 데이터 두 가지로 구분할 수 있다. 내부 데이터와 외부 데이터 모두 시장분석에 필요하다. 내부 데이터와 외부 데이터의 예는 다음과 같다.

- **내부 데이터**
  - 제품을 국제화, 현지화하는 데 드는 비용(번역, 팀원, 공급업체, 운영)
  - 언어와 지역별로 제품에서 벌어들이는 수익(국내, 해외, 계약)
  - 내부 직원들이 측정한 제품 품질 상태
- **외부 데이터**
  - 사용자들의 제품 상태(모니터링한 데이터)
  - 사용자 클라우드 사용 통계
  - 사용자 제품 다운로드 수 또는 제품 클릭 수
  - 사용자들이 베타 버전에서 정식 제품으로 업그레이드하는 비율

내부 데이터는 기업의 자금, 인력 자원의 상태 및 새로운 시장에 투자할 수 있는 능력을 이해하는 데 도움이 된다. 번역, 인적 자본, 아웃소싱 등의 비용이 얼마나 효율적으로 사용되는지를 파악한다. 언어와 지역별로 제품에서 벌어들이는 수익이 얼마인지 판매 수치를 알면 투자 우선순위를 결정하는 데 도움이 된다. 또한 제품 품질 상태를 정량화하고, 만약 품질이 낮아서 시장 점유율이 낮아진다면 품질관리를 통해 품질을 높인다. 클라우드 제품은 기업 내부의 직원들이 세계화한 제품을 테스트한 데이터가 있다면 사용 시 문제점이 있는지를 파악하여 개선할 수 있다.

외부 데이터는 외부 사용자에게서 오는 데이터를 말한다. 사용자 반응 및 사용 패턴 등을 이해함으로써 잠재적 시장 점유율을 예측할 수 있다. 사용자가

세계화된 제품을 사용할 때 문제가 생기면 리포팅 기능을 통해서 데이터를 회사에 전송한다. 어떤 언어의 제품을 사용하는지도 함께 전송하면 문제의 범위를 특정 언어로 좁히는 데 도움이 될 수 있다. 사용자가 클라우드를 사용하는 경우 사용 기록이 남으면 서비스나 제품 언어 사용 현황을 알 수 있다. 서비스 사용 현황 데이터를 보면 비용이 증가하거나 감소할 때의 원인이 무엇인지 찾아내는 데 도움이 될 수 있다. 또한 사용자가 제품을 다운로드한 횟수를 통해서는 시장 점유율을 추정할 수 있다. 만약 베타 버전을 제공하는 제품이라면 베타 버전 사용자가 정식 제품을 구매하는 비율을 분석하여 어느 시장에 더 투자해야 할지 결정할 수 있다.

우선순위에 따른 시장 선택

나원래 팀장과 김훈 대리는 마케팅팀과 비즈니스팀으로부터 해외시장 데이터를 받았다. 커넥트 주요 고객의 해외 분포, 커넥트 제품들의 해외 진출 이력, 각 지역의 소프트웨어 제품 트렌드, 예상 수익률 데이터 등이었다.

김훈 대리: 팀장님, 마케팅팀과 비즈니스팀과 상의해서 지역 정보와 시장 정보를 받았습니다. 일본과 미국에서는 우리 제품을 현지 언어로 지원하면 사용할 용의가 있다는 설문조사 결과가 있었습니다. 또한 잠재적인 시장 점유율과 예상 수익률을 고려하면 미국과 중국은 매력적인 시장으로 보입니다.

나원래 팀장: 중국은 진출하기 전에 충족시켜야 하는 요구사항이 엄격한데, 진출할 수 있으면 시장 가능성이 클 거 같아.

김훈 대리: 네. 그리고 미국 시장은 경쟁이 치열할 듯하지만 영어를 지원하면 나중에 필요에 따라 캐나다나 영국 등의 지역으로도 쉽게 현지화할 수 있을 거 같습니다.

나원래 팀장: 오호. 그래, 맞아. 나중에는 미국, 일본, 중국 외에도 다른 지역으로 진출할 수 있겠지만, 먼저 이 세 개의 지역에 진출하는 걸로 결정해서 보고를 하도록 하지.

기업이 투자할 수 있는 예산은 한정되어 있기 때문에 여러 지역 및 언어로 제품을 현지화하려면 시장분석을 통해 우선순위를 정해야 한다. 이때 수치 데이터에만 의지한다면 사용자의 심리와 감정(sentiment) 변화의 원인을 파악하는 데 시간이 소요될 수 있고, 사용자 의견과 같은 서술 데이터만 사용하면 객관적인 분석이 어려울 수 있다. 수치 데이터와 서술 데이터는 상호 보완하는 관계이므로 함께 사용해야 올바른 결정을 내릴 수 있다.

시장분석으로 세계화할 언어와 지역을 결정했더라도 예산 초과 때문에 모든 대상 언어와 지역을 한 번에 지원할 수 없다면 다시 우선순위를 정해야 한다. 한정된 예산으로 우선순위에 따라 세계화 제품을 차례로 출시하는 것을 단계적 출시(tiered release)라고 한다. 핵심 언어는 전체 현지화하고 비핵심 언어는 부분 현지화하는 방법도 이에 포함된다. 예를 들어 마이크로소프트는 윈도우 제품을 언어 팩(language pack)과 언어 인터페이스 팩(language interface pack)으로 구분하여 핵심 언어는 전체 문자열을 현지화하는 언어 팩을 사용했고, 비핵심 언어는 중요한 인터페이스만 현지화하는 언어 인터페이스 팩을 사용했다. 예를 들어 벵골어(방글라데시 공용어)는 언어 팩을 지원하지 않지만 언어 인터페이스 팩으로는 지원한다.

우선순위를 정할 때는 다음 항목들을 고려해볼 수 있다.

• **기업이 지원하는 핵심 지역 및 언어는 무엇인가?**

예를 들어 전략적인 이유로 한국어, 중국어, 영어를 핵심 언어로 지정했다면 제품을 핵심 언어로 먼저 세계화할 수 있다. 또는 주요 고객이 위치한 지역과 언어로 먼저 세계화할 수도 있다.

- 어느 시장에서 잠재 사용자 수와 시장 점유율을 극대화할 수 있는가?

사용자 접속 및 이용 데이터를 분석하면 어느 시장에서 잠재 사용자 수와 시장 점유율을 극대화할 수 있는지 판단할 수 있고, 이를 근거로 시장을 선택할 수 있다. 예를 들어 러시아어로 현지화되지 않은 영어 제품 사용자가 러시아에서 빠르게 증가한다면 해당 제품을 러시아어로 세계화하여 시장 점유율을 높이도록 목표한다.

- 전략적으로 어느 제품의 세계화 우선순위가 높은가?

기업에서 개발하는 제품이 여러 개일 때에는 기업의 전략상 세계화 우선순위가 높은 제품을 선택하여 그 제품을 먼저 세계화해야 할 것이다. 예를 들어 최종 사용자 제품인 모바일 플랫폼이 있고 개발자 제품인 모바일 SDK가 있다고 해보자. 최종 사용자가 모국어 제품을 필요로 하는 경우가 개발자가 모국어 제품 개발 도구를 필요로 하는 경우보다 많으므로, 모바일 플랫폼의 세계화 우선순위가 높다.

- 국제화 및 현지화 과정의 난이도는 어느 정도인가?

언어마다 국제화와 현지화를 위해 필요한 기술의 복잡도가 다를 수 있다. 예를 들어 아랍어와 같은 양방향 언어는 유럽어보다 국제화 구현이나 현지화 엔지니어링이 어려운 편이다. 또는 중국과 같은 정부 규제가 심한 시장에서는 통과해야 하는 인증 절차가 복잡하다. 이러한 복잡성을 고려하여 기업이 지원할 수 있는 기술의 우선순위를 정하는 게 좋다.

- 시장이 얼마나 빠르게 성장하는가?

신흥 시장이 있다면 그 지역 언어로 세계화하는 것을 우선으로 고려해볼 수 있다. 몇 년 전 새롭게 경제 발전을 이루던 국가들을 BRIC(Brazil, Russia, India, China)이라 지칭하는 것을 들어봤을 것이다. 당시 여러 기업에서 BRIC 시장을 겨냥하여 빠르게 시장에 진출하고자 전략을 짜기도 했다. 이에 반해, 이미 성숙한 시장은 다른 제품과의 호환성이나 시장 점유율을 잃지 않기 위해 유지하는 것이 더 중요할 것이다.

세계화를 고려한 제품 사양 작성 및 UX/UI 디자인

나원래 팀장: 우리가 출시 전에 테스트하는 보안이나 성능은 제품을 세계화하고 난 후에 달라질 수 있나?

김훈 대리: 달라질 걸로 보입니다. 그래서 세계화할 때 그런 기준에 맞는지 확인해야 하고 개발 계획 단계부터 세계화를 포함했습니다.

나원래 팀장: 아주 좋아!

김훈 대리: 그리고 달력과 이메일이 출시될 지역 앱스토어 화면부터 커넥트올 UX까지 자연스럽게 흐르는 게 중요합니다. 시장조사에 따르면 달력과 이메일을 같은 언어로 사용할 수도 있지만 각각 다른 언어와 지역에서 사용할 수 있는 옵션도 원한다고 합니다. 따라서 제품 언어는 한국어, 지역은 중국 이런 식으로 선택할 수 있도록 제품의 언어와 지역을 분리할 수 있는 옵션을 주는 것이 좋을 듯합니다.

나원래 팀장: 앱스토어와 제품만 세계화에 포함하면 되는 건가? 제품과 함께 출시해야 하는 다른 리소스가 있나?

김훈 대리: 제품과 함께 출시하는 도움말과 사용권 계약 관련 문서가 있습니다. 계약 관련 문서는 법률팀에서 맡을 것입니다. 제품에서 계약 관련 문서와 도움말을 같은 언어로 볼 수 있게 설치 디자인을 구성할 계획이고, 도움말에는 사용자가 보고 따라 할 수 있는 비디오도 포함할 것입니다.

나원래 팀장: 좋아. 아무쪼록 국제화와 현지화를 고려해서 제품을 디자인해야 할 텐데…

김훈 대리: 네, 커넥트올에서 국제화해야 하는 기능들을 식별해놓았습니다.

나원래 팀장: 벌써 커넥트올이 세계시장에서 성공할 거라는 느낌이 오는걸. 수고했네. 그럼 이제 국제화와 현지화로 본격적으로 넘어가세!

제품을 개발할 때 계획 단계에서는 사용자가 무엇을 필요로 하는지 이해하는 것이 무엇보다 중요하지만, 동시에 1장에서 간단히 살펴봤던 것처럼 세계화에 대한 고려도 필요하다.

보통 개발팀에서 새로운 기능을 디자인할 때는 제품 사양에 기능, 요구사항, UX 등의 사항을 작성한다. 앞에서 살펴보았듯, 세계화의 중요성을 고려한다면 제품 사양의 중요 항목에 세계화에 대한 항목을 추가해야 한다. 처음 설계할 때부터 세계화를 포함하면 이후에 코드를 다시 작성하는 낭비를 할 필요가 없다.

제품 사양을 작성할 때 세계화와 관련하여 고려할 요소는 다음과 같다.

1 제품 대상: 해외에 위치한 외국어 사용자

2 세계화 대상 지역 및 언어: 제품 사양에는 시장분석을 통해서 결정한 지역과 언어를 명시한다. 기술 제약으로 제한되는 범위가 있으면 해당 정보를 포함할 수도 있다.

3 기능: 제품 기능에 다른 언어를 어떻게 사용할 수 있는지 설명한다. 그리고 각 기능이 해외에서 데이터를 어떻게 보여주고 동작하는지 설명한다.

4 UX 디자인: 가상 인물이 일반적으로 경험하는 UX를 시나리오 형태로 표현한다.

5 UI 디자인: 국제화 UI를 어떻게 구현할 것인지, 어떻게 시각적으로 표현할 것인지 등을 작성한다.

이 중 '제품 대상'과 '세계화 대상 지역 및 언어'는 세계화 시장분석에 포함된다고 볼 수 있다. '기능'에 대해서는 국제화를 다루는 3~5장에서 자세히 살펴보겠다. 여기에서는 'UX 디자인'과 'UI 디자인'에 대해서만 세계화의 관점에서 살펴보겠다.

■ **UX 디자인**

UX 디자인은 사용자 경험 또는 전체적인 사용자 시나리오라고 볼 수 있다. 여기서 중요한 것은, 제품의 사용성을 높임으로써 사용자 만족도를 높이는 일이다. UX를 세계화할 때 고려할 요소는 다음과 같다.

· **UX에 혼합 언어 사용**

여러 언어를 설치했을 때 사용자는 원하는 언어로 변경할 수 있는가? 변경 시 어떤 기능들이 그 언어로 표시되는가? 제품 특성에 따라서 UX의 언어를 설정할 수 있다. 예를 들어 페이스북에서처럼 사용자가 제품 설정에서 언어를 바꾸거나 윈도우에서처럼 플랫폼의 언어를 설정함으로써 내장된 앱의 언어가 자동으로 바뀌도록 할 수 있다.

· **다른 세계화 제품과의 상호 운용**

UX가 연결되는 관련 제품을 설치할 경우 한 제품에서 다른 제품으로 이어질 때 흐름이 자연스러운가? 상호 운용 시에도 UX가 매끄럽도록 디자인해야 한다. 예를 들어 오피스 제품에 추가되는 확장 기능은 오피스와 함께 세계화 UX가 일관되는지 확인해야 한다.

- 출시 후 사용자가 제품을 접하게 되는 경로

  사용자는 어떤 경로로 제품을 접하게 되는가? 만약 사용자가 제품을 웹사이트에서 다운로드한다면, 다운로드 사이트도 제품에 맞는 언어로 현지화해야 할 것이다. 앱 센터에서 다운로드한다면, 앱 센터 UI 역시 해당 언어로 현지화해야 한다.

- 어떤 UI 패턴이 UX에 최적인가?

  제품을 다른 언어로 현지화할 때 UI 패턴과 컨트롤이 그 언어에서도 최적인지 판단하고 디자인을 조정할 필요가 있는지 검토해야 한다. 예를 들어 왼쪽에서 오른쪽으로 흐르는 언어를 오른쪽에서 왼쪽으로 흐르는 언어로 현지화한다면 UI에서 스크롤바 컨트롤 위치를 바꿔줌으로써 UX를 다르게 만들 수 있다.

■ UI 디자인

UI 디자인에서는 제품을 현지화할 때 번역된 언어를 어떻게 UI에 표시할지에 대해 고려해야 한다. 이것은 현지화에 앞서 국제화 단계에서 현지화 준비를 하는 것이다.

UI는 사용자가 제품을 선택하는 매우 중요한 요인이 되고 있다. 기능만 작동된다고 해서 사용자들의 마음을 움직이긴 쉽지 않기 때문이다. 또한 UI는 다른 지역의 사용자들에게 강한 제품 이미지를 심어줄 수 있는 중요한 부분이다.

단순히 문장을 번역하는 것이 아니기 때문에, 소프트웨어뿐만 아니라 문서도 여러 엔지니어링 단계를 거쳐야 올바르게 UI를 현지화할 수 있다. UI 디자인을 담당하는 디자이너나 개발자는 세계화 작업 시 다음과 같은 지침을 고려하자.

- 코드와 리소스가 분리되어 있는가?

  프로그래밍 코드와 UI에 표시되는 리소스(문자열, 그림 등)를 코딩 시 분리해서 작성해야 한다. 코드 안에 리소스가 있으면 리소스를 다른 언어로 현지화하는 것이 부적합하다.

- 제품 문서는 세계화가 가능한가?

  소프트웨어 제품뿐만 아니라 관련된 문서도 그 지역에 맞게 보여줄 수 있어야 한다. 예를 들어 세금 계산 소프트웨어를 일본어로 현지화한다면 도움말 같은 문서도 현지화해야 한다.

- 그림은 세계화가 가능한가?

  지도를 포함한 여러 그림은 진출하려는 지역에 맞지 않으면 오히려 부정적인 이미지를 줄 수 있다. 국기 그림도 독립국가 인정 여부 등 논쟁의 소지가 될 수 있다.

- UI가 문자열 길이에 따라 자동 조절 가능한가?

  한국어보다 문자 길이가 긴 언어가 많다. 한국어나 특정 언어만 고려하여 UI의 사이즈를 고정하는 것은 피해야 한다. 문자열 길이에 따라서 UI의 높이와 폭이 자동으로 늘어나거나 줄어들게 하자. 예를 들어 러시아어는 기본 언어로 많이 사용되는 영어보다 평균 문자열 길이가 길다.

- UI 문자열이 문화적으로 중립적인가?

  문자열 내용이 특정 지역에서 지정학적으로 민감하게 받아들여진다면 문제가 될 수 있기 때문에 중립적인 문자열을 사용하는 것이 좋다.

- 다양한 문자열 방향을 지원하는가?

  아랍어나 히브리어 등의 언어를 지원할 계획이라면, 오른쪽에서 왼쪽으로 흐르는 문자열을 지원하도록 한다. 문자열뿐만 아니라 컨트롤이나 UI 전체 방향을 바꿔도 문제가 없도록 디자인한다.

- UI 요소가 시장 요구사항을 준수하는가?

  UI에 여러 컨트롤이 추가될 텐데, 대상 지역에서 사용자들이 익숙해하거나 선호하는 디자인이 있다면 필요에 맞게 맞춤화할 수 있어야 한다.

지금까지 세계화의 큰 틀을 살펴보았고, 중간중간 나원래 팀장과 김훈 대리의 이야기를 섞어 세계화의 구체적인 시나리오를 묘사해보았다. 과연 나원래 팀장과 김훈 대리의 제품은 해외시장에서 성공을 거둘 수 있을까? 그것은 다음 장부터 다룰 국제화와 현지화를 얼마나 잘 구현하는지에 달려 있을 것이다.

핵심 정리

- 세계화 측정 단위를 사용하여 세 단계로 나눠서 세계화 성숙도를 점검할 수 있고, 이에 따라 각자 맞는 단계를 선택할 수 있다. 물론 성숙도 단계는 참고를 위한 것이지 절대적인 것은 아니다.

- 세계화팀을 구축할 때는 기업의 목적과 상황에 맞게 제품별 모델과 지역별 모델을 사용한다. 시간이 지나면서 세계화팀의 구조는 변할 수 있다.

- 대상 지역 및 국가 정보, 제품 특성, 시장 정보는 시장분석의 핵심적인 요소다. 시장분석에 사용되는 주된 도구는 비즈니스 인텔리전스다. 시장분석과 여러 우선순위를 고려하여 어느 언어와 국가로 진출할지 결정한다.

- 제품 사양 작성 및 UX/UI 디자인 단계부터 세계화를 고려해야 한다.

CHAPTER 3

국제화: 유니코드

국제화가 제대로 된 제품은
사용자가 원하는 지역과 언어를 제대로 인식하고
알맞은 형식으로 표현할 수도 있어야 한다.
이번 장에서 살펴볼 유니코드는 가장 중요한 국제화 조건 중 하나로서
세계의 많은 언어를 지원하기 위한 필수사항이다.

국제화의 필수사항

필자는 프로젝트 매니저로 일하면서 개발자들과 개발자 도구, IT 관리, 앱 등 여러 제품을 국제화했다. 개발자들과 함께 일하는 과정에서 유니코드를 포함하는 국제화를 개발 단계에 포함하도록 개발자들을 설득하는 것은 중요한 과제다. 국제화를 해보지 않은 개발자는 번역하는 현지화 단계에서 국제화를 구현하려는 경우가 많다. "중국어 입력 버그는 나중에 중국어로 번역할 때 고치겠다"라고 답한다면 이런 경우에 해당하는 것이다.

만약 소프트웨어 제품을 사용하며 다음과 같은 경험을 해보았다면 그 제품은 국제화가 제대로 이루어지지 않은 것이다.

- "웹사이트에 갔더니 글자가 깨지고 네모로 보이네?"
- "한글을 입력하려는데 글자 조합이 이상하게 되네?"
- "스마트폰 설정에서 시간대를 호주로 바꿨는데 앱에서는 한국 시간으로 나오네?"
- "난 한국에 있는데 주소에 주(state)를 입력하라고 하네?"

소프트웨어 제품은 사용자가 원하는 지역과 언어를 인식하여 자동으로 생성된 값을 알맞은 형식으로 표현할 수 있어야 한다. 제품이 데이터를 저장하고 전달할 때는 올바른 인코딩 시스템을 사용하여 데이터가 손상되지 않게 유지해야 한다. 인코딩뿐만 아니라 사용자가 원하는 지역의 달력, 숫자 포맷, 문자열 정렬 순서를 프로그램이 인식하여 올바로 처리할 수 있어야 한다. 또한 다양한 언어를 입력할 수 있고 입력한 문자열이 깨지지 않고 잘 보여야 한다.

국제화를 통하여 사용자가 어떤 언어 UI로 된 제품을 사용하더라도 여러 지역과 언어 기능을 사용할 수 있게 해주어야 한다. 예를 들어 영어 UI로 된 검색엔진에서도 사용자가 한국어로 입력하면 한국어 검색 결과를 보여줄 수 있어야 한다. 또는 한국어 UI로 된 메신저 앱을 사용할 때 일본어로 보낸 메시지가 글자 깨짐 현상 없이 사용자의 앱에 표시되어야 한다.

제품의 국제화는 크게 유니코드, 언어와 지역 데이터, 국제화 UI 세 가지로 나눠서 살펴볼 수 있다. 이번 장에서는 유니코드를 살펴보고, 4장에서 언어와 지역 데이터, 5장에서 국제화 UI를 살펴보겠다.

만약 기업에서 인력 및 재정 자원이 부족하다면 국제화 필수사항 세 가지 중 유니코드, 언어와 지역 데이터 지원을 우선순위로 삼는 것을 제안한다. 현지화를 하지 않고 해외시장에 진출하지 않더라도 유니코드, 언어와 지역 데이터 지원은 필요하다. UI 언어에 상관없이 여러 지역의 다양한 언어 사용자들이 사용할 수 있어야 하기 때문이다.

제품을 세계화할 가능성이 전혀 없다면 국제화 UI 단계가 필요하지 않을 것이다. 하지만 해외시장으로 출시할 가능성이 전혀 없는 제품은 극소수일 것이다. 따라서 국제화의 모든 필수사항을 개발 단계에서 구현해놓기를 권장한다.

유니코드

전 세계에서 사용되는 다양한 언어를 지원하기 위해서는 유니코드가 필수사항이다. 유니코드는 국제화의 가장 중요한 조건으로서, 전 세계 언어 대부분을 망라하는 문자 집합을 포함하고 있고, 플랫폼이나 프로그램에 상관없이 각 문자에 고유한 번호를 할당하는 국제 문자 부호 체계이다.

유니코드 컨소시엄(Unicode Consortium)이 유니코드를 개발하고 관리한다. 필자는 유니코드 컨소시엄이 유니코드를 개발하면서 지구가 좀 더 작아졌다고 표현하고 싶다. 유니코드는 세계의 다양한 언어가 공존하는 데 큰 기여를 했기 때문이다. 범용 문자 집합을 만들고자 했던 제록스와 애플의 협력을 시작으로 1988년 기본 구조가 만들어졌다. 이후 썬 마이크로시스템즈, IBM, 마이크로소프트 등이 합류했고, 1991년 유니코드 컨소시엄이 만들어졌다. 유니코드 컨소시엄은 비영리 단체이며, 컴퓨터 정보처리 산업 분야의 여러 기업과 단체가 회원이다.

마이크로소프트, 썬 마이크로시스템즈, 애플, HP, IBM 등 여러 기업이 유니코드 표준을 채택하여 사용하고 있다. XML, 자바, HTML, 닷넷 프레임워크(.NET Framework) 등 여러 기술도 유니코드를 요구한다. 유니코드를 사용하는 웹사이트 및 소프트웨어 제품은 여러 플랫폼, 언어, 지역에서 데이터 손상 없이 사용할 수 있다.

유니코드는 컴퓨터에서 사용되는 거의 모든 언어 스크립트를 포함하는데, 스크립트 수는 123개에 달한다. 스크립트란 표기 체계의 문자를 나타내기 위해 사용되는 기호 집합을 말한다. 유니코드는 전체 100만 개 이상의 코드 포인트를 사용할 수 있고 각 버전마다 새로운 문자들을 코드 포인트에 할당하여 지속적으로 새로운 스크립트를 지원하고 있다. 코드 포인트(code point)는 유니코드 문자에 할당되는 고유의 인덱스 값이다. 각 문자의 코드 포인트에 따라 화면에 그려지는 문자의 모양, 즉 시각적 표현은 글리프(glyph)[1]라고 한다. 다음 표는 몇 가지 문자와 그것의 코드 포인트 및 글리프를 예로 보여준다.

표 3-1. 유니코드 문자, 코드 포인트, 글리프

유니코드 문자	코드 포인트	글리프
Latin Capital A	U+0041	A
Latin Capital Letter O with Tilde	U+00D5	Õ
CJK Unified Ideograph	U+6779	枹

---

1 유니코드 표준은 문자가 어떻게 식별되고 해석되는지만 정의하고, 글리프가 렌더링되는 것은 컴퓨터의 렌더링 엔진이 담당한다.

유니코드를 이해하는 과정은 조금 지루하게 느껴질 수도 있지만, 꼭 알아야 할 부분이기 때문에 자세히 다룰 필요가 있다. 왜 유니코드가 필요한지 이해하기 위해 유니코드가 만들어지기 전의 상황을 알아보자.

■ 유니코드 이전의 문자 집합들

유니코드가 개발되기 전에는 여러 언어를 다룰 때 많은 코드 페이지를 사용했다. 코드 페이지에 따라서 같은 문자라도 다른 값이 주어질 수 있고 다른 문자라도 같은 값이 주어질 수 있다. 이러한 점은 많은 혼란을 일으켰다. 그리고 여러 인코딩 시스템을 사용할 경우 문자열을 다른 인코딩을 사용하는 컴퓨터로 전달할 때 문자가 깨져 보이거나 손실되기도 했다.

문자 집합? 코드 페이지? 인코딩?

흔히 문자 집합, 코드 페이지, 인코딩을 혼동하는 경우가 있는데 엄밀히 말해 세 가지는 다른 개념이다. 간단히 설명하면 아래와 같다.

- **문자 집합**(character set)은 의미 있는 소통을 할 수 있는 여러 문자를 포함하는 집합을 말한다. 컴퓨터에서 일컫는 문자 집합은 각 문자에 코드를 부여한다(문자 부호 체계).

- **코드 페이지**(code page)는 시간이 흐르면서 의미가 변해왔지만, 윈도우에서는 보통 컴퓨터가 사용하는 문자 부호 체계를 일컫는다. 예를 들어 코드 페이지 437은 영문 DOS 운영체제에서 사용하는 문자 부호 체계이다.

- **문자 인코딩**(character encoding)은 문자 집합의 각 문자의 인덱스처럼 사용되는 코드 값을 컴퓨터 메모리에 바이트로 매핑해주는 방식을 뜻한다.

유니코드 이전의 대표적인 표준 부호로는 아스키(ASCII)가 있다. 미국의 ANSI 협회가 만든 7비트 부호로서 1963년 처음 발표되었으며 영문 소문자와 대문자, 숫자, 기호 등을 포함한 128개(7비트)의 문자를 표현한다. 아스키는 문자 값을 표준화함으로써 다른 컴퓨터나 응용프로그램이 데이터 교환을 할 수 있게 했다.

컴퓨터가 사용하는 기호가 증가하며, 7비트의 아스키를 포함하는 8비트 확장 아스키가 등장했다. 8비트를 사용하면 128부터 255까지의 코드를 다른 기호들에 사용할 수 있다. 이 범위에 대해 IBM과 애플 같은 기업들은 서로 다른 기호를 할당하여 사용하기 시작했다. 이에 국제 표준화 기구(ISO)에서 8비트 확장 아스키의 표준을 지정한 ISO 8859 초판을 1987년에 출시했다. 대부분의 유럽어를 포함하는 ISO 8859-1이 많이 사용되었다.

라틴 계열 언어, 태국어, 터키어, 아랍어 스크립트 등은 8비트 확장 아스키를 사용하여 표현할 수 있지만, 한국어, 중국어 등 동아시아 언어는 문자 개수가 256개보다 훨씬 많기 때문에 8비트로는 충분하지 않다. 중국어에는 1만 개가 넘는 기본 한자가 있고, 한국어에도 많은 한자가 사용된다. 아스키의 영문자로 표현할 수 없는 이런 언어는 다른 방법으로 문자를 표현해야만 했다. 그래서 등장한 게 더블 바이트 문자 집합이다.

더블 바이트 문자 집합(DBCS)은 선행 바이트 값과 후행 바이트 값을 한 쌍으로 인식하는 방식이었다. 그래서 동아시아 문자처럼 2바이트 이상을 필요로 하는 문자에 DBCS가 사용되었다. DBCS의 선행 바이트 값과 후행 바이트 범위는 DBCS 코드 페이지에 따라 다를 수 있다. 즉 DBCS 코드 페이지에 따라서 같은 문자라도 다른 값을 사용하는 경우가 생기기도 한다.

우리에게 익숙한 한중일 언어는 다양한 문자 집합뿐만 아니라 다양한 코드 페이지와 인코딩을 사용한다. 다음 표에 한중일에서 자주 사용하는 문자 집합, 코드 페이지, 인코딩을 하나씩 나열했다. 이외에도 각 언어에서 사용되는 더 많은 문자 집합, 코드 페이지, 인코딩이 있다.

표 3-2. 한중일 문자 집합, 코드 페이지, 인코딩

	문자 집합	코드 페이지	인코딩
한국어	KS C 5601-1987	CP 949	EUC-KR
중국어	GB 2312-80	CP 936	EUC-CN
일본어	JIS X 0208	CP 932	EUC-JP

한글을 표현하는 데 조합형이나 완성형 같은 문자 집합이 사용되었던 것을 기억하는 사람이 있을지도 모르겠다. 먼저 초성, 중성, 종성으로 나뉜 코드를 그대로 저장하는 방식이 조합형이다. 초창기 한글 코드로 사용되었고 초성, 중성, 종성으로 조합할 수 있는 모든 글자를 표현할 수 있다는 장점이 있었다.

완성형은 조합형과 달리 이미 조합된 글자에 코드를 부여하는 방법이기 때문에 글자를 조합하는 처리 없이 그대로 사용할 수 있다. 1987년 정부가 완성형을 한글 표준 코드로 지정했고, 이게 바로 KS C 5601-1987이다. KS C 5601-1987은 한글과 한자 등 여러 문자를 포함하고 각 문자에 2바이트를 사용하지만, 조합형만큼 많은 글자를 표현하지는 못한다.

1992년에는 완성형이 모든 현대 한글을 표현할 수 없다는 한계와 조합형의 필요성을 인식하여 조합형 코드 KS C 5601-1992를 발표하고, 이것을 조합형 표준으로 채택했다. 한글 코드는 이후에도 여러 번 개정되었다.

이런 다양한 문자 집합과 여러 코드 페이지의 혼용은 사용자들이 인터넷을 통해서 데이터를 주고받을 때 문제가 된다. 예를 들어, 러시아 코드 페이지를 사용하여 보낸 문자열을 중국 코드 페이지를 사용하는 컴퓨터에서는 받았을 때 이해할 수 없는 문자로 표시될 수 있다. 히브리어 코드 페이지를 사용하는 컴퓨터에서 히브리어와 일본어 문자를 둘 다 보려고 할 때도 일본어 문자가 이상하게 보일 수 있다. 이렇듯 여러 언어를 동시에 표현하거나 송수신하기 어려운 불편함이 있었다.

이런 상황에서 1991년 첫 유니코드 표준이 발표되었다. 이후 유니코드는 표준 문자 집합으로 자리 잡아가며 사용이 늘고 있다. 유니코드 표준은 언어 및 플랫폼에 관계없이 컴퓨터에서 사용되는 거의 모든 언어 문자에 고유 코드 포인트를 할당하는 문자 부호 체계다. 유니코드를 사용하면 여러 다른 코드 페이지를 사용할 필요가 없고 데이터를 주고받는 데 생기는 어려움도 없다.

유니코드는 새 버전에 지속적으로 새로운 스크립트를 추가하는데, 기존의 문자가 없어지거나 호환되지 않는 방법으로 개정되지는 않는다. 즉 기존 유니코드로 만들어진 데이터는 새로운 유니코드 버전이 나와도 깨지치 않는다.

■ 유니코드 평면

이제 본격적으로 유니코드에 대해 살펴보자. 유니코드는 17개의 평면(plane)으로 구성되어 있는데 0부터 16까지 번호가 지정되어 있다. 유니코드를 논리적으로 나눈 구획이다. 각 평면은 6만 5536개 코드 포인트로 이뤄진다. 전체 100만 개가 넘는 코드 포인트가 이 17개의 평면에 분산되어 있다.

표 3-3. 유니코드 평면

유니코드 평면	코드 포인트 범위	포함하는 문자
Plane 0 기본 다국어 평면(BMP)	0000~FFFF	현대 언어의 대부분의 스크립트, 공식, 기호
Plane 1 보조 다국어 평면(SMP)	10000~1FFFF	옛 글자, 음악 표기법, 수학 영숫자, 이모티콘
Plane 2 보조 상형문자 평면(SIP)	20000~2FFFF	BMP에 포함되지 않은 한중일 통합 한자
Plane 3~13	30000~DFFFF	할당되지 않음
Plane 14 보조 특수 목적 평면(SSP)	E0000~EFFFF	태그 및 제어용 문자

Plane 15~16 사용자 정의 영역(PUA)	F0000~10FFFF	사용자가 문자 지정

0번 평면은 기본 다국어 평면(BMP)으로 현대 언어의 대부분의 스크립트, 공식, 기호 등을 포함한다. BMP의 많은 코드 포인트가 한국어, 중국어, 일본어에 사용되었으며 많이 사용되는 한중일 통합 한자를 포함한다. 1번 평면은 보조 다국어 평면(SMP)으로 옛 글자, 음악 표기법, 수학 영숫자, 이모티콘 등을 포함한다. 2번 평면은 보조 상형문자 평면(SIP)으로 BMP에 포함되지 않은 한중일 통합 한자를 포함한다. 3번 평면에서 13번 평면에는 아직 문자가 할당되지 않았다. 14번 평면은 보조 특수 목적 평면(SSP)으로서 태그 및 제어용 문자가 포함되어 있다. 끝으로 15번 평면 및 16번 평면은 유니코드 컨소시엄에서 지정하지 않고 사용자가 문자를 지정할 수 있는 사용자 정의 영역(PUA)이다.

■ UTF 인코딩

UTF란 Unicode Transformation Format의 약어로서 유니코드를 인코딩하는 대표적인 형태다. 크게 UTF-8, UTF-16, UTF-32 세 가지 대표적인 인코딩 형태가 있다. 세 인코딩 형태는 데이터의 손실 없이 서로 변환될 수 있다.

인코딩에서 각 유니코드 문자의 코드 포인트는 한 개 이상의 코드 유닛(code unit)에 매핑된다. 코드 유닛이란 한 개의 인코딩된 텍스트 단위를 표현하기 위한 최소한의 비트 조합을 뜻한다. 코드 유닛이 여러 개 정렬된 경우 이들을 묶어 코드 유닛 시퀀스(code unit sequence)라고 부른다.

UTF-8은 가변 길이 유니코드 문자 인코딩 형태로, 하나의 유니코드 문자를 표현하는 데 8비트짜리 코드 유닛을 1~4개까지 사용한다. UTF-16은 16비트 코드 유닛을 사용하며, BMP 문자를 인코딩하는 데에는 한 개의 코드 유닛으로, 그 외의 문자는 두 개의 코드 유닛으로 인코딩한다. UTF-32는 32비트 코드 유닛 한 개만을 사용한다. 예를 들어 SIP에 있는 한자 𠫰을 UTF-8 인코딩을 사용해 표현하면 코드 유닛과 코드 유닛 시퀀스는 다음 그림과 같다.

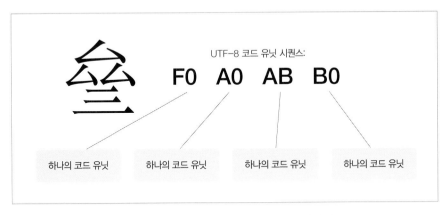

그림 3-1. 코드 유닛과 코드 유닛 시퀀스 사이의 관계

다음 표는 라틴 문자, 히브리 문자, 한자, 확장 한자를 각각 UTF-8, UTF-16, UTF-32 인코딩으로 표현했을 때 코드 포인트, 코드 유닛, 코드 유닛 시퀀스를 정리한 것이다.

표 3-4. UTF 인코딩별 코드 유닛 시퀀스 비교

문자	코드 포인트	UTF-8 코드 유닛 시퀀스	UTF-16 코드 유닛 시퀀스	UTF-32 코드 유닛 시퀀스
A	U+0041	41	0041	00000041
א	U+05D0	D7 90	05D0	000005D0
諜	U+8A9C	E8 AA 9C	8A9C	00008A9C
𠫰	U+20AF0	F0 A0 AB B0	D842 DEF0	00020AF0

라틴 문자인 A는 8비트 코드 유닛을 1개만 사용하면 된다. 반면 쓸 같은 한 자는 UTF-8 인코딩에서는 코드 유닛을 4개 사용해야 하고, UTF-16에서는 코 드 유닛 두 개를 사용해야 한다.

이와 같이 UTF-8은 메모리 공간을 경제적으로 사용하므로 데이터를 효율 적으로 처리해야 할 때 자주 사용된다. 이런 이유로 UTF-8은 현재 50% 이상 의 웹 페이지에서 사용되고 있고 월드와이드웹 컨소시엄(w3C)에서도 XML이나 HTML의 기본 인코딩으로 사용하도록 권장한다. 인터넷 메일 컨소시엄(Internet Mail Consortium) 또한 UTF-8을 사용하여 이메일을 읽고 쓰는 것을 권장한다.

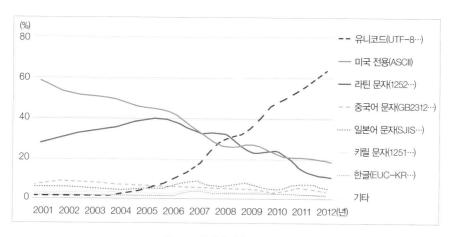

그림 3-2. 웹에서 사용되는 인코딩

위의 그래프는 구글 검색 인덱스의 데이터로 2001년부터 2012년까지 웹 페 이지에서 사용된 여러 인코딩의 비율을 나타낸다(http://bit.ly/1P4TV0J). 그림에서 알 수 있듯 유니코드 인코딩을 사용하는 웹 페이지는 2006년부터 2012년까지 8배 정도 증가했다.

UTF-8, UTF-16, UTF-32 인코딩이 각각 어떤 문자를 표현할 수 있는지 살펴보면 다음과 같다.

- **UTF-8 인코딩**
  - 1바이트: 아스키 문자
  - 2바이트: 아랍어, 히브리어와 대부분의 유럽 스크립트
  - 3바이트: BMP 문자
  - 4바이트: 모든 유니코드 문자

UTF-8 인코딩은 HTML에서 자주 사용된다. 아스키 집합에 해당하는 유니코드 문자는 아스키 문자와 동일한 바이트 값을 갖기 때문에 UTF-8로 인코딩된 유니코드 문자는 기존의 아스키 소프트웨어 제품과도 큰 문제 없이 호환된다.

- **UTF-16 인코딩**
  - 2바이트: BMP 문자
  - 4바이트: 모든 유니코드 문자

UTF-16 인코딩에서는 BMP 평면의 문자는 16비트를 사용하고 그 외 평면에 있는 문자는 두 개의 16비트 코드 유닛으로 접근할 수 있다. 두 개의 16비트를 서러게이트 쌍으로 사용해야 하는데 주의해야 할 점이 많아 뒤에서 따로 살펴볼 것이다. UTF-16은 윈도우와 자바에서 주로 사용된다. 웹이 아닌 프로그램에서 텍스트를 표시하는 기본 방법으로 UTF-16을 선택하는 것을 권장한다.

- **UTF-32 인코딩**
  - 4바이트: 모든 유니코드 문자

UTF-32는 UTF-16보다 많은 메모리를 사용한다. 모든 문자가 32비트를 사용하기 때문에, 메모리 사용이 경제적이지 않다. 메모리 공간에 제한이 없고 각 문자당 모두 32비트를 사용하기 원하면 UTF-32를 사용하면 된다. 업계에서는 많이 사용하지 않는 편이며, UTF-16 문자열을 처리하기 어려운 경우 구

현의 편의를 위해서 사용하는 일이 있다. UTF-8과 함께 유닉스나 리눅스에서 사용되기도 한다.

■ 바이트 순서 표시

바이트 순서 표시(byte order mark), 줄여서 BOM은 유니코드에서 바이트를 배열하는 방법, 즉 엔디언(endian)을 구별하기 위해 사용되는 유니코드 문자다. 문자열 자체를 처리하기 위해서라기보다는, 문자열을 여러 시스템에서 교환하기 위해 필요하다.

BOM은 데이터 스트림 앞에 특정한 유니코드 문자(코드 포인트: U+FEFF)를 사용하여 어떤 엔디언과 인코딩 형식인지 알려주는 역할을 한다. BOM을 표현하는 바이트는 유니코드 인코딩 형태에 따라서 다르므로 어떤 엔디언과 인코딩을 사용하는지 알 수 있다.

1바이트보다 큰 데이터 형식은 컴퓨터 메모리에 저장되는 방식이 두 가지다. 가장 큰 바이트를 처음에 저장하는 방식을 빅 엔디언(BE), 가장 작은 바이트를 처음에 저장하는 방식을 리틀 엔디언(LE)이라고 한다. BOM 역시 엔디언에 따라 달라진다. 다음 표는 인코딩 및 엔디언별 바이트다. UTF-8은 1바이트만 사용하기 때문에 큰 바이트와 작은 바이트 중 무엇이 먼저 저장되는지가 중요하지 않다.

표 3-5. 인코딩별 BOM 바이트

인코딩	BOM 바이트 시퀀스
UTF-32 빅 엔디언	00 00 FE FF
UTF-32 리틀 엔디언	FF FE 00 00
UTF-16 빅 엔디언	FE FF
UTF-16 리틀 엔디언	FF FE
UTF-8	EF BB BF

예를 들어 느낌표(!) 문자에 BOM을 붙이는 경우를 생각해보자. 엔디언에 따라 다음 그림과 같은 방식으로 표현할 수 있다.

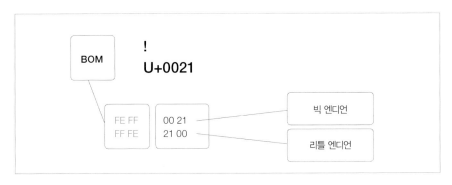

그림 3-3. 엔디언에 따른 BOM

다만 UTF-16이나 UTF-32와는 달리, UTF-8에서는 BOM이 엔디언을 표시하는 것이 아니라 다른 인코딩과 구별하기 위한 표식으로만 사용된다. HTML5나 XML을 사용할 때 브라우저는 UTF-8 BOM이 있는 경우 UTF-8 인코딩을 감지한다. 하지만 BOM이 없는 UTF-8 파일은 유니코드를 인식하지 못하는 소프트웨어에서도 사용할 수 있다는 장점이 있다. 국제 인터넷 표준화 기구(IETF)에서는 인터넷 프로토콜은 항상 UTF-8을 지정하여 사용하거나, 또는 다른 방법으로 인코딩을 식별할 수 있다면 UTF-8에 BOM을 표식으로 사용하지 말라고 권고한다(http://bit.ly/1Oli6TI).

데이터베이스의 필드(field)처럼 이미 인코딩 형식이 지정되어 있다면 BOM이 필요하지 않을 수도 있다. 데이터베이스에서 모든 문자에 각각 BOM을 넣는 것은 용량을 많이 차지하기 때문에 권장하지 않는다.

■ 서러게이트 쌍

UTF-16 인코딩을 사용할 때 BMP 영역 밖의 문자는 16비트로 표현할 수가 없다. BMP 외의 보조 문자를 표현할 때는 16비트 이상이 필요한데, 이때 사용하는 것이 서러게이트 쌍(surrogate pair)이다. 16비트 코드 유닛 두 개가 쌍을 이루어 하나의 문자를 표현하는 것이다. 서러게이트 쌍의 첫 번째 값을 상위 서러게이트, 두 번째 값을 하위 서러게이트라고 한다.

그렇지만 아무 16비트 코드 포인트 두 개를 사용하여 서러게이트 쌍을 만들 수는 없다. 코드 포인트 두 개를 쌍으로 사용할 수 있는 코드 포인트 범위는 지정되어 있다. U+D800~U+DBFF가 상위 서러게이트 범위이고 U+DC00~U+DFFF가 하위 서러게이트 범위다. 상위 서러게이트 범위에서 하나의 코드 포인트를 선택하고 하위 서러게이트 범위에서 하나의 코드 포인트를 선택하여 하나의 서러게이트 쌍 문자가 표현된다. 이런 식으로 UTF-16에서는 서러게이트 쌍을 사용하여 100만 개 이상의 문자를 지원할 수 있다.

UTF-16을 사용한다면 제품이 서러게이트 쌍을 지원하도록 만들어야 한다. 서러게이트 쌍은 두 개의 16비트 코드 유닛을 사용하기 때문에, 충분한 품질 테스트를 통해서 두 개의 문자로 나뉘지 않도록 주의해야 한다.

서러게이트 쌍은 앞에서 언급했던 동아시아 언어의 DBCS와 혼동하기 쉬우므로, 둘이 다르다는 것을 기억해야 한다. 서러게이트 쌍으로 만들어지는 결과는 한 개의 문자이기 때문에, 커서를 사용하여 문자를 하이라이트하거나 삭제할 때, 한 개의 문자로 취급해야 한다. 자주 일어나는 오류는 백스페이스를 누르거나 문자를 하이라이트할 때 아래처럼 문자 중간을 끊고 두 개의 문자로 인식하는 것이다. 즉 두 개의 코드 포인트를 두 개의 문자로 착각하는 오류다.

그림 3-4. 하나의 서러게이트 쌍 문자를 두 개로 인식하는 경우

이렇게 서러게이트 쌍 문자를 두 개의 문자로 인식하면 기본적인 문자열 함수(예를 들어 substring, join, length 등) 작업을 할 때 예상하지 못한 문제가 생긴다. 문자를 연결할 때 한 문자가 두 개로 분리되거나, 부분 문자열을 취할 때 두 번째 코드 포인트를 두 번째 문자로 잘못 인식하는 등의 문제가 생길 수 있으므로 주의해야 한다.

문자를 비교하거나 검색할 때도 마찬가지다. 다음 그림처럼 첫 번째 코드 포인트에 같은 값을 사용하는 두 개의 서러게이트 쌍 문자가 있다고 하자. 문자를 비교할 때, 첫 번째 코드 포인트만 비교하여 같은 문자인지 확인한다면 두 개의 문자는 같다는 결과가 나올 것이다. 하지만 이 두 개의 문자는 두 번째 코드 포인트가 다른 값을 가지고 있는 엄연히 다른 문자다.

U+D840
U+DC59

U+D840
U+DC5A

그림 3-5. 상위 서러게이트가 같지만, 서로 다른 두 개의 서러게이트 쌍 문자

■ 잘못된 유니코드 UX 사례

다음 그림은 영문 윈도우 10에서 Examples이라는 폴더 안에 'English.txt'라는 파일과 '한글.txt'라는 파일을 넣고 명령 프롬프트에서 **dir** 명령어를 실행했을 때 화면이다.

그림 3-6. 명령 프롬프트

English.txt 파일 이름은 잘 보이는데 한글.txt 파일 이름은 알 수 없는 문자로 표시된다. 파일 이름 '한글'은 유니코드 문자인데 명령 프롬프트는 유니코드 문자를 제대로 나타내지 못하는 것이다. 시스템과 프로그램이 서로 다른 인코딩을 사용하여 문자를 인식하지 못하면 이렇게 깨진 문자가 표시될 수 있다.

윈도우에서 유니코드가 아닌 프로그램을 제대로 인식하지 못해서 깨지는 문자를 읽으려면 시스템 로케일을 해당 언어로 설정해야만 한다. 시스템 로케일은 유니코드를 지원하지 않는 경우에 사용할 코드 페이지를 지정해준다. 로케일에 대해서는 4장에서 자세히 살펴볼 것이다.

유니코드 문자를 지원하지 않는 경우 깨진 문자를 보여주는 대신 영문 문자열을 보여주는 것도 옵션이다. 깨진 문자보다는 영어를 대신 보여주는 것을 선호하는 사용자도 있겠지만, 궁극적으로는 프로그램이 유니코드를 사용하고 인식해야 한다.

다음 그림은 영문 윈도우에 한국어 오디오 소프트웨어 제품을 설치했을 때 표시되는 화면이다. 설치 파일이 유니코드를 사용하지 않고 다른 코드 페이지를 사용하는 경우, 어떤 코드 페이지를 사용하는지 인식하지 못해 문자열이 깨져 보이는 현상이다.

그림 3-7. 모 오디오 프로그램 설치 화면

이럴 경우 사용자가 시스템의 로케일을 프로그램과 같은 언어로 변경하면 UI가 깨지지 않고 보인다. 하지만 사용자가 이런 방법을 사용해야 하는 것은 매우 불편한 일이다. 프로그램 개발 시 유니코드 인코딩을 사용하여 유니코드 시스템에서 깨지지 않고 잘 보일 수 있게 해야 한다.

앱로케일

부득이하게 유니코드가 아닌 프로그램을 사용할 때 시스템 로케일을 프로그램의 언어에 맞게 변경하지 못하는 경우도 있을 수 있다. 이런 경우 마이크로소프트의 앱로케일(AppLocale)을 사용하여 유니코드가 아닌 프로그램에서 발생하는 문제를 임시적으로 해결하는 경우도 있다. 앱로케일은 유니코드가 아닌 텍스트 데이터를 내부적으로 유니코드로 변환함으로써 언어 환경을 에뮬레이션한다. 공식적으로는 윈도우 XP와 2003 버전만 지원한다.

다음 그림은 인터넷 익스플로러 브라우저 설정에서 인코딩을 UTF-8로 지정해놓고 한국어 사이트에 접속했을 때 글자가 깨져 보이는 모습이다.

그림 3-8. 글자가 깨져 보이는 웹사이트

문자가 한글이 아닌 이해할 수 없는 모양이어서 읽을 수가 없다. 물론 데이터가 손실된 것은 아니어서 브라우저 인코딩을 EUC–KR로 지정하면 한글이 잘 표시된다. 이는 해당 사이트가 유니코드가 아닌 한글 인코딩을 사용하기 때문이다. 많은 한국어 사이트가 한글 인코딩을 사용하고 있지만, 국제화하기 위해서는 유니코드 인코딩을 사용해야 한다.

HTML 웹 페이지에서는 아래와 같이 메타 태그의 **charset** 속성에 원하는 인코딩을 지정하면 브라우저가 지정된 인코딩을 사용한다.

```
<meta charset="utf-8" />
```

웹 페이지에 인코딩이 지정되어 있지 않아 브라우저가 잘못 인식하거나 폰트 설치가 되어 있지 않은 경우에는 읽을 수 없는 깨진 문자나 네모가 표시된다. 이러한 불편함을 덜어주기 위해 개발된 표준이 유니코드이기 때문에, 유니코드의 UTF 인코딩을 사용하여 구현하는 것을 적극 권장한다.

■ 유니코드를 지원하는 기술

플랫폼마다 유니코드 다국어 텍스트를 렌더링하는 엔진에 다양한 기술을 사용한다. 윈도우에서는 유니스크라이브와 다이렉트라이트를 사용하고, 맥 OS X에서는 코어 텍스트나 텍스트 키트를 사용한다. iOS에서는 텍스트 키트를 사용할 수 있다. 리눅스 운영체제의 그놈(Gnome)은 판고를 사용한다. 널리 쓰이는 ICU는 언어별 텍스트, 날짜, 시간 등의 형식을 여러 플랫폼에서도 동일하게 생성해준다. 소프트웨어 국제화에 큰 역할을 담당하고 있는 ICU에 대해 알아보자.

ICU

ICU(International Components for Unicode)는 유니코드를 지원하는 C, C++, 자바 라이브러리를 제공하는 오픈소스 프로젝트로서 IBM과 다른 기업들이 지원하고 사용하고 있다. 공식 주소는 http://site.icu-project.org이다. 어도비, 아마존, 아파치, 애플, 델, 이클립스, 이베이, 구글, HP, IBM, 인텔, 모질라, 파이썬, 썬 마이크로시스템즈, 시만텍, 야후 등 많은 기업이나 단체가 사용하고 있다. 특히 IBM과 구글이 ICU를 적극적으로 지원하고 있다.

C와 C++ 언어는 여러 운영체제 환경에서 완벽한 유니코드 텍스트 처리 서비스를 제공하지 않는다. ICU가 이런 부족한 부분을 채워준다. 자바는 유니코드와 국제화를 잘 지원하지만, 출시 주기가 길어 계속 업데이트되는 최신 유니코드 표준을 준수하기 어렵다. ICU를 사용하면 최신 유니코드 표준을 준수할 수 있다.

ICU는 여러 플랫폼이나 컴파일러에서 사용할 수 있고, C, C++, 자바를 사용할 때 프로그램에서 대부분 균일한 결과를 보여줄 수 있다. 대표적으로 세 가지 ICU 프로젝트가 있는데, ICU4C는 C와 C++를 위한 것이고, ICU4J는 자바용, 그리고 ICU4JNI는 문자 집합 변환 등 특정 ICU4C 기능에 대한 자바 래퍼(wrapper)다. 하지만 ICU4JNI는 더 이상 적극적으로 개발되지 않으며 사용을 권장하지 않는다. 대신 ICU4J를 사용할 수 있다.

ICU가 제공하는 대표적인 서비스는 다음과 같다.

• **유니코드 지원:** 유니코드 표준을 제공함으로써 유니코드 문자 속성에 접근하는 등의 기본적인 문자열 작업을 할 수 있게 도와준다.
• **코드 페이지 변환 기능:** 유니코드와 다른 코드 페이지 간에 문자열 데이터를 변환할 수 있다.
• **데이터 형식:** 숫자, 날짜, 시간, 화폐 등을 특정 언어와 국가에 맞는 형식으로 제공한다.
• **콜레이션:** 각 언어와 국가의 규칙에 맞게 문자열을 정렬하고 비교할 수 있다.

- **시간 계산:** 다양한 국제 달력과 시간대 계산을 해주는 기능을 제공한다.
- **정규 표현식:** ICU의 정규 표현식은 유니코드를 지원한다.
- **텍스트 경계:** 텍스트 범위 내에서 단어, 문장, 단락의 위치를 찾을 수 있고, 줄 바꿈(line wrapping)에 적합한 위치를 식별할 수 있다.
- **양방향 언어:** 영어와 같이 왼쪽에서 오른쪽으로 흐르는 언어나 아랍어와 같이 오른쪽에서 왼쪽으로 흐르는 언어를 포함하는 텍스트를 지원한다.

제품 기능에 따라 ICU의 필요한 부분을 가져다가 쓸 수 있다. 만약 C와 C++나 자바를 사용하지 않고 다른 프로그래밍 언어를 사용하여 ICU의 기능을 사용하고 싶다면 오픈소스로 된 언어 래퍼를 사용할 수 있다. 예를 들어 PyICU는 파이썬용 ICU 래퍼다. R, C#, 코볼, 하스켈, 펄 등 다양한 프로그래밍 언어용 래퍼가 필요하다면, 오픈소스 프로젝트를 찾아서 필요한 기능을 사용하길 권장한다.

ECMAScript Internationalization API

ECMA스크립트(ECMAScript)는 Ecma 인터내셔널(Ecma International)에서 표준화한 스크립트 언어다. 오늘날 웹에서 널리 쓰이는 자바스크립트와 J스크립트 등 여러 기술의 기반이 되는 언어이기도 하다. 과거에 웹 디자인을 할 때는 사용자의 언어에 맞는 문자열 정렬 등 간단한 국제화 기능조차 쉽지 않았다. 이런 불편함을 해소하기 위해서 Ecma 인터내셔널에서 개발한 것이 ECMAScript Internationalization API다.

ECMAScript Internationalization API는 유니코드 텍스트를 사용하며 언어 인식 기능을 제공한다. 언어 인식 기능에는 문자열 정렬, 숫자 형식, 날짜 및 시간 형식 등이 있다.

이 API 외에도 유니코드와 국제화를 지원하는 여러 자바스크립트 라이브러리가 있다. 4장에서 다양한 국제화 기능을 지원하는 자바스크립트 라이브러리를 살펴보겠다.

유니스크라이브와 다이렉트라이트

유니스크라이브(Uniscribe)는 유니코드 인코딩 텍스트를 렌더링하는 마이크로소프트 윈도우 엔진 API를 제공한다. 고급 타이포그래피를 구현하고 복잡한 텍스트를 처리할 수 있다. 아랍어와 같은 복잡한 언어에서 문맥에 맞게 글리프가 변형될 수 있게 지원하고, 다양한 텍스트 흐름 방향에 따라 텍스트를 보여줄 수 있다.

윈도우 7부터 유니스크라이브는 유지보수 단계에 들어갔고, 다이렉트라이트(DirectWrite)가 도입되었다. 다이렉트라이트는 다음과 같이 유니스크라이브보다 향상된 기능을 제공한다.

· 유니코드 문자의 글리프 렌더링 API를 제공한다.
· 서러게이트 쌍, 양방향 언어, 줄 바꿈 등 다양한 유니코드 기능을 제공한다.
· 옛 한글 등 다양한 유니코드 스크립트와 언어를 제공한다.

다이렉트라이트는 사용이 용이하고, 개발자가 윈도우 프로그램에서 텍스트 경험을 개선할 수 있도록 계층화된 프로그래밍 모델을 제공한다. 또한 프로그램이 글리프, 폰트 등에 직접적으로 접근할 수 있어 고품질의 타이포그래피를 제공할 수 있다.

코어 텍스트

코어 텍스트(Core Text)는 iOS 및 OS X용 기술로서 유니코드를 지원한다. 저수준(low-level)의 텍스트 레이아웃과 폰트 처리를 하는 경우에 사용한다. 코어 텍스트 API는 iOS와 OS X에서 거의 동일하지만 OS X 버전이 더 풍부한 폰트 관리 API를 제공한다.

코어 텍스트는 문자열이 폰트에 매핑되는 것을 인식하고, 텍스트를 렌더링하기 전에 스타일에 대한 정보와 폰트 등의 속성을 고려한다. 하지만 개발자로서는 풍부한 텍스트 편집과 페이지 레이아웃 엔진을 제공하는 텍스트 키트나 코코아 텍스트 등 고수준(high-level)의 프레임워크를 사용하여 앱을 개발한다. 코어 텍스트는 텍스트 키트와 코코아 텍스트 시스템의 기초가 되는 기술이다.

코코아 텍스트와 텍스트 키트

코코아 텍스트(Cocoa Text) 시스템은 OS X의 텍스트를 처리하는 주요 시스템이다. 기본적으로 문자를 유니코드 값으로 인코딩한다. 텍스트 관련 **AppKit** 클래스를 통해 고품질의 타이포그래피 서비스를 제공하고, 앱이 텍스트를 생성, 편집, 표시, 저장할 수 있게 한다. 사용자가 텍스트를 입력하거나 편집해야 한다면 코코아 텍스트 시스템을 사용할 수 있다.

텍스트 키트(Text Kit)는 고품질의 타이포그래피 서비스를 제공하는 **UIKit** 프레임워크에 있는 클래스와 프로토콜의 집합이다. 코어 텍스트 위에 구축되었으므로 동일한 속도와 파워를 제공한다. 필요할 때 유니코드 문자를 글리프로 바꿔주어 스크린에 잘 표시되게 한다.

판고

판고(Pango)는 국제화에 집중한 텍스트 레이아웃 및 렌더링 라이브러리다. 여러 리눅스 배포판에서 사용할 수 있다. 국제화를 지원하기 위해 다중 언어 텍스트를 렌더링하고, 글리프를 저장할 수 있으며, 다양한 텍스트 방향을 지원한다. 또한 판고 레이아웃 엔진은 윈도우나 OS X의 네이티브 폰트와 같은 폰트 백엔드와도 사용할 수 있다.

폰트

유니코드 다음으로 살펴볼 것은 폰트다. 유니코드 문자를 제대로 출력하려면 해당 폰트가 제품이나 플랫폼에 설치되어 있어야 한다. 예를 들어, 유니코드 평면에 포함된 이모티콘을 보내도 받는 사람이 쓰는 제품이나 플랫폼에 해당 폰트가 설치되어 있지 않으면 제대로 보이지 않는다. 특히 오피스 제품과 같이 여러 플랫폼에서 작동하면서 많은 언어 문자를 다루는 제품은 폰트에 문제가 없는지 잘 확인해야 한다. 해당 폰트가 없는 경우에는 기본 폰트로 대체하여 표시될 수 있게 해야 한다.

　과거에는 폰트를 해당 언어에서만 사용하게 만드는 경우가 많았다. 이런 경우 한 언어의 폰트를 다른 언어에 사용하지 못한다. 유니코드 문자의 여러 범위를 지원하는 폰트들은 다양하게 나오고 있다. 하지만 유니코드 표준에는 많은 언어의 문자가 등록되어 있고, 계속해서 문자가 추가되고 있다. 자주 사용되는 0번 평면에 있는 기본적인 알파벳 문자를 지원하는 폰트는 많지만, 복잡한 문자일수록 지원하는 폰트는 적다.

▪ 유니코드를 지원하는 폰트

유니코드 컨소시엄에서 유니코드 폰트를 표준화하여 제공하지는 않는다. 유니코드를 준수하는 폰트는 유니코드 표준에 정의된 문자 의미체계(semantics)와 일치하는 방식으로 유니코드 문자와 글리프를 매핑하는 폰트라고 할 수 있다.

한글을 지원하는 유니코드 기반 폰트 중 대표적인 것은 윈도우에서 쉽게 사용할 수 있는 맑은 고딕이다.

맑은 고딕

그림 3-9. 맑은 고딕

다음으로, 나눔글꼴은 한글날을 기념하는 의미에서 네이버가 만든 글꼴 모임으로 유니코드 기반의 한글을 지원한다. 네이버는 나눔고딕 및 나눔명조를 비롯해 감성적인 나눔바른펜, 섬세한 가는 나눔바른고딕 등 여러 글꼴을 무료로 배포하고 있다.

가는 나눔바른고딕

그림 3-10. 가는 나눔바른고딕

만약 유니코드의 모든 언어와 스크립트를 지원하는 폰트가 있다면 유니코드의 문자를 전환할 때 폰트를 사용하지 못하는 문제가 해결될 것이다. 노토(Noto) 폰트는 널리 사용되는 언어를 지원하려는 취지에서 구글에서 만든 오픈소스 폰트다. 노토 폰트 패밀리 중에서 어도비와 구글이 합작하여 만든 한중일 폰트는 구글에서는 노토 산스 CJK(Noto Sans CJK)라는 이름으로 배포되고, 어도비에서는 본고딕(Source Han Sans)이라는 이름으로 배포된다. 한국어, 간체 중국어,

번체 중국어, 일본어 위주로 만든 폰트다.

노토 산스 CJK

그림 3-11. 노토 산스 CJK

■ 폰트 문자의 범위 확인

사용하고 싶은 폰트가 있어도 입력하려는 문자를 지원하지 않을 수도 있기 때문에, 사용하려는 폰트가 어떤 유니코드 코드 포인트 범위를 지원하는지 확인하고 사용해야 한다. 시중에 나온 다양한 폰트 프로그램을 사용하여 각 폰트에서 지원하는 문자를 볼 수 있다.

먼저 BabelMap은 윈도우에서 사용할 수 있는 프로그램으로, 유니코드 문자를 이름이나 코드 포인트로 검색해서 볼 수 있게 해준다. 특정 폰트를 선택하거나, 유니코드 범위를 선택하여 검색할 수도 있다. 선택한 유니코드 문자의 유니코드 버전, 그리고 그 문자의 명칭도 볼 수 있다. 예를 들어 U+AC01 코드의 문자인 '각'을 찾아보면 명칭이 'Hangul Syllable Gag'인 것을 알 수 있다. 모든 유니코드를 검색할 수 있고 기능이 다양하기 때문에, 전문적인 작업을 할 때 유용하다.

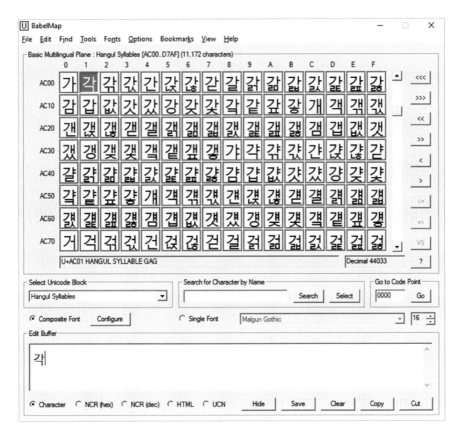

그림 3-12. BabelMap

윈도우에는 문자표(Character Map) 프로그램이 포함되어 있다. 유니코드 문자 집합을 선택하고 폰트를 선택하면 포함된 유니코드 문자를 볼 수 있다. 코드 포인트를 사용하여 문자를 선택하고 사용할 수 있다. 하지만 모든 유니코드 범위를 지원하지는 않는다. 유니코드 0번 평면만 지원하는 데다 0번 평면에서도 지원하지 않는 문자가 있다. 그러나 빠르게 0번 평면의 글자를 찾아서 쓰려면 매우 유용하다. 필자는 소프트웨어 제품을 테스트할 때 빠르고 간편하게 문자를 확인하는 데 이 프로그램을 자주 사용했다.

그림 3-13. 윈도우에 포함되어 있는 문자표

맥에는 문자 보기(Character Viewer) 프로그램이 포함되어 있다. 선택한 문자와 기호를 지원하는 폰트와 글리프를 보여주고 관련된 문자와 기호도 보여준다. 지원하는 폰트 글리프를 보여주기 때문에 마음에 드는 폰트를 선택하여 쉽게 사용할 수 있다.

그림 3-14. 맥에 포함되어 있는 문자 보기

다양한 언어 스크립트를 문자열에 사용할 때에는 한 가지 폰트를 사용하는 것이 깔끔해 보인다. 따라서 폰트를 선택할 때 어떤 유니코드 문자와 언어를 지원하는지 조사해보고 선택하는 것을 권장한다.

중국 진출을 위한 GB18030 표준

지금까지 국제화의 첫 번째 요소인 유니코드와 폰트에 대해서 살펴보았다. 4장으로 넘어가기 전에 최근 주목받고 있는 중국이라는 거대한 시장에 대한 국제화에 관해 이야기해보자.

한국무역협회 국제무역연구원이 2015년 발간한 '중국의 15개 소비 트렌드를 주목하라' 보고서(http://bit.ly/1eMvHbi)에 따르면, 세계 2위 내수 시장을 보유한 중국의 소비 시장은 계속 커지고 있다. 중국의 소매시장 규모는 2014년 26.2조 위안(약 4.3조 달러)으로 미국 소매시장 규모의 81%에 달하며, 한국의 10배 규모라고 한다.

이 보고서는 최근 중국의 소비 트렌드를 구매 채널 다양화, 온라인과 SNS 활용 증가 등이 반영된 15가지로 분석했다. 또한 전자상거래 약진으로 온라인 판매 증가세가 백화점이나 슈퍼마켓 등 오프라인 판매 증가세를 크게 압도하고 있다고 한다. 이런 중국 시장은 많은 기업에 매력적인 대상이다.

이렇게 매력적으로 보이는 시장이지만, 중국에 진출하는 일은 간단하지만은 않다. 소프트웨어 제품이 중국 정부가 만든 표준을 지원해야 하기 때문이다.

중국 정부는 중국의 이전 표준인 GB2312/GBK를 대체하는 GB18030-2000 표준을 2000년에 발표했고, 2005년에는 더 많은 문자가 추가된 새로운 GB18030 버전을 발표했다. 따라서 소프트웨어를 중국에 진출시키려면 GB18030 표준을 지원해야 한다. GB18030 표준 지원 여부에 중국 시장 진출 가능 여부가 달려 있다고 볼 수도 있다.

GB18030 표준이란 간단히 말해 GB 2312-1980과 GBK를 확장하는 중국어 코드 페이지 표준이다(http://bit.ly/1Qr2Atz). 1, 2, 4바이트로 인코딩할 수 있다. 중국어 문자뿐만 아니라 티베트어나 몽골어의 문자, 그리고 한글도 여기에 포함된다.

'그럼 유니코드도 지원해야 하고 GB18030도 지원해야 하나? 둘 다 지원하려면 시간이 더 많이 소요될 텐데?'라는 생각이 들 것이다. 다행히도 GB18030은 유니코드 코드 포인트와의 매핑 테이블을 규정해놓았으므로 유니코드 문자와 매핑이 된다. ICU를 사용하여 GB18030과 유니코드 사이의 변환을 할 수 있다(http://bit.ly/1kIrIQa).

▪ GB18030 표준을 국제화에 포함하기

GB18030 표준이 생소하게 느껴질 수도 있다. 필자 역시 마이크로소프트의 국제팀에서 일하지 않았다면 GB18030을 접해보지 못했을 것이다. 하지만 국제화는 소수만 작업하는 것이 아니라 개발 단계 전체에 걸쳐서 구현하고 테스트해야하는 것이다. GB18030을 지원하기 위한 프로세스를 다음과 같이 제품 국제화단계에 포함할 수 있다.

1 GB18030 표준에 맞는 UX를 작성하여 테스트하여 검증한다.

2 GB18030 표준에 부합하지 못하는 제품의 문제점은 우선순위로 놓고 고친다.

3 중국 전자 표준화 연구소에서 GB18030 표준을 통과했다는 인증을 받는다.

4 제품 출시 기준에 GB18030 표준을 포함하여, 테스트를 통과하지 못하거나 인증을 받지 못했으면 출시를 보류한다.

제품이 GB18030을 지원하는지 테스트할 때는 다음과 같은 체크리스트를 활용할 수 있다.

- 텍스트 데이터를 내보내거나 가져올 때 GB18030 문자를 지원하는가?
- 사용자에게 보이는 문자열에 GB18030 문자를 사용했을 때 문제없이 잘 보이는가?
- GB18030 인코딩으로 파일을 저장하고 열었을 때 텍스트가 잘 표시되는가?
- GB18030 인코딩을 사용했을 때 제품 기능이 바르게 작동하는가?
- GB18030 문자를 입력할 때 문자가 깨지지 않고 잘 입력되고 편집되는가?
- (개발자용 제품의 경우) 프로젝트 이름, 컨트롤 이름 등에 GB18030 문자를 사용했을 때 문제없이 컴파일되고 잘 표시되는가?

개발 단계에서 제품이 GB18030을 지원하도록 구현하고 테스트한다고 해도 표준 심사를 통과한다고 보장하기는 어렵다. 보통 해외 기업들은 GB18030 표준에 대한 이해도가 중국 기관보다 낮고, 표준의 모든 부분을 버그 없이 완벽하게 지원하기는 어렵기 때문이다. 따라서 중국 전자 표준화 연구소(CESI)에서 GB18030 인증을 받는 것을 추천한다. 이를 통해 제품이 중국 시장의 요구에 맞게 GB18030을 지원하는지 확인할 수 있다.

CESI는 소프트웨어 제품이 GB18030 표준에 맞는지 테스트하여 이를 통과하면 인증을 발부해주는 기관이다. CESI는 중국 공업신식화부에 속해 있고 핵심 사업은 전자와 정보 기술 분야의 표준화다. 테스트, 측정, 인증 등 다양한 기술 서비스를 제공하며 정부의 전략 연구와 결정을 위한 전문적인 지원을 제공하고 있다. 국제 표준화 기구와도 협력하며 기술위원회에도 참여한다.

CESI의 인증 과정은 대략 이렇다.

1 기업은 제품의 주요 기능을 포함하는 UX를 문서로 준비하여 제출한다.

2 CESI는 제품이 GB18030 표준에 맞는지 UX대로 테스트하여 검증한다.

3 기업 담당자는 CESI 담당자가 제품을 바르게 이해하고 테스트하도록 도움을 준다.

인증받는 데 몇 달이 소요될 수 있으므로 주요 기능이 추가되었을 때 출시 수개월 전에 절차를 밟는 것이 안전하다. 비용도 들기 때문에 미리 예산을 책정해야 한다. 인증받는 절차가 복잡하게 느껴질 수도 있다. 하지만 이런 절차를 밟아 인증을 받으면 해외 기업이 중국에 진출하는 데 여러 가지 혜택이 있다. 우선 인증을 받는 것은 법적으로 중국에 제품을 팔 수 있다는 것을 의미한다. 또한 제품에 대한 법적 권한을 주어 불법 유통이나 위반으로부터 보호받을 수 있도록 도움을 준다. 법적 보호에서 그치는 것이 아니다. CESI는 기술 산업 기업이나 멤버 기업 등 여러 단체에 인증을 받은 제품을 발표하므로 제품 정보를 받는 단체가 제품의 잠재적인 구매자가 될 수 있다. 게다가 정부 구매 프로그램이나 대기업은 GB18030 테스트를 통과한 제품을 선호한다.

핵심 정리

- 유니코드는 과거의 문자 집합과 달리 거의 모든 문자를 포함하므로 국제화하기 위해서 필수로 사용해야 한다.

- 유니코드 인코딩 형태는 UTF–8, UTF–16, UTF–32가 있으며 필요에 따라 선택하여 사용히면 된다. 웹 환경의 경우 UTF–8 인코딩을 권장한다. UTF–16은 윈도우 환경이나 자바를 사용할 때 주로 사용한다.

- 유니코드를 잘못 사용하면 문자가 깨져 제품 기능이 잘못된 것처럼 보일 수 있다.

- ICU나 ECMAScript International API 등 유니코드를 지원하는 다양한 기술과 라이브러리가 존재한다. 프로그램 언어나 플랫폼에 따라서 알맞게 사용할 수 있다.

- 유니코드의 다양한 언어를 지원하는 폰트를 사용하는 것이 좋다. 유니코드의 여러 언어에 한 폰트를 사용할 수 있기 때문이다. 다양한 유니코드 문자를 지원하는 폰트들이 계속해서 만들어지고 있다.

- 중국 진출을 하려면 중국어 GB18030 표준을 지원하도록 해야 한다. 이는 CESI에서 발부해주는 인증으로서 허가를 받으면 중국 진출 시 여러 가지 혜택이 있다.

국제화: 언어와 지역 데이터

날짜, 시간, 숫자, 화폐단위 등 지역에 따라 다른 데이터는
사용자가 선택한 지역에 맞는 데이터를 반환해야 한다.
이때 활용하는 것이 로케일 정보이며, 이번 장의 주요 내용이다.

언어와 지역 데이터의 중요성

언어는 생각, 지식, 감정을 서로 교류하는 데 쓰이는 규칙을 포함하는 시스템이라고 표현할 수 있다. 하지만 문법이나 구문 규칙을 준수하는 것만으로 모든 이들과 교류할 수 있는 것은 아니다. 새로운 경험이 더해지면서 변화되고 다양해지는 언어는 문화이기 때문이다.

그래서 같은 언어를 쓰더라도 사용하는 지역에 따라 쓰는 방법이 다른 경우가 종종 있다. 일례로 미국과 캐나다는 모두 영어를 쓰지만 철자가 다른 경우가 있다.

표 4-1. 철자가 다른 미국과 캐나다의 단어

미국	캐나다
Center	Centre
Favor	Favour

철자뿐만 아니라, 미국과 캐나다는 단위도 다르게 사용한다. 캐나다는 미국과 달리 키, 속도, 거리의 단위로 미터법을 사용한다.

표 4-2. 미국과 캐나다의 단위 차이

미국	캐나다
마일	미터/킬로미터
파운드	킬로그램

그렇기 때문에 제품을 영어로 번역할 때 캐나다식 영어, 미국식 영어, 영국식 영어 중 특정 지역을 지정하지 않으면 혼란이 빚어질 수 있다. 현재 세계에는 200개 정도의 국가가 있지만, 언어는 1천 명 미만이 사용하는 언어를 제외

하더라고도 4천 개가 넘는다고 한다. 한 국가에서 여러 언어를 사용하는 경우가 많기 때문이다. 또 이와 반대로 한 언어를 여러 국가에서 사용하는 경우도 있다. 그러므로 언어와 지역을 함께 지정해야 올바르게 데이터를 사용할 수 있다.

로케일

사용자가 소프트웨어에서 선호하는 언어와 국가 사항을 지정하는 매개변수 집합을 로케일(locale)이라고 한다. 간단히 말해 사용자는 로케일을 통해 원하는 언어와 국가 정보를 끌어내 해당 언어와 국가에서 사용되는 데이터 형식을 쉽게 사용할 수 있다. 예를 들어 한국어 사용자가 영국으로 출장을 간다면 스마트폰에 표시되는 시간이 영국 시간으로 바뀐다. 그 사용자가 쇼핑 앱에서 물건을 주문하려고 하면 영국 화폐단위가 선택되어 파운드로 지불할 수 있게 된다. 이런 경우 어떤 시간 형식이나 화폐단위를 보여줄지 결정하는 것이 로케일이다.

많은 사람이 로케일과 UI 언어가 같은 것을 의미한다고 생각한다. 하지만 UI 언어는 제품의 문자열과 같은 리소스를 결정하고, 로케일은 언어와 국가의 데이터 표현 형식을 결정한다는 차이가 있다. 예를 들어 날짜, 시간, 숫자와 같이 지역에 따라 다른 데이터는 사용자가 선택한 지역에 맞는 형식으로 보여줘야 한다. 이를 달성하기 위해서는 프로그램이 사용자 로케일을 인식하여 데이터를 로케일에 맞는 형식으로 보여줘야 한다.

■ 로케일 형식

1장에서 국제화는 집의 기초를 쌓는 단계라고 비유했다. 각 방과 부엌 등에 전

등, 수도, 환기구 등을 설치할 때 각 공간이 집 안 어디에 위치할지 또는 누가 사용할지를 알아야 올바르게 작동하도록 만들 수 있다. 전등, 수도, 환기구 등은 날짜, 화폐, 시간 등 소프트웨어에서 사용되는 데이터다. 그리고 어디에 위치할지와 누가 사용할지가 로케일이라고 할 수 있다.

로케일을 표현하는 방식으로는 국제 인터넷 표준화 기구(IETF)가 정의한 언어 태그가 주로 사용된다. IETF가 BCP 47 표준안에서 정의했기 때문에 'BCP 47 언어 태그'라고도 부른다. IETF는 여러 코드의 조합으로 언어 태그를 정의했는데 그중 자주 사용되는 것은 '언어(language)', '표기(Script)', '국가(region)' 코드다. 언어 태그는 언어뿐만 아니라 표기와 국가 코드도 포함하므로 로케일 값으로 사용하기에 적합하다. 세 코드를 모두 사용해 언어 태그를 만든다면 '언어-표기-국가' 형식이 될 것이다. 표기를 구분할 필요가 없는 많은 경우 '언어-국가' 형식을 사용한다.

BCP 47 언어 태그의 각 요소는 대부분 국제 표준화 기구에서 지정한 표준을 바탕으로 한다. 국제 표준화 기구가 지정한 몇 가지 언어, 표기, 국가 코드를 예로 들면 다음과 같다.

표 4-3. 언어 코드의 예(ISO 639-1)

en	영어
ko	한국어
zh	중국어
th	태국어

표 4-4. 표기 코드의 예(ISO-15924)

Hans	간체자
Hant	번체자

표 4-5. 국가 코드의 예(ISO-3166-1)

US	미국
KR	한국
CN	중국
TH	태국

BCP 47 언어 태그의 예를 들어보자. 한국에서 사용하는 한국어는 ko-KR, 미국에서 사용하는 영어는 en-US라고 지칭한다. 여기서 ko와 en이 언어 코드다. 언어 코드는 보통 알파벳 두 글자를 사용한다.

또한 한 언어 내에서도 여러 표기법이 있을 수 있다. 이때에는 표기 코드도 함께 사용한다. 예를 들어, 중국어는 간체자와 번체자 표기가 있는데 간체자를 표현하고 싶으면 zh-Hans라고 쓰고 번체자를 표현하고 싶으면 zh-Hant라고 쓴다. 이처럼 표기 코드는 첫 문자만 대문자로 쓰는 게 관행이다.

중국어처럼 여러 국가에서 사용하는 언어는 국가 코드도 필요하다. 예를 들어 중국의 간체자는 zh-Hans-CN라고 표기하고 홍콩의 간체자는 zh-Hans-HK라고 표기한다. 국가 코드는 관행적으로 모두 대문자로 쓴다.

표 4-6. 언어 태그 예

언어 태그	형식	의미
en	언어	영어
en-US	언어-국가	미국에서 사용하는 영어
en-GB	언어-국가	영국에서 사용하는 영어
ko-KR	언어-국가	한국에서 사용하는 한국어
zh-Hans	언어-표기	중국어 간체자
zh-Hans-CN	언어-표기-국가	중국에서 사용하는 중국어 간체자
zh-Hant	언어-표기	중국어 번체자
zh-Hant-TW	언어-표기-국가	대만에서 사용하는 중국어 번체자

BCP 47 언어 태그에 사용하는 주요 코드들의 목록은 다음 사이트를 참고한다.

1 언어 코드(ISO 639-1): http://www.loc.gov/standards/iso639-2/php/code_list.php

2 표기 코드(ISO 15924): http://unicode.org/iso15924/iso15924-codes.html

3 국가 코드(ISO 3166-1): https://www.iso.org/obp/ui/#search ('Country codes' 선택하여 검색)

언어 태그를 로케일로 사용할 때는 플랫폼에 따라 약간씩 표기에 차이가 있을 수 있다. 예를 들어 윈도우에서는 미국에서 사용하는 영어를 'en-US'라고 표현하고 이를 로케일로 사용한다. 하지만 OS X와 iOS에서는 언더바(_) 기호를 사용하여 'en_US'라고 표시한다. 다음 표는 iOS/OS X, 윈도우, 안드로이드에서 로케일을 어떻게 표시하는지 보여준다. 플랫폼마다 로케일 형식이 조금씩 다르기 때문에 어떤 플랫폼을 사용하는지에 따라 그에 적합한 로케일 형식을 사용해야 한다.

표 4-7. 운영체제별 로케일 형식 비교

운영체제	로케일
윈도우	en-US
iOS/OS X	en_US
안드로이드	en_US

■ 플랫폼별 로케일 사용

데스크톱이나 모바일 플랫폼에서 지원하는 여러 라이브러리를 사용하여 로케일을 사용할 수 있다. 웹에서 사용할 수 있는 여러 자바스크립트 라이브러리도 있다.

먼저 MSDN 라이브러리(http://bit.ly/1GyFzR6)에서 윈도우 애플리케이션의 로케일 관련된 정보를 찾아볼 수 있다. 그중 NLS(National Language Support)는 마이크로소프트가 제공하는 국제화 기능 지원 API다. 로케일을 설정하거나, 사용자가 사용하는 로케일을 인식하거나, 로케일에 맞는 데이터(날짜, 시간 등) 형식 등 다양한 기능을 포함한다. 또한 키보드 레이아웃과 언어별 폰트도 지원한다.

닷넷 프레임워크에서 제공하는 국제화 관련 기능도 MSDN에서 참고할 수 있다(http://bit.ly/1PJy2F8). 날짜, 시간, 숫자 등의 형식을 로케일에 맞게 사용할 수 있다.

맥 OS에서는 애플 개발자 라이브러리 중 파운데이션 프레임워크(Foundation Framework)에서 로케일에 맞게 다양한 함수 호출을 사용하는 방법을 찾아볼 수 있다(http://apple.co/1cYJ4o3).

C, C++, 자바를 사용하는 경우 ICU 라이브러리를 통해 로케일 관련 함수를 사용할 수 있다. ICU API(http://bit.ly/1KmOeoR)에서 제공하는 다양한 함수를 사용하여 객체의 로케일 정보를 불러오거나 데이터를 로케일에 맞는 형식으로 보여줄 수 있다.

자바스크립트에도 로케일과 국제화 데이터를 사용할 수 있는 여러 라이브러리와 API가 있다. 먼저 Ecma 인터내셔널에서 제공하는 ECMAScript Internationalization API가 있다. 네이티브 코드로 컴파일되므로 속도가 빠르다는 장점이 있지만, 지원하는 브라우저가 한정되어 있다는 단점도 있다. 이것을 자바스크립트의 국제화 표준으로 사용하려는 노력이 이어지고 있지만, 안타깝게도 모든 국제화 기능을 제공하지는 않는다. 필요한 기능을 제공하지 않으면 이를 제공하는 다른 라이브러리와 함께 사용할 수 있다.

이외에도 자바스크립트 기반의 여러 오픈소스 프로젝트 라이브러리가 있다. 예를 들어 Globalize는 제이쿼리(jQuery)에 속한 프로젝트로 CLDR(이어서 설명한다) 데이터를 기반으로 하며 브라우저에 상관없이 같은 결과를 보여준다. iLib도 CLDR 데이터를 기반으로 하고 여러 브라우저 및 스마트 TV의 webOS를 지원한다. 다양한 국제화 로케일 형식을 지원하지만, 코드 양이 방대해지고 성능이 만족스럽지 않은 편이다. jQuery.i18n도 CLDR 데이터에 기반하며 브라우저마다 같은 결과를 보여준다. 다만 지원하는 국제화 로케일 형식이 많지는 않다. 이러한 오픈소스 프로젝트 라이브러리를 정리해놓은 깃허브 저장소도 있다 (http://git.io/vE06C).

지금까지 언급한 라이브러리들의 기능을 비교하여 표로 정리하면 다음과 같다.

표 4-8. 자바스크립트 국제화 라이브러리 기능 비교

	ECMAScript Internationalization	Globalize	iLib	jQuery.i18n
날짜	O	O	O	
숫자	O	O	O	
정렬	O		O	
달력		O	O	
메시지 포맷		O	O	O
시간대			O	

공통 로케일 데이터 리포지토리(CLDR)

로케일 데이터는 날짜, 시간, 화폐단위, 우편번호 등 많은 정보를 포함한다. 이런 방대한 데이터를 개인이나 하나의 기업이 관리한다면 많은 지역을 지원하기는 매우 어렵고 비용이 많이 들 것이다. 또 그렇게 모인 로케일 데이터를 모든 국가의 사용자들이 동의하는 세계 표준으로 채택하는 것 역시 쉽지 않을 것이다.

그래서 등장한 것이 공통 로케일 데이터 리포지토리(Common Locale Data Repository)다. 흔히 CLDR이라고 부른다. CLDR은 유니코드 컨소시엄이 만든 협력 프로젝트로서 세계 로케일을 지원하기 위한 표준 로케일 데이터 저장소를 뜻한다. 세계 여러 기업과 사용자가 CLDR에 방대한 데이터를 모으는 데 기여했다. 마이크로소프트, 애플, 구글 등 여러 기업이 데이터를 제공하며 기여했고, IBM과 트위터 등 많은 기업이 제품에 사용하고 있다.

CLDR의 로케일 데이터 양은 방대하지만 CLDR에서 만든 앱인 Survey Tool을 사용하면 쉽게 원하는 로케일 데이터를 찾아볼 수 있다. 또한 매년 정해진 제출 기간 동안 사용자들이 Survey Tool을 이용하여 현재 데이터에 투표하거나 다른 데이터를 제안할 수도 있다. 유니코드 컨소시엄 및 관련 단체들이 사용자들이 제안한 데이터를 검토하고, 사용자들과 소통하여 데이터 간의 차이를 해결한다.

CLDR은 이처럼 세계의 수많은 사용자가 기여하는 플랫폼을 갖추었기 때문에 다양한 언어의 데이터를 포괄하고 확장할 수 있는 게 아닐까 싶다. 진정한 협력 프로젝트라고 할 수 있다.

Korean / Date & Time / Fields

← Previous Next → Toggle Sidebar ☰

⚠ This locale, Korean supplies the *default content* for **Korean (South Korea)**. Please make sure that all the changes that you make here are appropriate for **Korean (South Korea)**. If there are multiple acceptable choices, please try to pick the one that would work for the most sublocales.

	English			
Date Fields				
era	era	✓	연호	Era
year	year	✓	년	Year
year-short	yr.	✓	년	
year-narrow	yr.	✓	년	
quarter	quarter	✓	분기	Quarter
quarter-short	qtr.	✓	분기	
quarter-narrow	qtr.	✓	분기	

그림 4-1. CLDR 데이터 중 한국어 날짜와 시간

CLDR 표준으로 로케일 데이터를 제품에 사용하면 같은 데이터를 다르게 번역하거나, 언어의 규칙을 다르게 사용하는 혼란을 줄일 수 있다. 또한 유니코드 컨소시엄에서 데이터를 수집하고 업데이트하기 때문에 기업은 따로 데이터를 수집하고 업데이트해야 하는 부담을 덜 수 있다.

■ CLDR이 제공하는 데이터

CLDR은 유니코드 로케일 데이터 마크업 언어(LDML) 형식을 사용한다. LDML 은 CLDR에서만 사용되는 것이 아니라 닷넷 프레임워크 등 일반적인 로케일 데이터 교환에도 사용된다. Ldml2JsonConverter 같은 변환 도구를 사용하여 JSON 형식으로 바꿀 수도 있다. CLDR 기술위원회는 LDML 데이터를 사용하는 JSON 형식을 표준화함으로써 자바스크립트 기반 애플리케이션들이 데이터를 쉽게 공유할 수 있게 했다.

CLDR은 다음과 같은 로케일 데이터 정보를 제공한다. 이를 통해 지역에 맞게 데이터를 사용할 수 있다.

- 언어, 표기, 지역 및 나라, 화폐, 시간, 월, 요일 등을 번역한 값
- 날짜, 시간, 시간대, 숫자 등의 서식 정보
- 나라에서 사용하는 언어, 선호하는 달력, 화폐, 우편번호, 전화번호 지역번호
- 언어의 정렬과 검색 규칙, 복수와 단수, 대문자 사용법의 규칙
- 키보드 레이아웃

CLDR 데이터는 유니코드 컨소시엄 사이트의 해당 페이지(http://cldr.unicode. org/index/downloads)에서 다운로드할 수 있다.

기업은 법적 또는 지정학적인 이유로 CLDR 데이터를 바탕으로 맞춤화된 데이터 저장소를 만들어서 사용할 수도 있지만, CLDR 데이터가 지속적으로 업데이트되기 때문에 맞춤화된 저장소 데이터 역시 계속 업데이트해야 할 것이다. 이렇게 맞춤화된 데이터를 사용하면 버전이 바뀔 때마다 관리를 해줘야 한다. 이것은 노력이 필요한 작업이므로, 꼭 데이터를 맞춤화할 필요가 없다면 여러 국제화 라이브러리를 통해서 CLDR 데이터를 사용하는 것을 권장한다.

CLDR은 오픈소스 ICU, Closure, TwitterCLDR 같은 다양한 소프트웨어 라이브러리를 통해서 사용할 수 있다. ICU는 앞에서 살펴보았고, Closure는 구글이 개발한 자바스크립트 라이브러리로 구글 검색, 지메일, 구글+ 등 다양한 구글 제품에 사용된다. TwitterCLDR은 트위터가 만든 루비 라이브러리다. ICU가 C/C++와 자바 위주로 만들어졌기 때문에 트위터에서 사용하는 루비를 지원하기 위해서 만든 것이다. TwitterCLDR의 자바스크립트 버전인 twitter-cldr-js도 있다. 앞에서 설명한 것처럼 Globalize, iLib 등의 다양한 자바스크립트 라이브러리는 CLDR 데이터를 기반으로 한다.

로케일 활용하기

로케일은 여러 가지 방식으로 활용된다. 사용자가 로케일의 종류를 선택하거나 설정할 수 있게 함으로써 상황에 따라서 여러 다른 로케일을 결합하여 사용할 수 있다. 예를 들어 일본에 있는 사용자가 한국어 모바일 폰에 영어로 문자 입력을 하며, 중국 주식 증권 정보를 볼 수도 있다. 또는 사용자가 한국어 클라이언트 응용프로그램에서 서버에 접속해서 독일 대학에 대한 정보를 불러와서 독일어 알파벳 순서대로 정렬해 정보를 조회할 수도 있다.

카카오톡은 미국에 거주하는 한국인들 사이에서도 인기를 끌고 있다. 필자의 스마트폰 카톡에는 메시지를 보낸 시간이 미국 서부 시간으로 표시되지만, 한국에서 메시지를 받는 친구는 한국 시간으로 표시될 것이다. 이런 시나리오들은 다양한 국제화 기능이 포함되어 있어야 성공적으로 수행할 수 있다. 제품을 국제화할 때 이런 기능을 지원하기 위해 로케일이 필요하다. 로케일을 사용하여 어떤 정보를 설정할 수 있는지 살펴보자.

■ 로케일 설정

필자가 예전에 미국에서 작업한 제품은 사용자 성명을 퍼스트 네임(이름)에서 라스트 네임(성) 순서대로 보여주었다. 문제는 로케일에 상관없이 이 순서대로 저장하고 사용자에게 보여주었다는 점이다. 예를 들어 한국 성명인 '나원래'도 '원래 나'라고 보여주었던 것이다. 이런 문제를 발견하고 고쳤던 경험이 있다.

이런 문제는 기능에는 문제가 없을지 모르지만 브랜드 이미지에는 부정적인 영향을 준다. 한국뿐 아니라 다른 로케일에서도 중요하게 다뤄야 하는 부분이다. 즉, 개인정보, 숫자, 시간, 달력, 정렬, 화폐 등을 로케일에 맞게 설정하여 반환할 수 있어야 한다.

외국어를 공부하거나 여행을 다니다 보면 개인정보, 숫자, 시간 등이 로케일에 따라서 바뀌는 것을 자연스럽게 경험한다. 한국에서 원화를 사용하다가 미국에 가면 달러를 사용하는 것과 같이 이것은 기본적인 개념이다. 이런 개념을 소프트웨어에 적용하여 사용자가 다른 국가나 지역으로 이동하면 그 지역에 맞게 데이터 형식을 표시할 수 있게 해야 한다. 또는 사용자가 직접 선택할 수 있게 해야 한다.

보통 운영체제에서 로케일을 설정하면 운영체제에 맞는 데이터를 보여주는 방법을 쓴다. 또는, 운영체제를 따르지 않고 프로그램에서 독립적으로 로케일을 설정하기도 한다. 로케일이 바뀌면 프로그램은 로케일의 변화를 인식하고 로케일에 맞는 데이터를 반환한다.

모바일 플랫폼 중 아이폰 6 플러스를 예로 살펴보자. '언어 및 지역 설정'에 들어가보면, 한국 사용자의 경우 기본값으로 아이폰 UI 언어는 '한국어', 지역 포맷(또는 지역 형식)은 '한국', 지역 포맷을 보여주는 언어도 '한국어'로 설정되어 있을 것이다.

다음 왼쪽 그림은 여기에서 지역 포맷만 중국으로 바꿨을 때의 화면이다. 지역 포맷만 중국으로 바꾸면 시간, 날짜, 화폐단위, 숫자 형식을 중국에서 사용하는 형식으로 바꿔 보여준다. 한국과 대부분 같은 형식을 사용하지만, 화폐단위를 보면 중국 화폐단위로 바뀐 것을 알 수 있다. '오전', '월요일' 등의 데이터 형식 문자열은 한국어로 표시된다. 지역 포맷을 보여주는 언어는 여전히 한국어이기 때문이다. 여기서 '고급' 설정으로 들어가면 지역 포맷을 보여주는 언어를 바꿀 수 있다. 오른쪽 그림은 그 언어를 중국어로 바꾼 화면이다. 화면 하단에서 오전, 년, 월, 일, 화폐단위, 요일 등 데이터 형식이 중국어로 표시되는 것을 확인할 수 있다.

그림 4-2. 지역 포맷만 중국으로 변경한 화면	그림 4-3. 지역 포맷 언어도 중국어로 변경한 화면

이번엔 데스크톱 플랫폼에서 한국어 윈도우 8을 예로 살펴보자. 제어판의 '국가 또는 지역' 설정에 들어가보면 윈도우는 아이폰과 달리 지역 형식과 형식 언어가 하나로 묶여 있음을 알 수 있다. 윈도우 UI 언어가 한국어일 테니, 기본 적으로 형식이 '한국어(대한민국)'로 선택되어 있을 것이다. 여기서 [추가 설정] 버 튼을 누르면 지역 형식을 사용자에 맞게 설정할 수 있다.

그림 4-4. 한국어(대한민국)로 설정되어 있는 화면

'형식 사용자 지정' 창이 뜨면, 숫자, 통화, 시간, 날짜 등의 형식을 각각 별개로 바꿀 수 있다.

그림 4-5. 형식 사용자 지정 설정

이처럼 프로그램이나 플랫폼별로 로케일 형식을 다르게 디자인한 걸 볼 수 있다. 디자인에 정답이 있는 것은 아니다. 여러 디자인을 살펴보며 아이디어를 얻고, 시나리오에 맞는 디자인을 설계하면 된다. 하지만 앱 같은 경우는 플랫폼의 디자인과 일치하도록 로케일 설정을 할 수 있다면 사용자가 UI를 더 쉽게 이해할 수 있을 것이다. 로케일 형식이 중요한 몇몇 요소들에 대해 각각 자세히 살펴보겠다.

개인정보

개인정보는 로케일에 따라서 다른 형식을 사용한다. 간단한 예는 앞에서 언급했듯 이름이다. 모든 국가에서 성명을 성 → 이름 순으로 사용하는 것은 아니다. 보통 아시아에서는 성을 먼저 사용하는 경우가 많지만, 미국을 비롯하여 여러 국가에서는 반대 순서로 성명을 표시한다. 만약 성명을 제품 기능에 표시할 때, 로케일에 상관없이 특정 순서로 고정했다면 문제가 될 것이다. 기능에 영향을 주는 것은 아니지만, 사용자에게 혼란을 줄 수 있다.

그 밖에도 다양한 개인정보가 있다. 주민등록번호, 우편번호, 전화번호 등이 자주 사용된다. 한국 주민등록번호는 6자리-7자리 숫자 형식이다. 미국은 주민등록번호 대신 SSN(Social Security number)을 사용하는데, 3자리-2자리-4자리 숫자 형식이다. 이 정보를 사용자에게 받을 때, 특정 국가에서 사용하는 숫자 형식으로 고정해놓으면 다른 국가 형식에는 사용하지 못할 것이다.

미국에 사는 필자가 최근 한국 웹사이트에서 콘서트 티켓을 예매하려고 봤더니 아이핀(i-PIN)을 사용하는 옵션이 있었다. 일반 아이핀을 만들려면 본인 인증을 해야 하는데 한국에 등록된 공인인증서, 휴대폰 번호, 신용카드 등이 없기 때문에 주민등록번호가 있어도 본인 인증이 사실상 불가능했다. 공공 아이핀은 재외국민으로 여권 정보를 통해서 받을 수 있다고 하지만 해당이 안 되는 여권 종류가 있었다. 여러 가지 방법을 동원했지만 결국 한국에 사는 가족에게 부탁을 했다. 이런 문제로 인한 잠재적 손실은 매우 크다. 해외 거주자에게는 거주 지역에 따라 본인 인증을 할 수 있는 방법이 필요하다.

우편번호와 전화번호도 마찬가지로 로케일마다 형식이 다양하다. 개인정보를 처리할 때는 사용자가 어떤 로케일을 사용하는지 먼저 인식해야 하는데, 이런 경우 보통 현재 위치가 로케일로 사용된다. 사용자가 위치를 입력하여 지정하거나, 운영체제나 시스템에 설정된 위치 정보가 있으면 그것을 로케일로 활용할 수 있다. 후자의 경우 사용자가 임시로 설정할 가능성이 있기 때문에, 개인정보를 다룰 때는 사용자 설정이 시스템 설정에 우선시되도록 하는 것을 고려해볼 수 있다.

필자가 한국 사이트에 들어가 회원 가입을 하려 할 때, 우편번호란에 세 자리 숫자 입력 칸이 두 개 있는 것을 보고 난감했던 적이 있다. 미국에 사는 사람은 우편번호 숫자 칸이 하나만 있으면 된다. 사실 많은 한국 사이트가 사용자를 한국에 거주하는 한국인이라고 가정하고 다른 나라에 거주하는지 여부를 물어보지조차 않는다. 2015년 8월부터 한국 우편번호도 5자리 숫자로 바뀌었으므로 앞으로는 미국 거주자의 혼란은 줄어들겠지만, 미국 외 다른 해외의 사용자까지 배려해 지역을 선택하도록 하고 그에 맞는 형식을 보여주는 것이 적합한 시나리오일 것이다.

숫자

숫자는 세계 공통일 것 같지만, 숫자에는 쉼표와 소수점 등 여러 가지 부호가 사용되며 한국어와 다른 숫자 형식을 쓰는 지역도 많다. 필자는 스페인에 있는 직원과 프로젝트 예산을 주고받은 적이 있는데, 스페인에서는 소수점을 미국에서 사용하는 형식과 다르게 써서 계산을 잘못할 뻔한 적이 있다. 숫자는 여러 형식의 기본이기 때문에 숫자 포맷을 로케일 값에 맞게 불러와야 한다.

또 다른 예로, 독일은 숫자를 표시할 때 점과 쉼표를 한국과 반대로 사용한다. 만약 한국에서 만든 주식 정보 소프트웨어가 독일 주식 값을 한국어 형식으로 바꿔서 계산했다고 상상해보자. 사용자에게 큰 혼란이 빚어질 것이다. 다음 표는 여러 로케일에 대한 숫자 형식이다.

표 4-9. 다양한 숫자 형식의 예

	한국어(한국)	독일어(독일)	중국어(중국)
양수	123,456,789.12	123.456.789,12	123,456,789.12
음수	-123,456,789.12	-123.456.789,12	-123,456,789.12
퍼센트	89.12%	89,12%	89.12%

날짜와 시간

날짜는 로케일에 따라서 숫자와 문자열을 섞어서 사용하는 경우가 있다. 날짜는 간단하게는 긴 날짜와 짧은 날짜로 나눌 수 있는데, 주로 긴 날짜는 년, 월, 일을 풀어서 쓰고 짧은 날짜는 이를 약식으로 표현한다. 년, 월, 일, 요일 값은 로케일마다 다르고, 숫자로 표현할 때도 년, 월, 일을 어떤 순서로 놓는지가 로케일에 따라 달라진다.

예를 들어 다음 표와 같이, 한국은 보통 년-월-일 형식을 사용하지만, 미국은 월/일/년 형식을 사용한다. 그리고 독일을 포함한 많은 유럽 국가가 일/월/년 또는 일.월.년 형식을 사용한다. 이 때문에 다음 표에서 독일어의 짧은 날짜를 보면 10일을 10월로 착각하기 쉽다. 이렇게 형식이 제각각이므로 개인이 이런 정보 데이터 저장소를 만들고 유지하는 것은 매우 어렵다. 따라서 CLDR을 사용하는 것을 추천한다.

표 4-10. 날짜 형식

로케일	긴 날짜	짧은 날짜
한국어(한국)	2015년 2월 10일	2015-02-10
중국어(중국)	2015年2月10日	2015/2/10
영어(미국)	February 10, 2015	2/10/2015
독일어(독일)	10. Februar 2015	10.02.2015

일례로 넥서스 7에서 언어를 한국어로 선택해보았다. 그리고 날짜 설정을 보니 한국에서 사용하는 년-월-일 형식으로 되어 있는 걸 알 수 있다. 즉 넥서스 7 안드로이드에서는 한국어를 선택하면 한국 로케일을 자동으로 설정하여 보여준다.

그림 4-6. 넥서스 7의 날짜 형식

시간도 날짜와 마찬가지로 로케일마다 다를 수 있다. 미국에서는 A.M.은 오전, P.M.은 오후를 나타내며, 이를 시간 뒤에 붙인다. 하지만 A.M.과 P.M.을 시간 앞에 붙이는 국가도 있다. 그리고 12시간 대신 24시간 시계를 사용하는 곳도 있다. 예를 들어 독일은 오후 2시 44분을 14:44으로 표현하므로 오전과 오후 표시를 하지 않아도 시간을 알 수 있다.

표 4-11. 시간 형식

	한국어(한국)	독일어(독일)	중국어(중국)
짧은 시간	오후 2:44	14:44	下午 2:44
시, 분, 초	오후 2:44:59	14:44:59	下午 2:44:59
오전과 오후	오전, 오후		上午, 下午

지역 시간대(time zone)를 나타내기 위해서 많이 사용되는 것은 협정세계시 UTC(Coordinated Universal Time)다. UTC를 기준으로 해서 더하거나 빼서 특정 지역의 시간대를 나타낸다. 예를 들어 한국은 UTC+9 시간대다. 이렇게 UTC를 사용하면 지역 시간, 시스템 시간 등의 값을 불러와서 로케일에 맞는 시간을 보여줄 수 있다. UTC에는 새로운 지역 값이 추가되거나 업데이트되기도 한다는 사실을 기억하자. 또한 몇몇 국가는 서머타임을 사용하는데, 서머타임을 적용하는 국가라고 반드시 같은 날 서머타임을 시작하고 끝내는 것은 아니다.

다행히도 개발자가 언제 어느 지역에서 UTC 값이 바뀌는지를 기억할 필요는 없다. IANA(Internet Assigned Numbers Authority)는 전 세계의 지역 시간대와 일광 절약 정보 데이터베이스를 가지고 있다(http://www.iana.com/time-zones). 이메일로 업데이트를 받을 수 있고 새로운 지역에 시간대를 추가해야 하는 경우 개인이 업데이트를 제출할 수도 있다. 시스템 시간대를 사용할 수 없다면 IANA를 바탕으로 시간대를 사용하는 라이브러리를 사용하는 것을 추천한다.

달력

달력(역법)은 또 다른 도전의 대상이다. 우리가 흔히 사용하는 양력과 음력 외에도 이슬람, 히브리, 일본력 등 다양한 종류가 존재하기 때문이다.

예를 들어 아이폰 6에서 '언어 및 지역 설정 > 캘린더' 옵션으로 가면 양력, 일본력, 불교력 중에서 사용하고 싶은 달력을 선택할 수 있다.

그림 4-7. 아이폰 캘린더 설정

일본력을 선택한 후 캘린더를 열어서 보면 일본력 형식에 따라 헤이세이 연도로 보여준다. 물론 iOS가 한글로 설정되어 있으므로 UI는 계속해서 한글로 나온다.

그림 4-8. '일본력' 설정 화면

윈도우에서는 '국가 또는 지역' 설정에서 형식을 선택한 후, 추가 설정의 '날짜' 탭에서 윈도우에서 지원하는 여러 달력 중 하나를 선택할 수 있다. 형식을 '일본어(일본)'로 선택하면, 지원되는 일본 달력 중 하나를 선택할 수 있다.

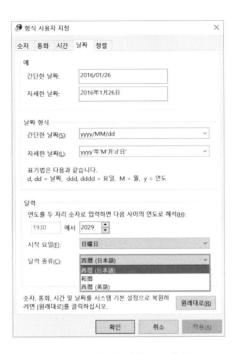

그림 4-9. 윈도우 달력 종류 설정

이러한 예에서 볼 수 있듯 사용자가 달력을 지정하면 달력 날짜 형식도 그에 따라 바뀌어야 한다. 달력은 날짜를 계산하고 UI를 바꿔주는 등의 구현을 해야 하기 때문에 다른 로케일 형식을 지원하는 것보다 개발 비용이 더 들어갈 수 있다. 따라서 많은 달력을 기본으로 지원하지 않고, 널리 사용되는 달력만 지원하는 플랫폼이 많다. 달력을 사용하는 프로그램을 개발한다면, 플랫폼이나 국제화 라이브러리에서 제공하는 달력을 사용하는 것이 좋다.

화폐단위

다른 나라로 여행을 갈 때는 화폐가 다르므로 환전을 해야 한다. 투자를 하거나 해외 웹사이트에서 물건을 구입할 때도 화폐가 다를 때가 있다. 요즘 전자상거래가 증가함에 따라 각 국가별로 올바른 화폐단위를 사용하는 것이 전자상거래의 기본요소가 되었다.

페이팔(PayPal)은 미국에서 시작한 온라인 결제 시스템이다. 전자상거래 거래뿐 아니라 등록금과 축의금 등 여러 분야의 결제 서비스로 이용된다. 2014년 7월 기준 페이팔에서는 80개가 넘는 국가의 총 26개 화폐단위가 통용되었다. 또한 전세계 1억 5천만 명이 페이팔을 이용하고 있다(http://bit.ly/1H2Mpie).

페이팔은 소매업체들이 구매자에게 여러 화폐단위로 지불을 받을 수 있도록 지원한다. 이 덕분에 페이팔의 소매업체들은 현지 화폐로 지불하기 원하는 해외 사용자들을 수용할 수 있다. 또한, 여러 화폐를 하나의 계정에서 관리할 수 있도록 도와주는 API도 있다(http://bit.ly/1Jnk2NB). 페이팔을 사용하지 않는 다른 전자상거래 회사들은 세계의 여러 화폐단위를 지원하는 결제 시스템을 직접 만들어야 할 수도 있다. 이럴 경우 UI에서 화폐단위를 어떻게 설정해야 할까?

먼저 사용자가 화폐단위를 지정하도록 하는 방법이 있다. 지원하는 화폐단위의 목록에서 사용하려는 화폐단위를 선택하게 하는 것이다. 각국의 화폐 목록은 CLDR 데이터에서 가져와서 사용할 수 있다. 하지만 지원하는 화폐가 많아질수록 선택해야 하는 사용자에게는 번거로운 일이 될 수 있고 화폐 기호를 잘못 선택하면 불편을 겪을 수 있다. 예를 들어, 영국 웹사이트에서 파운드 대신 달러로 잘못 선택한다면 환전율 등으로 인해 혼란과 손해가 발생할 수 있다.

이외에 프로그램이 자동으로 사용자가 지정한 로케일에 맞는 화폐단위를 사용하도록 하는 방법이 있다. ISO 4217은 국제 표준화 기구에서 여러 국가의 화폐 코드를 표준화한 기준이다. 이에 대한 예는 다음과 같다.

표 4-12. ISO 4217 화폐 코드의 예

국가	화폐 이름	ISO 4217 화폐 코드
한국	한국 원	KRW
미국	미국 달러	USD
일본	일본 엔	JPY

▪ 언어 정렬 규칙

언어와 지역마다 문자를 정렬하는 기준은 다르다. 보통 사용자 입장에서는 문자나 숫자가 자신이 사용하는 언어의 정렬 규칙대로 표시되리라고 기대할 것이다. 예를 들어 영어는 알파벳 A, B, C 순으로 정렬할 수 있고, 한글은 가, 나, 다 순으로 정렬할 수 있다. 이렇게 하는 것은 언어의 문자 시스템이 정렬 규칙을 포함하기 때문이다.

문자를 유니코드 코드 포인트 순서대로 정렬하면 원하는 언어의 정렬과는 다른 결과를 낳을 수 있다. 유니코드는 모든 언어 정렬 규칙에 의해서 코드 포인트가 정해진 것이 아니다. 언어마다 정렬 기준이 다를 뿐만 아니라, 같은 언어를 사용해도 사전, 전화번호부 등 어떤 용도인지에 따라서 다른 정렬 기준을 사용하기도 하기 때문이다. 같은 문자라도 각 언어는 서로 다른 정렬 기준을 가지고 있을 수 있다. 예를 들어, 스웨덴어와 독일어는 여러 같은 문자를 공유하지만 매우 다른 정렬 기준을 적용한다.

개발자가 로케일을 인식하지 않으면 문자열이 뒤죽박죽으로 정렬될 수 있다. 여러 언어를 사용할 때 특히 이런 문제가 많이 발생한다. 언어의 정렬 기준을 이해하지 않으면 문제를 발견하기조차 어렵다. 하지만 모든 언어 정렬 규칙을 개발자가 알기는 어렵기 때문에, CLDR에서 관리하는 정렬 규칙을 사용하는 것이 좋다.

다음 표는 스웨덴어 단어 다섯 개(모두 스웨덴의 지명이다)를 각각 스웨덴어 및 독일어 언어 정렬 규칙대로 정렬한 결과다. 유니코드 컨소시엄의 회장으로 있는 마크 데이비스(Mark Davis)가 발표한 내용에서 사용한 예제다(http://bit.ly/1KgMfln).

표 4-13. 언어별 정렬 비교

정렬 순서	스웨덴어 규칙	독일어 규칙
1	Alingsås	Åkersberga
2	Oskarshamn	Alingsås
3	Åkersberga	Äppelbo
4	Äppelbo	Oskarshamn
5	Östersund	Östersund

표에서 Alingsås는 스웨덴어로 정렬하면 다섯 단어 중 첫 번째이지만, 독일어로 정렬하면 두 번째가 된다. 독일어에서 ä는 'a의 움라우트'로 인식되기 때문에 정렬할 때 a 다음에 온다. 하지만 스웨덴에서는 ä를 개별 문자라고 인식하므로 정렬 시 z 다음에 온다.

물론 독일어는 å 문자를 포함하지 않지만, 실무에서는 언어에 포함되지 않는 문자를 정렬해야 하는 경우가 생길 수 있다. 서버는 클라이언트로부터 오는 다양한 언어의 문자열을 포함할 수 있고, 특정 언어로 정렬 규칙을 지정해놓았을 가능성이 있다. 이런 경우 정렬 규칙의 언어가 포함하지 않는 문자도 정렬해야 하는 상황이 되는 것이다.

유니코드 컨소시엄에서는 각 언어의 복잡한 정렬 기준을 다루기 위해서 단계적 비교(multilevel comparison)를 제안한다. 두 단어를 비교할 때 가장 중요한 기능은 기본 문자를 정의하는 것이다. 다음 표를 보면 L1 단계에서는 기본 문자를 정렬 기준으로 사용하여 알파벳 시스템에서는 role이 roles 앞에 오고 rule

이 마지막에 온다. u는 o 뒤에 오기 때문이다. L2 단계에서는 악센트 등을 사용한다. 알파벳 o에 곡절 악센트(^)를 사용하는 rôle은 role 다음에 온다. Ln 단계에서 o 다음의 m는 형식 문자로서 큰 의미가 있진 않다. 이런 경우는 문자열이 같을 때 정규화된 코드 포인트 순서를 사용하여 우열을 결정한다. 여기서 정규화란 간단히 말해 모양이 같은 여러 문자가 있을 경우 이를 정해진 기준에 따라 표준화하는 것을 가리킨다.

표 4-14. 단계적 비교 예시

단계	정렬 기준	예제
L1	기본 문자	role 〈 roles 〈 rule
L2	악센트	role 〈 rôle 〈 roles
L3	대소문자	role 〈 Role 〈 rôle
L4	문장부호	role 〈 "role" 〈 Role
Ln	코드 포인트	role 〈 roﾛle 〈 "role"

사용하는 언어나 플랫폼에 따라서 로케일 정보를 매개변수로 사용하여 문자를 정렬하거나, 현재 로케일을 인식하여 그 로케일에 맞게 정렬할 수 있다. 문자열을 정렬할 때는 로케일 정보를 활용하여 비교해야 한다. 이를 위해 프로그래밍 언어나 플랫폼에서 제공하는 API를 사용할 수 있다.

■ 측정 단위

1999년 미국항공우주국(NASA)의 화성 기후 궤도선이 탐사에 실패했다. 그 이유가 록히드 마틴의 엔지니어링팀과 NASA의 제트추진연구소팀이 사용한 측정 단위(각각 미터법과 야드파운드법)가 달라서였다고 전해진다. 잘못된 항공 정보를 보내는 바람에 궤도선은 화성을 선회하다가 사라졌다(http://1.usa.gov/1IcqUfx).

한국에서는 자동차 제한속도가 킬로미터로 표현되고 미국에서는 마일로 표현되기 때문에 필자는 운전을 하다가 혼란을 겪었던 적이 있다. 또한 몸무게를 킬로그램에서 파운드로 변환해서 측정할 때 잘못 계산하기도 한다. 이렇듯 킬로미터와 마일, 센티미터와 인치 등 지역에 따라 사용하는 측정 단위가 다를 수 있기 때문에 측정 단위도 국제화의 대상이다.

측정 단위는 지금 언급한 단위뿐만 아니라 에너지, 날씨, 좌표 등 넓은 영역을 포함한다. 이런 정보를 개인이 얻는 것은 쉽지 않다. 다행히도 CLDR에 여러 국가의 측정 단위도 구축되어 있다. 아래 그림은 CLDR Survey Tool의 로케일별 단위 목록이다. 원하는 측정 단위를 선택하면 대상 로케일에 대한 측정 형식을 보여준다.

그림 4-10. CLDR 측정 단위 목록

측정 단위에서 대표적인 예는 미터법이라고 할 수 있다. 미터법은 18세기 프랑스에서 여러 측정 시스템을 통합하고 표준화하기 위해 개발한 측정 단위다 (http://bit.ly/1M0PWvX). 세계 대부분의 국가가 미터법을 사용하지만, 미국을 포함하여 미터법을 사용하지 않는 국가도 있다. API로 미터법을 사용하는지 여부를 확인할 수 있다.

입력 언어 설정

문자를 입력하는 기능은 많은 프로그램에 사용되는 기본적인 부분이다. 이런 중요한 입력 기능이 잘 작동되지 않으면 사용자는 다른 제품을 찾게 될 것이다. 프로그램에서 한글을 입력할 때 다양한 문제가 발생할 수 있는데, 예를 들어 윈도우에서 특정 프로그램을 사용하여 한글을 입력하려고 하면 프로그램에 한글이 곧바로 입력되지 않고, 다른 작은 창이 나타나는 현상이 있었다.

그림 4-11. 윈도우의 한국어 입력 버그

또는 특정 소셜 사이트에서 한글이 '안ㄴ녕ㅎ하세요' 식으로 잘못 조합된다든지, 아예 입력이 안 되는 문제 등 다양한 현상을 경험해본 적이 있을 것이다. 이런 문제가 없는 입력기를 구현하는 것은 쉽지 않은 일이지만, 다행히 보통은 플랫폼에서 제공하는 기능을 사용하면 된다.

윈도우나 안드로이드 플랫폼에서는 문자 입력기를 IME(Input Method Editor)라고 지칭하기도 한다. 문자를 입력할 때 사용되는 언어를 입력 로케일을 설정하여 사용할 수 있다. 입력 로케일은 문자 시스템의 언어를 설정하는데 개별 언어가 한 개 이상의 키보드 입력기를 가지는 경우도 있다. 예를 들어 중국어 간체자를 입력할 때는 핀인(Pinyin)이나 우비(Wubi) 등 다양한 입력기를 사용할 수 있다. 윈도우에는 마이크로소프트 IME와 옛 한글 입력기도 있다.

플랫폼마다 사용할 수 있는 키보드(자판 배열 방식) 또한 다양하다. 윈도우 10에서는 제어판의 '언어'에서 '쓰기 시스템'을 선택할 수 있다. 다음 그림은 '중국어 간체'를 선택한 화면으로 싱가포르나 중국을 선택할 수 있다. 같은 문자라도 국가나 지역별로 입력 방식이 다를 수 있기 때문에 국가 혹은 지역을 선택하도록 하는 것이다.

그림 4-12. 쓰기 시스템 설정

모바일은 데스크톱보다 화면이 작기 때문에 국제화 설정도 간편하게 하는 것이 좋다. 아이폰 6에서는 키보드에서 원하는 언어를 선택한 후 입력기를 선택하기만 하면 된다.

그림 4-13. 아이폰 6의 다양한 중국어 입력기

새로운 키보드를 추가할 때는 입력 로케일을 선택할 수 있다. 예를 들어 그림과 같이 영어(싱가포르), 영어(영국) 등 영어와 국가가 같이 결합된 로케일을 선택할 수 있다.

그림 4-14. 새로운 키보드 추가

입력기를 사용하는 프로그램은 사용자 편의성도 고려해야 한다.

- 사용자가 키보드를 선택할 때 언어뿐 아니라 국가도 선택할 수 있게 한다. 예를 들어, 영어(영국)는 언어와 국가를 병합한 경우다. 언어와 국가를 따로 지정하는 방법도 있다.
- 여러 언어의 키보드를 사용할 수 있도록 허용한다.
- 사용자가 여러 언어 키보드를 추가한 경우 UI에서 키보드 언어를 바꿀 수 있게 허용한다.
- 데이터 로케일과 다른 로케일로 입력기를 선택할 수 있도록 허용한다. 예를 들어 날짜를 지정하는 로케일은 미국으로 설정되어 있더라도 중국어 입력기를 선택할 수 있어야 한다.

UI 언어 모델

국제화에서 UI 언어 설정은 메뉴, 컨트롤, 메시지 언어를 설정하는 것을 말한다. 보통 한국어 제품이라고 하면 UI 언어가 한국어로 설정되어 있는 제품을 뜻한다. 코딩 단계에서 UI 언어 설정을 구현하고, 제품 현지화를 통해 번역되면 원하는 언어 UI의 리소스를 가져와서 보여줄 수 있다.

UI 언어가 중요한 이유는 사용자가 처음 보는 부분이 바로 UI 언어이기 때문이다. 아무리 디자인이 멋진 제품이더라도 사용자가 이해하지 못하는 문자가 적혀 있다면 거부감을 일으킬 수 있다. 또는 사용자가 선택한 언어와 다른 언어가 UI에 섞여서 나타나면 UX(사용자 경험)의 질이 낮아진다. 그리고 아랍어와 같이 오른쪽에서 왼쪽으로 흐르는 언어의 방향을 반대로 보여준다면 사용자는 글을 읽을 수 없게 될 것이다.

UI 언어는 다른 로케일과 혼동될 때가 종종 있다. UI가 한국어면 지역도 한국이라고 생각하기 쉬운데, UI 언어는 로케일과 반드시 구분되어야 한다. 예를 들어 미국에 사는 한국인 거주자는 UI는 한국어를 선택하되 데이터 로케일은 영어(미국)를 선택할 수 있어야 한다.

UI 언어 설정 기능을 구현할 때는 언어 문자열을 담는 파일을 여러 형식으로 설계할 수 있다. 기능 코드를 포함할 것인지, 단일 언어인지 다국어인지에 따라 간단하게는 네 가지 모델로 살펴볼 수 있다.

■ 단일 언어 버전

단일 언어 버전 모델은 실행에 필요한 기능 코드와 함께 각 언어의 문자열(또는 다른 리소스도 포함)을 가지고 있다. 단일 언어 버전을 설치하면 지정 언어 UI 문자열과 실행에 필요한 기능이 설치된다. 각 언어 버전을 단독으로 설치하여 사용할 수 있기 때문에 사용자는 필요한 언어 버전만 설치하면 된다. 또한 한 가지 언어 문자열만 가지고 있으므로 사이즈가 작아 설치하기 편리하다. 그리고 한꺼번에 모든 제품의 현지화를 끝내야 하는 부담이 없이 각 언어 버전을 필요에 따라 현지화하여 다른 시기에 출시할 수 있다.

그림 4-15. 단일 언어 버전

하지만 여러 언어를 사용하는 다국어 사용자는 여러 언어 버전을 설치해야 하는 불편함이 있고 기능 코드에 문제가 있어서 다시 출시하는 경우 언어 버전을 모두 다시 배포해야 하므로 유지보수 비용이 커질 수 있다. 한정된 언어 개수를 사용했던 예전 기술 제품에는 적합했을지 모르지만 요즘같이 많은 언어를 배포하고 관리해야 하는 경우에는 적합하지 않을 수 있다.

■ 단일 언어 팩

단일 언어 팩은 주요 기능을 설치하는 패키지, 즉 공통 기능과 기본 언어를 먼저 설치한 후에 원하는 UI 문자열을 포함하는 언어 팩을 각각 설치하여 사용하는 모델이다. 공통 기능 패키지를 설치한 후 언어 문자열만 가지고 있는 가벼운 언어 팩만 필요에 따라 설치할 수 있다. 언어 팩이 가볍고 문자열(다른 리소스도 포함)만 가지고 있기 때문에 다국어 사용자가 여러 개의 언어 팩을 설치하는 데 부담이 없다.

그림 4-16. 단일 언어 팩

이 모델은 한꺼번에 모든 제품 현지화를 끝내야 하는 부담이 없이 각 언어 팩을 필요에 따라 현지화하여 다른 시기에 출시할 수 있다는 장점이 있다. 또한 기능에 문제가 있어서 새로운 코드로 짠 기능을 다시 배포해야 하면, 공통 기능 패키지만 다시 배포하면 된다.

하지만 사이즈가 작고 매우 많은 언어를 지원해야 하는 경우 많은 언어 팩을 관리하고 출시해야 하는 일이 번거로울 수 있다. 그리고 공통 기능 패키지와 언어 팩이 따로 설치되기 때문에 문자열을 로딩하여 사용자에게 보여주는 과정을 잘 구현해야 한다. 문자열 파일이 설치되어 있는 폴더를 찾아서 알맞은 언어 로케일 파일을 로딩하는 것이다.

■ 다국어 버전

다국어를 설치하는 모델도 두 가지가 있다. 먼저 다국어 버전은 제품이 지원하는 모든 언어 UI 문자열과 공통 기능이 설치된다. 설치 후 사용자가 UI 언어 설정을 선택할 수 있도록 하거나 운영체제의 UI 언어에 따라 변경할 수 있다. 사이즈가 단일 언어 버전보다는 상대적으로 크겠지만, 사용자가 하나만 설치하면 여러 언어를 사용할 수 있기 때문에 편리한 측면이 있다. 프로젝트 매니저 입장에서는 한 개의 버전만 출시하면 되기 때문에 유지보수 비용이 적게 든다. 모든 지역 사용자의 플랫폼에 같은 기능과 문자열이 설치되어 있기 때문에 고객 지원 차원에서도 편리하다.

공통 기능

한국어 문자열

독일어 문자열

영어 문자열

그림 4-17. 다국어 버전

모든 언어가 같이 설치되기 때문에 사용자가 필요로 하지 않는 언어는 디스크 공간만 차지하는 불편함이 있다. 하지만 사용자가 언어 팩을 다운로드하여 설치하는 데 불편함이 있는 플랫폼인 경우나 리소스 파일의 크기가 작은 경우 다국어 버전을 지향하는 추세다.

■ 다국어 팩

다국어 팩은 기본 언어를 포함하는 공통 기능 패키지와 다국어를 별도로 설치하는 모델이다. 다국어 팩은 지원하는 모든 언어 문자열을 포함한다. 사용자는 공통 기능 패키지와 다국어 팩을 설치하면 여러 언어를 바꿔가면서 사용할 수 있다. 그리고 문자열에 문제가 있으면 공통 기능 패키지를 재배포하지 않고 다국어 팩의 리소스만 고쳐서 재배포하면 된다.

그림 4-18. 다국어 팩

하지만 다국어 팩에 모든 언어가 포함되어 있으므로, 다국어 버전과 마찬가지로 사용자가 필요로 하지 않는 언어도 디스크 공간을 차지하게 된다. 또한 한 언어의 문제만 고치려고 해도 모든 문자열을 포함하는 다국어 팩을 재출시해야 하는 상황이 생길 수 있다.

통합 자원 식별자

통합 자원 식별자(uniform resource identifier), 줄여서 URI는 인터넷에서 웹 페이지나 다른 리소스에 접근하려고 할 때 사용되는 경로를 가리킨다. URI는 사람들이 잘 아는 URL(uniform resource locator)과 URN(uniform resource name)을 아우르는 개념인데, 몇 년 전까지는 로마자 알파벳 등의 아스키 문자로 제한되었다. 하지만 인터넷이 급속도로 세계로 퍼져 나가면서 사용자들은 URI에 영어 이외의 다른 언어들을 필요로 하게 되었다.

URI를 보완하고 아스키 문자 외에 다른 문자를 사용하기 위해 등장한 것이 IRI(internationalized resource identifier)다. 2005년 IETF가 새로운 표준으로 도입했다(http://tools.ietf.org/html/rfc3987). IRI는 유니코드 문자를 사용할 수 있고 호환성을 위해 URI와도 매핑이 된다. 한국어를 사용하는 IRI 예는 'http://한글주소/사이트.aspx'와 같은 식이다.

IRI는 스킴(scheme), 도메인, 리소스 경로로 구성된다. 예를 들어 'http://커넥트올.kr/인공지능기능.html'이라는 IRI가 있다고 할 때, 프로토콜인 'http://'가 스킴 정보에 해당한다. 여기에는 아스키 문자만 사용한다. '커넥트올.kr'은 도메인 이름이다. 나머지 '인공지능기능.html'은 리소스가 위치한 곳을 나타내는 경로다.

그림 4-19. IRI 구조

IRI를 지원하려면 우선 IRI가 사용되는 애플리케이션(브라우저, 파서 등)이나 포맷(HTML, XML 등)이 웹 주소에서 아스키 문자 외에 다른 언어 문자를 지원할 수 있어야 한다. 그리고 프로토콜(HTTP, FTP 등)이 IRI에 있는 정보를 전송할 수 있어야 한다. 또한 웹 주소의 문자열이 파일 시스템이나 레지스트리에 저장된 해당 리소스 이름과 일치해야 한다.

■ 도메인 이름

위에서 언급한 IRI의 도메인 이름을 다국어로 사용하기 위해 IETF는 접근 방법으로 IDN(internationalized domain name)을 정의했다. IDN에서는 퓨니코드(Puny code) 방식을 사용하는데 유니코드 문자를 아스키 문자로 표현하는 방법이다.

예를 들어 사용자가 '커넥트올.kr'을 입력했을 때 '커넥트올' 문자열이 유니코드가 아니라면 먼저 브라우저가 이를 유니코드로 바꿔준다. 유니코드로 변환된 '커넥트올' 문자열을 정규화하여 애매한 부분은 확실하게 만들어준다. 그 다음, 브라우저가 유니코드 문자 '커넥트올'을 퓨니코드 표현으로 바꿔주면서 앞에 'xn--'를 붙인다. 결과적으로 '커넥트올.kr'을 'xn--b60bu21bjlgb5d.kr' 퓨니코드로 변환할 수 있다. 이 주소를 보면 유니코드 문자를 아스키 문자로 바꿨다는 것을 알 수 있다. PunyCoder(https://www.punycoder.com)와 같은 퓨니코드 변환 사이트에서 도메인 이름을 입력하면 퓨니코드 결과를 확인할 수 있다.

국가를 표시하는 kr은 국가 코드 최상위 도메인(Country Code Top-Level Domain)이다. 국제 인터넷 주소 관리 기구인 ICANN에서 이것을 국제화하려는 시도를 했었다. 예를 들어 kr 대신 '한국', cn 대신 '中国'과 같이 해당 언어로 표시할 수 있게 하는 것이다. 하지만 아직 실질적으로 널리 사용되지는 않는다.

파일 이름을 한국어로 사용하는 경우가 있기 때문에 경로에 다국어를 사용하는 일도 있을 수 있다. 다국어 도메인 이름은 퓨니코드를 사용하여 아스키 외의 유니코드 문자를 사용할 수 있지만, 경로 이름은 어떻게 아스키 외의 문자도 지원할 수 있을까? 경로가 가리키는 파일 및 리소스는 여러 인코딩을 사용하는 플랫폼에 저장되어 있을 수 있으므로 지원하는 게 더 까다롭다.

퍼센트 인코딩(percent-encoding)은 아스키 외의 문자를 인코딩하는 방법으로 %와 두 자리 값을 사용하여 표현한다. 퍼센트 인코딩을 적용하기 전에 경로 이름이 유니코드가 아닌 경우 유니코드로 변환하고 UTF-8로 인코딩한다.

퍼센트 인코딩에서 % 뒤에 오는 두 자리 값은 각 문자를 UTF-8로 인코딩한 바이트 시퀀스(또는 코드 유닛 시퀀스) 값이다. 바이트 시퀀스는 3장 '유니코드'에서 다룬 바 있다. 예를 들어 앞의 '인공지능기능'은 퍼센트 인코딩 '%EC%9D%B8%EA%B3%B5%EC%A7%80%EB%8A%A5%EA%B8%B0%EB%8A%A5'로 표현할 수 있다. '인공지능기능'의 첫 문자 '인'의 UTF-8 바이트 시퀀스는 EC 9D B8이기 때문에 3개의 퍼센트 인코딩을 사용하여 '%EC%9D%B8'로 표현하는 식이다.

이메일 주소

IRI와 관련하여 이메일 주소 국제화도 등장했다. 이메일 주소는 오랜 시간 동안 아스키 문자만 사용하도록 제한되었다. 하지만 러시아와 같이 문자열을 대부분 현지화하는 국가에서는 모국어를 사용하는 이메일 주소가 필요했다. 이에 2012년 IETF는 아스키 문자 외 다른 언어 문자를 사용할 수 있는 이메일 표준으로

EAI(email address internationalization)를 발표했다. EAI를 사용하면 '한글이름@한글주소.한글'과 같은 식으로 이메일 주소를 사용할 수 있다. EAI를 구현하는 방법으로는 IETF가 정의한 SMTPUTF8 프로토콜이 있다(http://www.postfix.org/SMTPUTF8_README.html).

2014년 8월 구글은 세계의 50% 이상이 라틴 문자가 아닌 다른 언어 문자로 소통한다고 밝히면서, 지메일에서 영문자 외에 중국어와 같은 유니코드 문자로 된 이메일 주소로 전송하거나 그런 주소로부터 이메일을 받을 수 있게 지원한다고 발표했다(http://bit.ly/1d77vzr). 더 많은 이메일 사용자에게 다가가기 위한 방침으로 보인다. 하지만 당시 발표에서는 이런 문자를 사용하여 지메일 계정을 만드는 것은 아직 지원하지 않는다고 밝혔다. 앞으로 더 많은 기업이나 단체가 EAI를 지원할 전망이다. 즉 영어를 모르고 모국어만 사용하는 사용자들도 이메일 주소를 만들고 자유롭게 이메일을 사용할 수 있게 될 것이다.

하지만 이런 노력에 부정적인 견해도 있다. 예를 들어 만약 비즈니스 파트너에게 아랍어 이메일 주소가 있는 종이 명함을 받았다고 가정해보자. 명함에 표시된 아랍어 이메일 주소를 입력할 수 있어야만 이메일을 보낼 수 있다. 앞뒤 문자에 따라서 모양이 바뀌는 복잡한 언어인 아랍어를 모른다면 이 이메일 주소를 입력하지 못해 난감할 것이다.

- 로케일은 사용자가 원하는 언어, 지역, 국가 정보를 포함하는 매개변수 집합이다. 국제화를 하려면 반드시 로케일을 활용해야 한다.

- 세계의 많은 로케일 데이터는 CLDR에 저장되어 있다. ICU, Closure, TwitterCLDR 등 여러 오픈소스 라이브러리를 통해 CLDR을 사용할 수 있다.

- 소프트웨어 제품의 날짜, 숫자, 화폐단위, 정렬 규칙, 측정 단위 등 여러 데이터 종류는 사용자가 원하는 로케일에 따라 표시해야 한다.

- UI 언어를 설정하는 패키지 디자인은 크게 단일 언어 버전, 단일 언어 팩, 다국어 버전, 다국어 팩으로 나눌 수 있다. 제품의 규모, 지원하는 언어 개수 등 여러 요인을 고려해서 알맞은 디자인을 선택하도록 한다.

- IRI와 EAI를 활용하면 인터넷 주소와 이메일 주소에 아스키 문자 외의 유니코드 문자를 사용할 수 있다.

CHAPTER **5**

국제화: UI

국제화의 마지막 단계는 UI 구현과 관련된다.
코드와 리소스를 분리하여
현지화가 효율적으로 이루어질 수 있게 해주는 단계라고 할 수 있다.
플랫폼에 따라 사용하는 도구에 차이가 있는데,
이번 장에서는 이를 개괄하고 몇 가지 지침을 제공한다.

UI 국제화와 현지화 가능성

UI를 국제화하는 것은 현지화를 하기 위한 준비 단계다. 현지화 번역 단계에서 문자열을 문제없이 번역할 수 있도록 기반을 닦는 것이다. 원하는 언어의 문자열이 담긴 리소스 파일을 불러오는 작업도 포함한다. 이 단계를 영어로는 localizability, 즉 현지화 가능성이라고 표현하기도 한다. 현지화라는 이름을 포함하기 때문에 헷갈릴 수 있지만, 코드에서 리소스를 분리하는 작업 단계이므로 국제화에 속한다.

　UI 국제화 단계가 제대로 이루어지지 않은 채 제품을 현지화했을 때 발생할 수 있는 대표적 문제는 UI 크기가 문자열과 맞지 않아 문자열이 잘리는 것이다. 그 밖에도 UI가 문자열보다 커서 공간이 많이 남아 비율이 안 맞게 보이는 등 여러 문제가 생길 수 있다. 번역되어야 할 문자열이 리소스 파일이 아닌 코드 안에 있을 경우 번역이 누락될 수도 있다.

　제품을 현지화할 계획이 아직 없더라도 개발 단계에서 국제화 UI를 구현해놓으면 나중에 현지화할 때 쉽게 원하는 언어로 UI를 바꿀 수 있다. 이 단계를 잘 구현하면 현지화할 때 발생할 수 있는 여러 문제를 예방하여 비용을 줄일 수 있다.

UI 국제화의 대상

제품에 사용되는 UI 리소스는 여러 유형으로 분류할 수 있다. 리소스 유형에 따라서 국제화 우선순위를 정해야 한다.

먼저 제품의 UI에 표시되는 문자열은 대부분 현지화한다. 따라서 국제화 단계에서 리소스를 분리하는 작업이 필요하다. UI도 종류가 다양한데, 먼저 그래픽 UI(GUI)에서 컨트롤(버튼, 탭, 슬라이더 등)과 프레임에 표시되는 문자열은 대부분 현지화한다. 사용하는 이미지에 문자열이 있으면 이미지를 리소스 파일에 넣어서 현지화한다. 하지만 문자열을 포함하는 이미지를 현지화하면 이미지를 문자로부터 분리하고 문자열을 현지화한 후에 다시 이미지에 포함하는 작업이 필요하다. 그러므로 이미지에서 문자열을 분리하여 각각 현지화할 수 있도록 하는 것을 권장한다.

명령 줄 인터페이스(CLI)는 작업 명령을 문자열로 받아 결과를 문자열로 보여주는 텍스트 터미널(유닉스 셸, 도스 등)을 말한다. 명령 줄 인터페이스에서 명령어에 대한 설명을 현지화하는 경우도 가끔 있지만 대부분 개발자만 사용하고 또거의 영어로 사용하기 때문에 현지화하지 않는 경우가 많다.

음성 UI는 사용자가 음성으로 명령어를 입력하고 결과도 음성으로 출력받아 상호작용할 수 있게 하는 인터페이스이다. 음성 명령어는 대부분 현지화하는데, 문자열보다는 현지화하기 어려운 편이다.

언어 이름, 저작권, 기업 등록상표 등의 UI에 표시되는 파일 속성 문자열도 사용자에게 보일 수 있기 때문에 현지화의 대상이다. 기업 브랜드 이미지와 연결되는 문자열이기 때문에, 일관성 있게 현지화해야 한다.

개발자가 접하는 오류 메시지는 상황에 따라 현지화하기도 하고 하지 않기도 한다. 닷넷 프레임워크의 경우 오류 메시지를 현지화해서 한국어로 현지화된 "응답 필터를 잘못 사용했습니다" 같은 오류 메시지를 볼 수 있다. 이런 오류 메시지를 접한 사용자는 오류를 해결하기 위해 해당 메시지 그대로 인터넷에 검색해볼 것이다. 이때 만약 오류 메시지가 인터넷에서 많이 사용하지 않는 언어로 현지화되었다면 검색하기 어려울 수도 있다. 따라서 오류 번호를 메시지에 추가하여 사용자가 쉽게 해결 방법을 검색할 수 있게 하는 것이 좋다.

제품 UI에 표시되는 함수 이름은 상황에 따라서 현지화하기도 한다. 예를 들어 마이크로소프트 엑셀의 프랑스 버전은 STDEV, UPPER, TRIM 등 다양한 함수의 이름을 프랑스어로 현지화했다. 함수 이름은 제품의 기능에 영향을 줄 수 있고, 약어를 주로 사용하기 때문에 현지화하기가 쉽지 않다.

문자열과 코드 분리

국제화 UI 대상 범위를 정했으면 리소스를 코드에서 분리해야 한다. 제품의 UI에 표시되는 문자열이 소스 파일에 섞여 있으면 번역하기가 매우 어렵고 오류가 발생하기 쉽기 때문이다. 이렇게 문자열 등을 코드 안에 섞어 쓰는 것을 하드코딩(hard-coding)이라고 한다. 하드코딩된 UI 문자열은 리소스 파일에 포함되지 않기 때문에 현지화에서 누락되거나 제품을 테스트하기 어렵게 만든다. 제품 개발 단계부터 국제화가 계획되지 않으면 이런 문제가 빈번하게 생긴다.

문자열을 제품 코드와 분리하여 쉽게 번역할 수 있는 파일 포맷에 저장하고, 그 파일을 여러 언어로 현지화하는 모델이 바람직하다. 앞서 여러 언어 팩 모델에 대해서 설명했는데 언어 팩 모델은 문자열과 코드를 분리하는 것을 기본으로 한다. 문자열이 담긴 리소스 파일을 코드와 분리해야 코드를 깔끔하게 유지할 수 있고 리소스 파일만 원하는 언어로 번역하기가 쉽다. 이렇게 하면 리소스 파일의 문자열을 업데이트해야 하는 경우 코드를 다시 컴파일하는 번거로움도 피할 수 있다. 마이크로소프트 오피스나 윈도우와 같이 수많은 파일을 지닌 용량이 큰 제품의 경우, 한국어 단어 몇 개를 고치기 위해서 전체를 재컴파일해야 한다면 개발 효율이 매우 떨어질 것이다.

로컬라이저는 번역을 포함한 다양한 현지화 작업을 수행하는 역할을 하는 사람이다. 문자열을 리소스 파일에 넣어 코드 파일과 분리하면 로컬라이저가 리소스 파일만 업데이트하면 되므로 실수로 코드를 변경할 위험이 없어진다. 어떤 플랫폼에서 어떤 종류의 코드를 사용하는지에 따라 리소스를 분리하는 방법이 달라진다. 코드와 리소스가 잘 분리되었는지 확인하는 방법으로 수도(pseudo) 문자열을 사용하여 테스트하는 것이 매우 효과적이다. 수도 문자열에 대해서는 7장 '현지화 엔지니어링'에서 자세히 다루겠다.

▪ 닷넷 프레임워크의 위성 어셈블리

닷넷 프레임워크를 사용하면 리소스 파일을 쉽게 생성할 수 있다. 닷넷 프레임워크에는 위성 어셈블리(satellite assembly)라는 개념이 있다. 기능을 작동하는 코드가 아닌 리소스를 포함하는 어셈블리를 위성 어셈블리라고 한다. 위성 어셈블리를 만들려면 문자열 및 이미지를 코드 파일로부터 분리하여 XML 기반의 .resx 파일에 넣는다. 그다음 닷넷 프레임워크 SDK의 Resgen(Resource File Generator) 도구를 사용해서 .resource 파일로 변환한다.

▪ 안드로이드의 기본 국제화

안드로이드에서 앱을 만들 때는 기본 언어의 문자열을 코드에서 분리하여 strings.xml 파일에 리소스로 저장한다. 폴더 위치는 다음과 같다.

```
res/values/strings.xml
```

추가하고 싶은 언어가 있다면 해당 언어의 리소스 폴더에 strings.xml 파일을 만들어서 추가하면 된다. 예를 들어 다음과 같은 식으로 언어 폴더를 만들고

strings.xml 파일에 현지화된 리소스를 추가하면 된다.

- **프랑스 언어 파일:** `res/values-fr/strings.xml`
- **영국 영어 파일:** `res/values-en-rGB/strings.xml`

이런 방식을 사용하면 새로운 언어를 추가할 때마다 이미 컴파일된 코드를 바꿀 필요가 없다. strings.xml 파일의 리소스만 추출하여 번역한 다음 다시 앱에 통합하면 된다.

▪ iOS의 기본 국제화

애플 iOS에서는 기본 국제화(base internationalization) 프로세스를 통해 .storyboard와 .xib 파일로부터 문자열을 분리한다. storyboard와 xib 파일은 개발자가 개발한 언어, 즉 대부분 영어로 만들어진다. Xcode 도구를 사용하면 storyboard와 xib 파일에 대한 언어 문자열 파일을 생성할 수 있다. Xcode 5 버전부터 국제화 프로세스가 기본으로 활성화되어 쉽게 코드와 문자열을 분리할 수 있다.

원하는 로케일의 리소스 파일 로딩

국제화에서 리소스 로딩은 프로그램이 로케일에 맞는 리소스를 파일에서 가져와서 제품 UI에 보여주는 것을 의미한다. 리소스를 다른 언어로 현지화해도 해당 언어 리소스를 로딩하지 못하면 그 언어 UI를 사용할 수 없다. 만약 잘못된 언어를 리소스에 보여주면 법적으로 문제가 될 수도 있다. 예를 들어 소프트웨어 사용자 라이선스 계약(EULA)에 사용자가 동의할 때, UI는 프랑스어인데 EULA가 영어라면 문제가 될 수 있다.

코드와 분리된 리소스 파일이 있을 때, 프로그램에서는 원하는 언어의 리소스를 어떻게 로딩할까? 리소스 로딩의 원리를 이해하고 구현해야만 사용자가 원하는 로케일의 리소스를 알맞게 보여줄 수 있다.

■ 닷넷 프레임워크 리소스 로딩하기

닷넷 프레임워크의 **ResourceManager** 클래스를 사용하면 위성 어셈블리 .resources 파일에서 리소스를 가져올 수 있다. 리소스를 가져올 때 프로그램이 한국어로 설정되어 있다면 이를 인식하여 한국어 파일에서 리소스를 가져오는 식이다.

만약 프로그램이 한국어 리소스를 찾는데 한국어 파일이 없다면 어떻게 될까? 이런 경우 사용자 프로그램이 요청하는 언어의 문화권과 가장 근접하게 일치하는 문화권의 폴더를 검색한다. 폴더가 있다면 그 문화권에 맞는 위성 어셈블리가 있는지 검색하고, 해당 리소스가 위성 어셈블리에 존재하는지 검색한다. 만약 리소스가 위성 어셈블리에 없다면 기본 언어 리소스를 사용한다. 자세한 내용은 MSDN 문서(http://bit.ly/1IOb5tI)를 참조하기 바란다.

■ 안드로이드 리소스 로딩하기

안드로이드에서는 어떻게 리소스를 로딩할까? 안드로이드 개발자는 앱을 만들 때 기본 언어 리소스와 다른 언어에서 사용할 리소스를 생성한다. 사용자가 앱을 사용할 때는 안드로이드 시스템이 기기의 언어 설정에 따라서 알맞은 문화권 언어 리소스를 불러온다. 안드로이드 또한 앱이 찾는 언어 리소스가 없으면 기본 언어 리소스를 불러온다.

안드로이드에서 기본 언어 리소스의 디렉터리 구조는 다음과 같다.

표 5-1. 기본 언어 리소스 디렉터리 구조

디렉터리	기본 언어 리소스
res/values/strings.xml	문자열이 담긴 파일
res/drawable/	구글 아이콘 이미지 파일 디렉터리
res/layout/	기본 레이아웃을 지정하는 XML 파일 디렉터리

다른 언어에서 사용할 언어 리소스도 이와 유사한 구조다. 만약 한국어를 사용하려면 각 디렉터리 이름 옆에 ISO에서 지정한 이름과 지역을 다음과 같이 지정한다. 지역 앞에 소문자 r을 붙여야 한다는 점을 유의한다.

표 5-2. 한국어 리소스 디렉터리 구조

디렉터리	언어 리소스
res/values-ko-rKR/strings.xml	문자열이 담긴 파일
res/drawable-ko-rKR/	구글 아이콘 이미지 파일 디렉터리
res/layout-ko-rKR/	기본 레이아웃을 지정하는 XML 파일 디렉터리

설정이 한국어로 되어 있다면, 리소스를 로딩할 때 ko-rKR이 붙은 디렉터리를 찾아서 리소스를 가져올 것이다.

▪ iOS 리소스 로딩하기

Core Foundation 및 Foundation 프레임워크는 문자열 파일에 저장된 문자열을 가져오는 매크로를 제공한다. 문자열을 가지고 올 때 사용자의 기본 언어 설정 값을 고려해야 한다. 문자열 파일에 현지화된 문자열이 포함되는지에 따라 결과가 달라질 수 있다.

Cocoa와 Core Foundation 매크로는 내장된 번들(bundle) 국제화를 통해서 사용자의 언어 설정에 맞는 현지화된 문자열이 있으면 불러온다. 번들이란 실행

코드와 리소스를 포함하는 표준화된 디렉터리 구조라고 할 수 있다. 현지화된 리소스 파일이 언어 프로젝트 디렉터리에 있으면 매크로로 문자열을 로딩할 때 일치하는 언어의 문자열을 자동으로 보여준다. 만약 찾는 언어의 리소스가 없으면 가능한 알맞은 다른 리소스를 불러온다.

자동 레이아웃 설정

자동 레이아웃(auto layout)은 UI 창이나 구성요소 크기를 수동으로 지정하는 대신, 언어와 문자열 길이가 바뀌거나 화면 회전 시 자동으로 크기가 바뀌는 레이아웃을 말한다. 이를 이용하면 문자열이 길어질 때 UI 구성요소 크기를 수동으로 확장해야 하는 번거로움이 사라진다.

현지화할 때 많이 생기는 버그는 문자열이나 UI가 올바로 보이지 않고 잘려 보이는 문제다. 평균적인 문자열 길이는 언어에 따라 다르지만 현지화할 때 보통 더 길어진다고 생각하는 게 좋다. 예를 들어 제품 개발 단계에서 영어 문자열을 사용하여 UI를 만들면, 스페인어로 현지화할 때는 문자열이 보통 20% 정도 길어진다. 따라서 이를 고려하지 않으면 다음 그림과 같이 문자열이 잘리는 현상이 일어나기 쉽다.

그림 5-1. 텍스트가 잘린 경우

이처럼 자동 레이아웃을 사용하지 않으면 제품을 현지화할 때 많은 버그가 생길 것이다. 각 언어에 10개의 UI가 있고 각 UI당 한 개의 버그만 있다고 해도, 언어 10개로 현지화한다면 100개의 버그를 수동으로 고쳐야 한다. 버그를 고치기 위해 UI 크기 조정에 얼마나 많은 비용과 시간을 써야 할지 짐작이 갈 것이다.

다음 표는 'hello.'라는 영어 문장을 다른 언어로 번역했을 때 언어별로 길이가 달라지는 것을 보여준다(http://longesttranslation.com에서 볼 수 있었으나 2016년 3월 현재는 사이트에 접속할 수 없다). 번역문의 길이 순으로 정렬되어 있다.

표 5-3. 다양한 언어로 번역한 'hello.'

언어	번역문	언어	번역문
Russian	Здравствуйте.	French	bonjour.
Albanian	përshëndetje.	Bosnian	zdravo.
Slovenian	pozdravljeni.	Maltese	merħba.
Belarusian	Добры дзень.	Serbian	Здраво.
Ukrainian	Доброго дня.	Lithuanian	sveiki.
Czech	dobrý den.	Macedonian	здраво.
Romanian	Buna ziua.	Korean	안녕하세요.
Bulgarian	Здравейте.	English	hello.
Georgian	გამარჯობა.	Polish	Witam.
Slovak	dobrý deň.	Azerbaijani	Salam.
Armenian	Բարեւ ձեզ.	Japanese	こんにちは。
Vietnamese	xin chào.	Arabic	مرحبا.
Greek	γεια σας.	Finnish	terve.
Turkish	Merhaba.	Thai	สวัสดี
Latvian	labdien.	Hungarian	helló.
Croatian	Pozdrav.	German	Hallo.

Dutch	hallo.	Spanish	hola.
Norwegian	hallo.	Indonesian	halo.
Icelandic	halló.	Hebrew	‏שלום‎.
Malay	halo.	Danish	hej.
Catalan	hola.	Portuguese	olá.
Italian	ciao.	Swedish	hej.
Estonian	tere.	Chinese	你好。

이처럼 영어보다 평균 길이가 긴 언어는 상당히 많다. 그렇다고 긴 언어만 감안하여 영어 UI에 문자열이 차지하는 공간보다 너무 많은 여백을 남긴다면 UI가 깔끔하게 보이지 않을 것이다. 즉 특정 언어에 맞게 UI를 만드는 것은 시간과 비용이 많이 소요된다.

따라서 현지화를 고려한다면 자동 레이아웃이 필수적이다. 자동 레이아웃은 UI 개발 단계에서 구현해야 한다. 현지화할 때 구현하려고 하면 개발한 레이아웃을 다시 고쳐야 하기 때문이다.

자동 레이아웃을 사용할 때는 UI 요소의 크기에 고정된 값 또는 최솟값이나 최댓값을 지정하지 않고 콘텐츠에 따라 위치와 크기가 자동으로 조절되도록 한다. 또한 하나의 UI 요소가 조절되면 연결된 UI 요소들도 자동으로 조절되게 해서 서로 겹치지 않게 한다.

예를 들어 비주얼 스튜디오에서 유니버설 윈도우 앱을 만들고 버튼 컨트롤을 만들면 기본 사이즈를 사용한 버튼이 만들어진다.

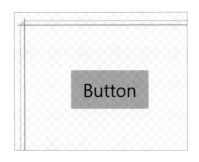

그림 5-2. 기본적인 버튼 컨트롤

윈도우 앱은 기본적으로 자동 레이아웃을 사용한다. 따라서 이 버튼 컨트롤은 버튼에 들어가는 텍스트가 길어지면 버튼의 크기도 자동으로 조정된다. 텍스트가 잘리지 않고 잘 보이는 것이다. 버튼의 속성을 보면 너비와 높이가 자동으로 설정되어 있을 것이다.

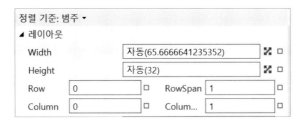

그림 5-3. 버튼 속성

실제로 이 버튼에 'Button'이 아닌 아주 긴 텍스트를 넣어보면 버튼의 너비가 자동으로 늘어나는 것을 볼 수 있다.

그림 5-4. 텍스트에 맞게 자동으로 너비가 늘어난 버튼

문자열 버퍼 역시 같은 맥락에서 생각할 수 있다. 문자열 버퍼의 크기를 고정하면 다른 언어로 번역할 때 문자열이 고정된 길이보다 길어져 문제가 생길 수 있다. 가능하면 크기를 지정하지 않고 문자열 길이에 따라서 동적으로 버퍼 크기가 늘어나게 하는 것이 좋다.

문자열 처리 지침

개발자가 문자열을 리소스 파일에 넣을 때 문자열을 다루는 방법에 따라서 이후에 현지화될 언어 품질이 결정된다. 언어마다 문법이 매우 다르기 때문이다. 예를 들어 영어 어순은 보통 주어, 동사, 목적어 순이지만, 한국어는 주어, 목적어, 동사의 어순이다. 또 프랑스어, 스페인어, 이탈리아어는 남성명사와 여성명사를 구분한다. 독일어는 남성명사, 여성명사, 중성명사까지 사용한다. 명사가 어느 성별을 사용하는지에 따라서 명사 앞에 붙는 관사가 달라진다. 또 중국어와 일본어는 단어 사이에 띄어쓰기를 하지 않기 때문에 줄 바꿈 기준이 한국어와 다를 수 있다.

언어마다 문법과 특성이 다르다는 것을 고려하여 개발자가 문자열을 분리하면 로컬라이저가 문법에 맞게 현지화하는 데 도움이 된다. 문자열을 분리할 때는 다음과 같은 사항을 고려하면 현지화 시 생길 수 있는 버그를 방지할 수 있다.

■ 완전한 한 문장은 하나의 리소스로

완전한 문장은 하나의 리소스로 사용하는 게 좋다. 예를 들어 "버튼을 클릭했습니다"라는 문자열은 하나의 완전한 문장이므로 이 문장을 쪼개는 대신 하나의 리소스로 넣는 것이다. 각 리소스에는 고유한 식별자(ID)가 주어지고, 코드에서는 리소스 ID로 문자열을 불러올 수 있다.

만약 버튼 대신 다른 컨트롤을 대입하기 위해 이 문자열을 "버튼"과 "클릭했습니다"로 나누어 두 개의 리소스 ID로 분류하면 다른 언어에서 문제가 생길 수 있다. 예를 들어 영어로 각 리소스를 번역한다면 각각 "button"과 "clicked"가 될 것이다. 그러나 이들 리소스 ID를 차례로 불러오면 "button clicked"라고 표시될 것이다. 이 문장은 완전하지 못한 구조다.

■ 런타임 문자 조합은 피할 것

런타임에서 문자를 조합하는 것은 가능하면 피해야 한다. 같은 문자나 문자열을 반복해 사용할 경우 개발자는 런타임 시 문자를 조합하는 유혹에 빠질 수 있다. 예를 들어 개발자가 사용자에게 다음과 같은 질문을 물어보는 시나리오가 있다고 가정해보자.

· 버튼을 추가하시겠습니까?
· 파일을 추가하시겠습니까?
· 그림을 추가하시겠습니까?

이 경우 "을(를) 추가하시겠습니까?"가 반복되므로, 개발자는 이 문자열을 하나의 리소스로 사용하고, "버튼", "파일", "그림"은 변수로 집어넣어 사용자 입력에 따라 런타임에서 조합하고 싶을 것이다.

부득이하게 런타임에 조합을 해야 한다면, "%s을(를) 추가하시겠습니까?" 같은 방식으로 사용해볼 수 있다. %s는 변수에 들어갈 값의 문자열에 해당하며, 사용자가 지정하는 값이 런타임 시 조합된다. 이때 로컬라이저에게 "%s을(를) 추가하시겠습니까?"에서 %s는 그대로 두고 나머지 텍스트만 번역하게 해야한다. 주석에 %s의 가능한 값(이 경우 버튼, 파일, 그림 등)을 적어서 로컬라이저가 참고할 수 있도록 하면 좋다.

여기서 변수가 한 문장에 두 번 이상 사용될 때는 특히 주의해야 한다. 예를 들어 "%s을(를) %s하시겠습니까?"라는 문장을 번역한다고 생각해보자. 런타임 시 여기에 "버튼"과 "추가"를 순서대로 넣으면 "버튼을(를) 추가하시겠습니까?"라는 완전한 문장으로 조합될 것이다. 하지만 이를 단순히 영어로 번역하면 "Do you want to %s %s?"가 될 테고, 여기에 "a button"과 "add"를 순서대로 대입하면 "Do you want to a button add?"라는 문법에 맞지 않는 문장이 만들어진다.

이런 경우는 두 변수를 각각 다르게 사용해야 한다. 질문은 "%1을(를) %2하시겠습니까?"로 만들고, %1은 "버튼", %2는 "추가"로 지정하는 식이다. 이를 영어로 번역할 때는 어순에 맞게 "Do you want to %2 %1?"로 번역하고 %1은 "a button", %2는 "add"로 지정하면 런타임 때 "Do you want to add a button?"이라는 완전한 문장이 만들어진다.

또 한 가지 염두에 두어야 할 것이 있다. 앞의 예에서는 한국어의 조사를 "을(를)"로 처리하는 방법을 사용했지만, 유럽 언어 중에는 명사가 복수인지 단수인지에 따라 조사나 형용사의 형태가 바뀌기도 한다. 스페인어에서 '키가 큰 소년'

은 el chico alto이고 '키가 큰 소녀'는 la chica alta이다. 복수형일 때는 각각 los chicos altos와 las chicas altas가 된다. 이런 경우 형용사와 명사를 따로 번역하여 런타임에서 조합하기는 매우 어려울 것이다.

따라서 사용자의 선택에 따라 값이 바뀐다고 해도 런타임 시 문자를 조합하는 것은 가능한 한 피하고, 앞에서 살펴보았듯 완전한 문장을 각 리소스로 분류하여 사용자의 선택에 따라 불러오는 것이 올바른 모델이다.

■ 이미지에 포함된 문자열은 분리하라

이미지에 문자열이 있으면 문자열을 이미지에서 분리할 수 있게 해야 한다. 나중에 제품을 현지화할 때 그 문자열도 현지화해야 하기 때문이다. 이미지에 편집 가능한 텍스트 레이어가 있으면, 현지화할 때 그 문자열을 다른 언어로 번역하여 이미지를 업데이트할 수 있다. 이런 이미지 현지화를 위한 별도 저장소를 두는 게 좋다.

레이어가 없는 비트맵 이미지만 주어진다면 이미지 도구를 사용하여 이미지에서 원래 문자열을 지우고 번역한 문자열을 다시 얹어 이미지를 업데이트해야 한다. 만약 이미지에 공간이 충분하지 않으면 원본 이미지 자체를 문자열 크기에 맞게 업데이트해야 할 수도 있다. 이런 과정에서 많은 비용이 소요된다. 따라서 부득이한 경우가 아니라면, 이미지와 문자열을 분리할 수 있게 하여 쉽게 현지화할 수 있도록 한다.

예를 들어 global을 나타내는 G 모양의 아이콘 위에 "소프트웨어 세계화"라는 문자열을 올린 이미지가 있다고 하자. 여기서 "소프트웨어 세계화"라는 문자열을 다른 언어로 현지화하려고 할 때 문자열과 이미지가 분리되어 있지 않은 다음 이미지를 사용하면 픽셀 단위의 매우 비효율적인 작업이 필요할 것이다. 이런 경우 문자열과 아이콘 이미지를 따로 만들어야 한다.

그림 5-5. 문자열이 포함된 이미지 예

■ 문맥을 고려하라

현지화하지 말아야 할 문자열은 리소스 파일에 넣지 않는 것이 좋다. 함수 이름, 식별자 등 주석 외에 코드에 사용되는 문자열은 현지화하지 않아야 할 때가 많다. 이런 문자열이 리소스 파일에 포함되어 있으면 문자열이 사용되는 문맥을 알 수 없는 로컬라이저는 혼란스러워지고, 번역하면 안 되는 문자열을 번역할 수도 있다. 이런 문자열이 번역되어 프로그램에 사용되면 기능이 깨지는 경우도 있기 때문에 리소스 파일에 넣지 않도록 주의한다.

또한 상황에 따라 의미를 다르게 전달하는 애매한 문자열은 피하는 것이 좋다. 영어로 예로 들면 "Empty strings"는 '비어 있는 문자열'로 해석될 수도 있고 '문자열을 비우세요'라는 문장으로 해석될 수도 있다. 두 개의 다른 의미이지만, 현지화 과정에서 로컬라이저는 문맥을 알지 못하므로 어떤 식으로 해석해야 할지 알기 어려울 것이다. 만약 이런 문장을 꼭 사용해야 한다면 empty가 형용사인지 동사인지 알 수 있도록 리소스 파일에 주석을 다는 방법이 있다.

- UI를 국제화하는 단계는 현지화를 시작하기 전 단계로서 문자열을 코드에서 분리하는 작업을 한다. 함수 이름, 레지스트리 값 등 현지화 대상이 아닌 문자열은 국제화 UI 단계에서 코드로부터 분리할 필요는 없다.

- iOS, 닷넷 프레임워크 등 플랫폼에 따라서 문자열을 코드에서 분리하는 방법과 리소스 파일을 로딩하는 방법이 다르다. 플랫폼에 맞는 기술을 사용한다.

- UI 및 구성요소의 크기를 수동 지정하는 대신, 자동 레이아웃을 설정해야 한다. 즉 언어가 바뀌어 문자열이 길어져도 UI가 자동으로 조절될 수 있게 해야 한다.

- 기본 언어로 제품에 표시될 문자열을 만들 때는 현지화를 염두에 두고 처리해야 한다. 완전한 문장은 하나의 리소스로 만들고 런타임 시 문자열을 조합하는 것은 되도록 피해야 한다. 이미지에 문자열이 들어 있다면 분리한다.

CHAPTER 6

현지화: 프로젝트 관리

오늘날 소프트웨어의 현지화는 단순한 번역을 의미하지 않는다.
실질적인 현지화 작업에 착수하기 전에
프로젝트 관리의 측면에서 접근할 필요가 있고,
이때 고려해야 할 점들에 대해 살펴보겠다.

현지화의 의미

에드워드 사피어는 20세기 초 미국의 언어학자로서 민족언어학의 창시자다. 그는 인간을 사회화하는 가장 큰 힘을 언어라고 보았고, 인간은 언어를 통해 세계를 이해한다고 주장했다. 어휘 사용이 부적절하거나 맞춤법이 틀린 글은 이해하는 데에 더 많은 집중력이 필요하게 된다. 읽는 사람은 피로를 느끼고, 읽는 내용에 대한 신뢰를 잃을 수도 있다. 소프트웨어 제품 역시 사용자가 이해하기 쉽게 만들어야 한다. 마치 자국에서 만든 것 같은 느낌을 줄 수 있도록 쉽고 친숙하게 현지화하는 것이 중요하다.

현지화는 지역 특성에 맞게 제품을 번역하는 작업을 포함한다. 번역은 각 지역 담당 로컬라이저가 맡는 경우가 많다. 번역 언어마다 비용 차이가 나며, 제품이 기술적으로 얼마나 복잡한지 또는 제품 대상 사용자가 어떤 그룹인지 등에 따라서도 번역 비용이 많이 달라질 수 있다. 하지만 오늘날의 소프트웨어는 매우 거대해졌으며, 현지화는 단순한 번역보다 훨씬 더 많은 것을 의미하게 되었다. 특히 단순히 있는 그대로 번역하는 것이 아니라, 현지 특성에 맞는 새로운 기능을 추가하는 것이 중요할 수 있다. 또한 충분한 준비 없이 현지화를 시작하면 번역하는 과정에서 제품에 여러 버그가 생길 수 있다. 따라서 현지화를 일회성 업무로 보는 대신 프로젝트 관리의 관점에서 접근하는 것이 효율적이다. 프로젝트 관리를 통해 현지화를 잘 준비하여 작업을 시작하면 비용 절감과 품질 향상에 도움이 될 것이다.

이에 이번 장에서는 현지화의 실행 전 단계로서 현지 맞춤 기능 및 프로젝트 관리에 대해 살펴보고 다양한 현지화 모델의 장단점도 살펴볼 것이다.

현지 맞춤 기능

세계의 각 지역마다 익숙한 기능, 선호하는 디자인과 UX가 다를 수 있다. 따라서 시장의 사용자가 원하는 기능을 맞춤화(customization)하여 제공하는 것이 세계시장에서 성공하기 위한 중요한 요소다. 이는 시장별로 새로운 기능을 구현하는 것이기 때문에 국내 제품과 코드 기반이 달라질 수 있다. 예를 들어 한국에서 게임 앱을 만들어서 중국에 출시하려고 한다고 가정해보자. 게임 앱에서 사용되는 여러 무기 그래픽에 대해 중국 정부가 무기를 다른 걸로 대체해야만 허가를 내준다고 한다면, 중국 버전에서는 그래픽은 물론 시나리오까지 바꿔야 할 수도 있다.

다양한 현지 맞춤 기능을 개발하면 제품을 빠르게 세계시장으로 확산시킬 수 있다. 여러 크고 작은 기업들이 제품을 세계시장에 진출시키고 싶어 하는데, 현지화를 시작하기 전에 현지 맞춤 기능을 어떻게 구현할 것인지 먼저 계획해보는 것을 권장한다.

■ 시각적 맞춤화와 기능적 맞춤화

현지 맞춤화는 크게 시각적 맞춤화와 기능적 맞춤화로 나눌 수 있다.

- **시각적 맞춤화:** 제품 UI의 레이아웃이나, 색상, 다양한 컨트롤 위치, 아이콘 모양 등이 시각적 맞춤화에 속한다. 미국 증시는 주가가 떨어지면 빨간색으로 표시하지만 중국은 주가가 올라가면 빨간색으로 표시한다. 색깔에 대한 문화적 인식이 다르기 때문이다. 또 한국에서는 웹사이트에서 애니메이션 등 화려한 UI를 사용하는 반면, 미국에서는 심플한 UI를 많이 사용한다.
- **기능적 맞춤화:** 제품에 현지에서 사용하는 기능을 구현한다. 워드는 미국에서 개발했지만 한국어 사용자를 위해 한글과 한자 변환 기능이 추가되었다. 아래아한글로 작성된 문서를 워드로 변

환하여 편집할 수 있도록 해주는 문서 변환 도구 역시 기능적 맞춤화에 속한다.

현지 맞춤 기능은 대상 시장의 현지 제품과 경쟁할 수 있도록 경쟁력을 부여한다. 현지 맞춤 기능을 잘 구현한다면 사용자에게 제품이 그 지역을 위해 만들어진 것 같은 룩 앤드 필(look and feel)을 준다. 기업이 현지 기업처럼 인식되는 이미지를 구축하는 데에도 도움이 된다. 또한 맞춤 기능 구현에 따라 각 지역에 맞는 제품 전략을 세울 수 있다.

■ 맞춤화 대상 기능

제품에 다음과 같은 기능이 있다면 현지 맞춤 기능의 구현을 고려해볼 수 있다.

· 문자 입력을 지원하는가?

맞춤법 검사기, 문자 변환기, 다양한 문자 키보드 등을 예로 들 수 있다.

· 스토리 및 콘텐츠를 포함하는가?

MS 윈도우의 코타나는 음성인식 기능이다. 이런 음성인식 기계가 사용자와 대화를 한다면, 어떤 언어로 대화하는지에 따라 콘텐츠가 많이 달라질 것이다. 한국어로 유행하는 노래를 알려달라고 하면 K-pop 목록을 알려주고, 미국에서 영어로 말하면 빌보드 차트 같은 미국에서 인기 있는 팝송 목록을 알려주게 하는 식이다. 검색과 같은 콘텐츠 중심의 서비스가 많이 생겨나고 있어 현지 맞춤 기능은 더욱 중요해지고 있다.

· 지역 인프라 정보를 사용하는가?

한국은 택배 및 배달 서비스가 신속하고 저렴한 편이지만, 미국은 땅이 넓고 인구밀도가 낮아 배달 서비스를 제공하는 곳이 적고 느린 편이다. 음식 배달 앱을 만들었다면 대상 지역에 따라 서로 다른 지역 인프라 정보에 맞춰 UX를 다르게 구성해야 할 것이다. 여행 웹사이트나 앱에도 지역 정보가 많이 필요하기 때문에 현지 맞춤 기능이 필요할 수 있다.

■ 기술 중심에서 사용자 중심으로

제품 개발 단계에서 현지 맞춤 기능을 계획할 때는 기술 중심적(techno-centric) 관점에서 사용자 중심(user-centric) 관점으로 사고를 전환해야 한다. 사용자 중심 방법론의 대표격인 린 스타트업은 지속적으로 제품에 작은 규모의 업데이트를 하고 사용자에게 피드백을 받아 결과를 측정하는 창업 방법론을 제시한다. 사용자 중심 시스템을 갖추면 해외시장의 사용자들에게 피드백을 받아 점진적으로 업데이트하는 작업을 반복할 수 있다. 따라서 대상 시장에 알맞은 현지 맞춤 기능을 이해하고 구현하기 수월해진다.

국내에서 성공한 제품이라고 해외시장에서 성공하리라는 보장은 없고, 한 가지 제품이 해외시장에서 성공했다고 계속 시장 점유율을 높일 것이라는 보장은 없다. 따라서 지속적으로 해외시장의 동향을 파악하고, 변화하는 사용자들의 필요를 파악하여 제품에 반영하는 것이 중요하다.

현지화 프로젝트 관리

PMI(Project Management Institute)는 미국 조지아 공과대학교에서 처음 설립된 단체로서 산업의 프로젝트 관리를 발전시킬 수 있도록 표준화, 리서치, 교육, 출판 등을 개발하고 세미나도 개최하고 있다. PMI는 프로젝트 관리(project management)

를 유일한 제품, 서비스 또는 결과를 만드는 한시적 노력이라고 정의한다. 이 정의를 세분화하여 살펴보자.

- **한시적:** 모든 프로젝트에는 시작과 끝이 있다. 요즘은 애자일 모델이 많이 사용되는데 애자일 모델을 사용하는 제품도 프로젝트에 속한다.
- **유일한 제품, 서비스 또는 결과:** 프로젝트는 제품을 생성하거나, 제품을 지원하는 비즈니스 기능 같은 서비스를 결과물로 낳는다. 문서화된 지식과 같은 결과를 생성할 수도 있다.

　프로젝트 관리 과정은 기획과 실행 단계로 나뉘고, 각 단계에는 많은 활동이 들어간다. 프로젝트 관리에는 프로젝트 범위, 스케줄, 비용 등 많은 요소가 포함된다. 이 PMI 관리 과정을 응용하여 다양한 프로젝트에 사용할 수 있다. 제품을 현지화하는 활동도 유일한 제품을 한시적 노력으로 출시하는 일이므로 프로젝트라고 할 수 있다.

■ 현지화 프로젝트 관리의 요소

현지화 프로젝트를 관리할 때는 언어 정보, 스케줄, 예산, 자원 할당, 버그 관리 등의 요소를 고려해야 한다. 하나씩 살펴보자.

- **언어 정보:** 각 언어에 대해서 현지화 작업을 할 때 유의할 점 등
- **스케줄:** 기본 언어 출시 날짜와 현지화할 각 언어의 출시 날짜 등. 기본 언어란 제품에 기본으로 사용되는 소스(source) 언어를 말한다. 예를 들어 미국 기업들은 영어를 주로 기본 언어로 사용한다. 그리고 현지화에 필요한 작업(파일 준비, 번역 작업, 제품 빌드 등)의 날짜를 추가한다.
- **예산:** 각 언어의 현지화, 언어 품질 테스트, 현지화 제품 기능과 UI 테스트 등에 드는 비용
- **자원 할당:** 여러 공급업체를 사용할 경우 각 업체가 담당하는 언어와 제품, 업무 정보 등. 세분화하려면 현지화 프로젝트 관리자, 현지화 엔지니어, 언어 품질관리자를 지정할 수 있다.
- **버그 관리:** 현지화 제품의 여러 곳에서 버그가 발생할 수 있다. 코드 문제라면 개발자가 고치고, 번역 문제라면 번역업체나 로컬라이저가 고친다. 또한 누가 모니터링할지 어떻게 버그를 처리할

지 등에 대해서 프로세스를 정립해야 한다.

필요에 따라서 작업을 더 세분화하여 관리할 수도 있다.

■ 프로젝트 관리 도구

현지화 프로젝트를 효율적으로 관리하기 위해서 사용할 수 있는 도구는 다양하다. 몇 가지 대표적인 도구를 언급하고 넘어가겠다.

MS 오피스 365는 클라우드 기반으로 온라인에서 쉽게 프로젝트 포트폴리오를 관리하고 협업할 수 있게 해주는 솔루션이다. 특히 오피스 프로젝트(Project)제품에는 스케줄과 작업 목록을 편리하게 관리할 수 있게 하는 여러 기능이 있다.

그림 6-1. MS 오피스 프로젝트 템플릿

LTC Worx는 프로젝트 관리 기능을 제공하며, 다국어 콘텐츠를 관리할 수 있는 제품이다. 현지화 워크플로를 관리하도록 템플릿을 맞춤화할 수도 있다.

간단한 프로젝트 작업은 구글 문서도구를 사용할 수도 있다. 구글 문서나 구글 스프레드시트로 작업 목록을 정리하고, 구글 문서를 사용하여 현지화 워크플로와 작업 설명을 정리할 수 있다. 하지만 프로젝트 관리에서 중요한 스케줄이나 작업 관리에 초점을 맞춘 도구는 아니므로 전문적인 프로젝트 관리에는 부적합하다고 할 수 있다.

■ 현지화 프로젝트 관리자와 로컬라이저

현지화 프로젝트 관리자는 현지화 프로젝트의 모든 워크플로를 계획하고 실행해야 하므로, 제품은 물론 현지화 단계에 대해서도 잘 이해해야 한다. 어떤 현지화 모델을 선택할지 결정하고 제품을 여러 지역 언어로 출시하기 위해 준수해야 할 사항을 이해하고 시행한다.

현지화 프로젝트 관리자는 제품의 목적과 기능을 이해하고, 로컬라이저뿐만 아니라 현지화 엔지니어나 개발자와도 밀접하게 일할 수 있어야 한다. 개발자는 리소스의 현지화 여부, 리소스에 주석을 붙이는 여부 등에 대해 프로젝트 관리자와 함께 상의한다. 품질과 효율성을 높이기 위해서 로컬라이저, 현지화 엔지니어 등 여러 담당자와 함께 일한다.

또한 제품의 버그를 보고 국제화 문제인지 현지화 문제인지를 분석할 수 있는 이해력이 있어야 한다. 현지화 문제라면 로컬라이저와 문제를 해결하고, 국제화 문제라면 개발자와 함께 문제를 해결한다. 예를 들어 단어 번역이 어색하다면 현지화 문제이고 UI에서 문장이 잘렸다면 국제화 문제일 것이다.

현지화 상태를 모니터링하고 데이터를 분석하여 어느 분야에 더 투자해야 할지 결정하는 것도 현지화 프로젝트 관리자의 역할이다. 예를 들어 특정 언어의 품질 향상에 더 투자한다거나 특정 언어에 로컬라이저를 더 투입한다든지 등의 결정을 할 수 있다.

현지화 프로젝트 관리자의 역량은 제품 현지화의 성공을 크게 좌지우지할 수 있다. 그러므로 프로젝트 관리 경험이 있고, 국제화와 현지화에 대한 전문 지식이 있으며 대상 소프트웨어와 기술을 이해하는 사람이 적합할 것이다.

로컬라이저는 현지화 프로젝트 관리자와 밀접하게 일하며 번역을 포함한 현지화 작업을 수행한다. 좋은 품질의 현지화를 위해서 로컬라이저는 먼저 기본 언어와 현지화 대상 언어를 모두 모국어처럼 이해하고 언어 문법과 어휘를 올바르게 사용할 수 있어야 한다. 그리고 언어 스타일이나 지침서에 포함될 현지화 규칙을 세우고 적용할 수 있어야 한다.

컴퓨터 프로그램에 관한 지식도 있어야 한다. 당연한 이야기처럼 들리겠지만, 의료 문서나 법률 문서를 잘 번역하는 로컬라이저가 소프트웨어도 잘 번역한다고 보장하기는 어렵다. 기본적인 컴퓨터 지식이 있어야 하고 현지에서 사용하는 용어나 정보를 찾아서 사용할 수 있는 정도의 기술은 갖춰야 한다.

또한 번역 도구를 사용한 경험은 로컬라이저에게 큰 도움이 된다. 윈도우와 안드로이드 등 플랫폼에 따라서도 도구가 다양하고 파일 형식이나 설정도 다르기 때문에 해당 플랫폼 도구를 사용해봤다면 시간을 절약할 수 있다.

분야별 전문 지식(subject matter expertise)이 있는 로컬라이저가 그에 맞는 제품을 현지화하면 품질을 높이는 데 큰 도움이 된다. 하지만 그런 일은 매우 드물다. 필자가 담당했던 현지화 제품은 주로 IT 관리자나 개발자 제품이 많았는데, 특정 기술 경력을 가진 로컬라이저를 찾기 어려운 경우가 있었다. 공급업체도 로컬라이저 중에서 기술 경력이 있는 사람을 찾기 어려워한다. 이런 문제를 해결하기 위해, 분야별 전문가를 따로 고용하여 기술 가이드를 제공받거나 감수를 의뢰하는 방법이 있다.

■ 현지화 워크플로

다음 그림은 현지화 프로젝트의 일반적인 단계와 구성요소를 간단하게 표현한

것이다. 선택한 현지화 모델이나 프로젝트의 성격에 따라 프로젝트 워크플로가
달라질 수 있다.

그림 6-2. 프로젝트 현지화 워크플로

1 **개시**: 현지화 마켓 및 현지화 모델을 정한다. 현지화 마켓을 정할 때는 앞서 2장에서 살펴본 대
로 시장분석을 통해 어떤 국가의 언어로 현지화할지 결정한다. 현지화 모델에는 크라우드소싱 및
아웃소싱 등 다양한 모델이 있다. 뒤에서 모델 종류에 대해서 자세히 설명할 것이다. 여기서는 아
웃소싱 모델을 선택했다고 가정하겠다.

2 **계획**: 아웃소싱 모델의 프레임워크를 정할 수 있다. 공급업체를 선택하고, 어떤 계약을 맺고, 어
떤 프로세스와 기술을 도입할지 등을 결정한다. 그다음 현지화할 제품의 범위를 지정하고, 현지
화 출시일에 맞게 현지화 스케줄을 짠다. 현지화에 필요한 예산을 추산한다.

3 **실행**: 현지화 엔지니어링을 통해서 리소스 파일을 생성하고 공급업체에 전달할 수 있는 형태로
만들어 보낸다. 공급업체에서는 현지화 시스템을 사용하여 문자열이나 그림 등 다양한 리소스
를 번역하여 현지화 작업을 한다. 다양한 품질관리 프로세스나 도구를 사용하여 현지화 품질
을 검증한다.

4 **모니터링 및 제어**: 프로젝트 상황 보고서나 데이터 측정을 통해서 프로젝트 진행을 지속적으로
모니터링한다. 모니터링을 통해서 제품이 업데이트될 때마다 업데이트된 부분을 현지화할 수 있
도록 실행을 반복할 수 있다. 문제가 생길 때에도 수정하여 업데이트한다.

5 **종료**: 현지화 제품을 출시할 수 있게 최종 사용자 라이선스 협정(EULA) 등 출시에 필요한 내용
을 포함하는 최종 빌드를 만든다. 또는 현지화된 제품을 다운로드 센터나 앱스토어에 업로드하
는 등의 마무리 작업을 수행한다.

현지화 모델의 종류

현지화는 번역을 포함하는 작업이고 비용이 많이 들기 때문에, 효율성이 매우 중요하다. 제품의 특성과 전략에 따라 적절한 현지화 모델을 사용함으로써 효율성을 높일 수 있다. 어떤 현지화 모델이 있는지 살펴보자.

▪ 기업 내 로컬라이저가 번역하는 모델

기업에서 현지화할 언어 전문가 또는 로컬라이저를 고용하여 그 로컬라이저가 기업의 직원으로 일하는 방식이다. 로컬라이저가 기업의 직원으로 채용되어 일하게 되므로 직원 고용 비용이 발생할 것이다. 이는 외부 공급업체에 맡기는 것보다 많은 비용이 소요된다.

　기업 내 로컬라이저는 제품 개발자와 UX 디자이너 등과 밀접하게 일하므로 제품을 어떤 식으로 현지화할지 상의하면서 작업할 수 있고, 직원들에게만 제공되는 제품 기밀 정보에도 접근할 수 있다. 번역해야 할 분량이 많아서 특정 기간에만 많은 번역가가 필요하다면, 프리랜서 번역가를 단기간 고용하고 각 언어별로 로컬라이저 직원이 이들을 관리하도록 하기도 한다.

　현지화 초기 단계이거나 제품 성장 초기 단계라면 이 모델을 채택하는 경우가 많다. 아직 얼마나 많은 언어를 지원할지, 비용이 얼마나 들지 등에 대한 정보가 부족하고 프로세스가 갖춰져 있지 않으면 로컬라이저들이 현지화에 대한 여러 결정권을 가지고 작업한다.

적합한 경우

제품을 적은 수의 언어로만 현지화하거나 기밀로 개발해야 한다면 외부업체에 맡기지 않고 기업 내 직원인 로컬라이저가 맡아서 하는 것이 적합하다. 언어 품질을 기업 내에서 관리하고 싶을 때에도 이 모델이 적합하다. 또한 제품의 특성상 번역해야 할 문자열이 많지 않고, 새로운 용어가 많아서 기업 내의 개발자와 밀접하게 일해야 할 때 효과적이다.

적합하지 않은 경우

제품을 많은 언어로 확장하거나, 빠른 시일 내에 출시해야 하는 경우에는 부적합할 수 있다. 개발자들이 얼마나 많은 문자열을 추가하는지에 따라서 제품을 번역하는 양이 바뀐다. 애자일 모델을 사용하는 제품은 짧게는 매주 출시되는데, 기업 내의 몇 명 안 되는 로컬라이저가 갑자기 많은 양의 번역을 맡았다가 출시일에 맞춰 끝내지 못하기라도 하면 제품 출시에 부정적인 영향을 미칠 것이다.

또한 기업이 지원하려는 언어의 로컬라이저를 고용하기가 어려운 여러 상황이 있을 수 있다. 기업이 위치한 곳에 다른 언어 사용자가 많지 않거나, 지원하는 언어 번역자가 없을 수도 있다. 그리고 기업 내의 로컬라이저는 직원이므로 공급업체나 프리랜서 로컬라이저를 추가하는 예산을 허가받는 것보다 직원 채용을 허가받는 것이 더 어려울 수도 있다.

장점

로컬라이저가 제품 개발에 관여하는 기업의 팀들과 밀접하게 일할 수 있고 개발에도 관여할 수 있기 때문에 제품을 잘 이해할 수 있다. 제품 UI와 기능을 이해해야 개발자의 의도에 맞는 번역을 할 수 있다. 현지화 버그가 생겨도 기업 내의 다른 팀들과 협력하여 알맞게 대처할 수 있다. 즉 사내 로컬라이저는 현지화 품질을 높이는 데 기여할 수 있다.

또한 제품 정보 보안이 매우 중요한 경우는 외부 공급업체를 이용하지 않고 사내 로컬라이저를 통해서 번역함으로써 제품 정보를 중앙 집중식으로 관리할 수 있다. 보통 제품을 출시하기 전에 새로운 제품 관련 정보가 누출되는 것을 막으려고 철저하게 노력하는데, 기업 내 로컬라이저 번역 모델은 다른 모델보다 제품 보안을 관리하기가 쉽다.

주의할 점

제품의 언어를 확장하거나 번역할 문자열이 증가하면 기업에서는 더 많은 로컬라이저들을 고용해야 하는데, 외부 공급업체에 맡기는 것보다 더 많은 비용이 소요될 가능성이 높다. 만약 100개의 언어로 제품을 번역해야 하면, 대략 100명의 로컬라이저 직원을 고용해야 하기 때문이다. 게다가 이렇게 많은 전문 로컬라이저들을 뽑기 위해서는 수개월이 필요할 수도 있다. 또한 여러 프로젝트가 동시에 진행되거나 스케줄에 여유가 없으면 한 언어당 두 명 이상의 로컬라이저가 필요할 수도 있다.

또한 이 모델에서는 기업이 현지화 엔지니어링과 품질관리 등에 투자를 해야만 생산성을 높일 수 있다. 이런 투자에는 번역 도구, 파일 검증, 용어 관리 등이 포함되는데, 비용이 소요되고 전문성도 필요하다. 많은 현지화 번역업체는 경쟁력을 키우기 위해 이런 분야에 지속적으로 투자하지만, 일반 소프트웨어 회사에서는 현지화 프로세스에 많은 투자를 하는 게 쉽지만은 않다. 이런 이유로 기업 내에서 로컬라이저가 번역을 하는 경우는 현지화의 생산성이 떨어질 가능성이 크다.

■ 크라우드소싱하여 일반인이 번역하는 모델

크라우드소싱(crowdsourcing) 모델은 제품을 적은 비용으로 여러 언어로 현지화할 때 많이 쓰인다. 제품을 커뮤니티에 공개하여 전문 번역가가 아닌 일반인 지원자들을 모집하고 그들이 직접 제품을 번역하는 모델이다. 크라우드소싱 모델을 많이 사용하는 회사로는 트위터와 페이스북 등이 있다. 40개가 넘는 언어를 지원하는 트위터는 크라우드소싱을 성공적으로 사용한 사례다. 페이스북 역시 사용자에게 페이스북 번역 앱을 제공하여 70개가 넘는 언어를 지원하고 있다. 번역 앱을 통해 페이스북이 지원하는 언어의 사용자는 다른 언어의 단어나 문장을 번역할 수 있고, 번역된 내용에 투표도 할 수 있다. 트위터와 페이스북 모두 복잡한 양방향 언어인 아랍어와 히브리어도 지원한다. 트위터와 페이스북의 번역 플랫폼 화면은 다음과 같다.

그림 6-3. 트위터 번역 플랫폼

그림 6-4. 페이스북 번역 플랫폼

비용 측면에서 크라우드소싱 모델이 매력적으로 보일 수 있지만, 상황에 따라 크라우드소싱을 사용하는 것은 부적합할 수 있다. 주로 전문 번역 지식이 없는 일반인이 번역하는 것이므로, 제품 품질이 전문가 수준만큼 높지 않다. 또한 기업 내 직원이 모든 언어의 지원자들을 관리하기 어렵다. 그러므로 각 언어 커뮤니티에서 높은 평가를 받는 지원자들 중에서 그 언어를 관리할 담당자를 선출하여 그 담당자와 관계를 맺는 것이 도움이 된다. 즉 담당자들이 각 언어 지원자들을 관리하고 기업 내의 직원은 담당자들만 관리하는 시스템이다.

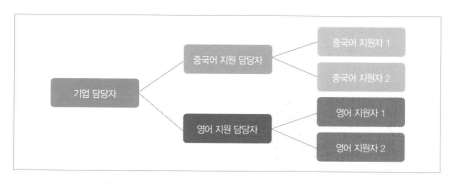

그림 6-5. 담당자와 지원자 관계(중국어와 영어로 현지화하는 경우)

크라우드소싱은 최근에 많이 사용되고 있는 모델이고 성공적인 사례도 많이 있지만, 주의해야 할 점도 있다. 이 모델 적용 여부를 결정할 때는 다음과 같은 사항들을 고려해볼 수 있다.

적합한 경우

많은 최종 사용자가 이미 확보되어 있어서, 지원자를 모집하는 것이 수월할 때는 크라우드소싱 모델이 적합할 수 있다. 이런 이유에서 소셜 네트워크 제품이 다른 제품보다 번역 지원자를 모집하기 수월하다. 제품을 활발하게 사용하는 이들이 많으면 번역의 대가를 바라지 않는 지원자들을 모집하기 쉬운 편이다. 제품에 대한 열정을 가진 적극적인 사용자들은 제품에 기여하는 데 의미를 두기 때문에, 크라우드소싱에 참여할 가능성이 높다. 오픈소스 제품의 경우도 지원자들에게 공개되는 제품의 문자열이나 UI의 지적 재산권 문제 소지가 적기 때문에, 크라우드소싱 모델이 적합할 수 있다.

적합하지 않은 경우

기업의 보안이나 업무 생산성과 관련된 제품이라면 번역 품질과 용어 선택이 매우 중요할 것이다. 이런 경우는 크라우드소싱이 아닌 전문 번역가를 통해서 번역하는 것을 권장한다.

정부나 헬스케어 등의 분야에서 사용되는 제품이라면, 일반 대중보다 용어나 번역 품질에 더 민감할 수 있기 때문에 크라우드소싱이 적합하지 않을 것이다. 매우 전문적이고 제한된 사용자를 대상으로 하는 제품 역시 지원자를 모집하는 것이 어려울 수 있다.

장점

기업이 크라우드소싱 플랫폼을 개발하여 사용자들이 번역에 참여하게 하면 번역비를 많이 절감할 수 있다. 보통 단어 수로 계산하여 비용을 청구하는 현지화 번역업체가 많은데, 크라우드소싱은 이런 번역 비용을 다른 곳에 투자할 수 있게 해주는 모델이다.

제품 사용자들의 참여를 장려하여 번역 지원자 커뮤니티를 만듦으로써 사용자에게 제품에 기여한다는 소속감을 주고, 이와 함께 제품의 사용을 증가시킬 수도 있다. 커뮤니티 공간은 번역 용어에 대한 정보를 주고받는 장소로 활용될 뿐만 아니라 제품에 대한 이해도 및 충성도를 높이는 데도 기여할 수도 있다.

보통 제품 번역을 시작하려면 준비하는 데 시간이 걸린다. 번역업체를 사용하는 경우 심사를 거쳐 선택한 후 계약을 맺어 공급업체가 되는데, 이 과정이 몇 달까지 걸릴 수도 있다. 하지만 크라우드소싱은 많은 지원자들을 한꺼번에 모집하여 많은 내용의 번역을 받을 수 있기 때문에 좀 더 빠른 시일 내에 제품을 번역할 수 있다.

주의할 점

앞에서 언급한 것처럼 지원자들을 모집하고 번역을 받기 위해서는 프로세스를 관리하는 담당자가 필요하다. 보통 기업 내의 직원이 전체 프로세스를 관리하며, 지원자 모집을 포함하는 프로그램 관리를 한다. 즉 프로세스 및 프로그램 관리에 많은 노력이 필요하다.

번역업체를 고용하는 것에 비해 여러 가지 예기치 않은 일들이 생기기 쉽다. 번역 지원자들과 담당자들은 주로 자원봉사 형태로 서비스를 제공하는 것이기 때문에, 언제든지 중도에 그만둘 수 있다. 갑자기 여러 명이 그만둔다고 하면 제품 스케줄을 계획하기가 어려워지고 스케줄이 지연될 수 있다. 이런 경우 번역할 내용을 작게 나누어서 많은 지원자들이 참여할 수 있도록 하면 소수의 지원자에게 번역을 의존하는 것을 피할 수 있고 스케줄 지연을 방지할 수 있다. 또는 번역 진행 상태와 지원자 수를 알 수 있는 시스템을 도입하여 스케줄을 조정할 수 있도록 한다.

이 모델은 지적 재산권이 노출될 가능성이 있다. 만약 지원자에게 공개한 문자열과 UI가 아직 제품으로 출시되지 않은 경우라면, 다른 기업이나 개인이 이를 도용하여 먼저 출시할 가능성이 있다. 가능하면 공개하지 않은 UI의 문자열은 크라우드소싱을 사용하지 않는 것이 좋지만, 부득이한 경우라면 지원자들에게 비밀 유지 계약서에 서명하도록 하고 미리 저작권이나 지적 재산권 등록을 하는 것이 안전하다.

고품질의 번역은 일관된 스타일, 알맞은 용어 사용, 올바른 문법 등을 포함한다. 언어 전문 지식이 없는 지원자들은 이런 번역 품질에 대한 이해가 부족하기 때문에 고품질의 번역을 하기가 어렵다. 또한 독도의 명칭과 같이 지정학적으로 민감한 사안에 대해 잘못된 번역을 하면 기업이 소송에 휘말릴 위험도 있다. 따라서 품질을 높이기 위해 언어 규칙이나 스타일 등에 대한 자료를 제공해 주는 것이 좋다. 번역한 문자열을 지원자들끼리 검토하거나 투표하는 시스템을 만들고, 고품질의 번역을 제공하면 평점을 높게 주는 등급제를 채택한다. 자동 오류 검증 도구를 번역 플랫폼에 구현하거나, 지원자들이 사용할 수 있는 용어 사전을 제공하면 품질을 높이는 데 도움이 된다.

지원자 동기부여

크라우드소싱 모델을 효율적으로 이용하려면 지원자들에게 적절한 동기를 부여하는 것이 중요하다. 이를위해 금전적인 대가를 지원자들에게 지불하거나 다른 방법으로 사례를 할 수도 있다. 크라우드소싱에 참가하는 지원자들에게 사례하는 방법은 경우에 따라서 다를 수 있다.

- 평가제를 채택함으로써 고품질의 번역을 제공한 지원자에게 높은 등급을 제공하여 다른 지원자가 볼 수 있는 페이지나 순위표에 이름을 홍보해준다.
- 유료 제품이라면 제품 이용권 등 제품 사용을 권장할 수 있는 방법으로 사례한다. 이는 제품을 간접적으로 광고하는 효과도 있다.
- 제품 전도사(evangelist)의 역할을 맡겨 제품에 대한 정보를 알려주고 행사에도 초대하여 피드백을 받을 수 있다.

크라우드소싱 플랫폼은 기업에서 자체 개발도 할 수 있지만, 공급업체의 플랫폼을 사용할 수도 있다. 크라우드소싱을 시도해보고 싶다면 크라우드소싱 플랫폼을 가지고 있는 공급업체를 선택하여 사용하는 방법도 있다.

▪ 기계번역을 사용하는 모델

최근에는 기계번역(machine translation), 줄여서 MT를 사용하는 제품들이 늘어나고 있다. 많은 소프트웨어 제품과 문서를 빠른 시일 내에 해외시장에 출시하기 위해서 비용과 시간이 적게 소요되는 기계번역에 대한 선호도가 높아지고 있는 것이다. 기계번역은 번역 엔진이 사용자가 지정하는 특정 언어로 제품을 번역하는 것이므로, 엔진이 원본을 이해해야만 대상 언어로 알맞게 번역할 수 있다. 따라서 엔진을 학습시키는 작업이 꼭 필요하다. 많은 양의 원본 문자열과 고품질의 번역 데이터를 가지고 학습시킬수록 엔진이 똑똑해진다.

수십 년 동안 많은 연구자들이 MT를 연구했다. 제록스는 1978년 시스트란이라는 소프트웨어를 개발하여 기술 문서를 기계번역했고, 1980년대에는 컴퓨터 혁신에 힘입어 많은 기업이 MT 엔진을 개발하기 시작했다. 최근에는 다양한 기계번역 엔진이 출시되어 사용되고 있다. SDL, Prompt, 구글, IBM, 마이크로소프트, 시스트란, 아시아 온라인을 포함한 여러 기업에서 기계번역 엔진을 개발했고, 대기업뿐만 아니라 벤처기업에서도 기계번역 엔진을 만들고 있다. 그리고 많은 기업이 기계번역 엔진을 제품에 사용하고 있다.

페이스북을 예로 들어보자. 페이스북은 2015년 2분기 기준, 전 세계에 월 사용자가 약 15억 명이 있다고 한다(http://bit.ly/1fiOA4J). 페이스북은 소셜 네트워크 서비스이므로 다양한 언어를 쓰는 사용자들이 교류하기 위해서는 게시된 글을 쉽게 번역하는 게 중요하다. 이를 위해 페이스북은 '번역 보기'라는 기능을 제공한다. 기계번역 API를 이용해 사용자가 사용하는 언어로 번역해주는 기능이다.

다음 그림은 페이스북이 기계번역을 사용하여 중국어 문자열을 번역한 화면의 예이다. 소셜 네트워크 서비스에서 간단한 글을 번역할 때는 기계번역을 옵션으로 사용할 수 있다. 기계번역은 더 많은 데이터가 쌓일수록 엔진을 학습시켜 더 나은 번역을 생성할 수 있기 때문에 사용하면 사용할수록 번역 품질이 좋아질 수 있다.

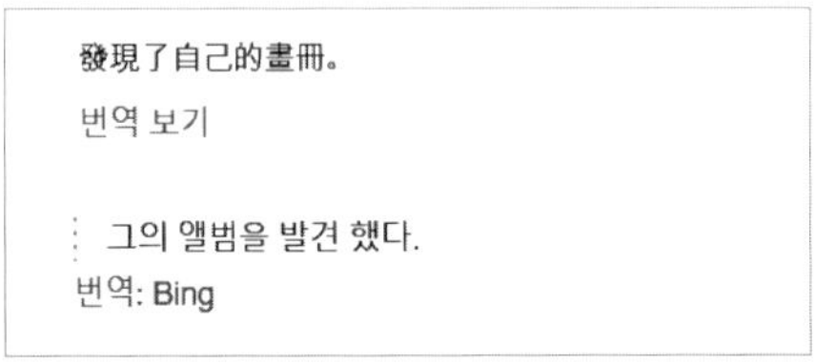

發現了自己的畫冊。
번역 보기

그의 앨범을 발견 했다.
번역: Bing

그림 6-6. 페이스북의 기계번역 예

텍사스 인스트루먼트(Texas Instrument)는 글로벌 반도체 회사다. 이 회사는 웹사이트 콘텐츠를 여러 언어로 빠르게 번역하기 위해서 기계번역을 사용했다.

그 결과 단어당 번역 비용을 14센트에서 6센트로 줄일 수 있었고 총 53%의 비용 절감을 할 수 있었다. 이러한 비용 절감을 통해 더 많은 양을 번역할 수도 있게 되었다(http://bit.ly/1VzVMhS). 그리고 회사의 엔지니어와 글로벌 사용자가 빠르게 소통하게 됨으로써 사용자 포럼이나 피드백 채널을 효율적으로 사용할 수 있게 되었다.

기업이 엔진을 개발하면 기업 내의 제품 번역을 위해 사용하기도 하고, 다른 기업들에게 라이선스를 주기도 한다. 기업이 많은 번역 데이터를 가지고 있다면 자체적으로 엔진을 개발하는 것도 방법이다. 자체 개발을 할 수 없다면, 시중에 있는 제품을 선택하여 사용할 수 있다.

적합한 경우

기계번역 엔진은 여러 문서나 제품에 사용되고 있지만, 언어 및 콘텐츠 종류에 따라서 번역 품질에는 차이가 크게 난다. 대부분 기술적인 자료는 기계번역 엔진을 사용하기에 적합하다. 특히 단어가 많은 제품 메뉴얼이나 개념을 설명하는 기술 문서에 기계번역 엔진이 사용되는 경우가 많다.

적합하지 않은 경우

마케팅 자료나 광고 등 독창적이고 함축적인 상징과 의미가 많이 사용되는 콘텐츠는 기계번역 결과가 그리 좋지 않다. 또한 문맥에 따라서 용어나 의미가 많이 변하는 경우에도 기계번역 효과가 크지 않을 가능성이 높다.

기계번역의 두 가지 방식

MT 엔진에는 크게 규칙 기반 방식과 통계적 방식이 있다. 엔진을 개발하는 입장에서는 두 방식이 매우 다른 시스템이고, 입력과 산출도 다르다. 각 방식의 특성을 이해하면 기계번역 엔진을 선택할 때 필요에 따라 맞는 방식을 선택할 수 있다.

규칙 기반 기계번역(rule-based machine translation)은 언어의 형태학, 통사론, 의미 등을 포함하는 문법 구조를 분석하고 어휘 사전을 이용한다. 원본 언어 문자열을 분석한 후 번역할 대상 언어의 규칙을 적용하여 기계번역을 하는 것이다. 언어에 대한 규칙과 문법 정보를 가지고 있기 때문에, 유사한 언어를 분석할 때 기존 정보를 활용함으로써 시간과 노력을 절약할 수 있다는 장점이 있다. 이미 번역된 문서 데이터가 적은 언어라도 언어 구조를 분석한다면 새로운 언어를 학습시킬 수 있는 것이다.

주의할 점은 원본 언어를 단어 단위로 분해하여 분석하기 때문에 번역할 때 직역할 가능성이 많아진다는 점이다. 직역하게 되면 문장 전체의 의미를 이해하는 것이 아니라 단어별로 이해하기 때문에 문맥에 맞게 번역하기 어렵다. 각 언어별 어휘 사전을 추가하거나, 어휘 규칙을 바꾸어 엔진을 적응시키는 것도 많은 노력이 필요하다. 또한 언어 구조에 대한 정보가 부족하거나, 구조 분석이 어려운 언어라면 규칙 기반 방식을 사용하는 게 적합하지 않을 수 있다.

통계적 기계번역(statistical machine translation)은 원본 문서와 번역 문서 쌍의 병렬 문자열 데이터의 통계적 분석을 기반으로 번역하는 방법이다. 예를 들어 영어와 그에 맞는 한국어로 번역된 문자열 입력 데이터로 엔진을 학습시킨다.

구글 번역과 마이크로소프트의 빙 번역에서 통계적 방식을 사용한다. 고품질의 많은 데이터를 넣을수록 엔진의 번역 품질이 좋아진다. 복잡한 언어 구조에 대한 규칙을 만들지 않아도 되기 때문에 많은 언어를 지원하고자 할 때는 시간을 절약할 수 있다. 하지만 방대한 병렬 데이터를 구하는 것이 쉬운 일만은 아니다.

하이브리드 기계번역(hybrid machine translation)도 있다. 이 방식은 규칙 기반 방식과 통계적 방식을 함께 사용하여 각 방식의 불편한 점을 보완하는 방식이다. 아시아 온라인, 시스트란 등의 기계번역 제품은 하이브리드 방식을 사용한다.

이 방식은 다시 '규칙 후 통계 처리'와 '규칙에 의한 통계' 등으로 나뉜다. '규칙 후 통계 처리'는 규칙 기반으로 문자열을 번역한 뒤 번역된 문자열에 통계적 방식을 적용하여 교정한다. 두 방식을 따로 적용하는 방식으로 낮은 품질을 개선할 때 쓰인다. '규칙에 의한 통계'는 통계적 엔진을 잘 안내하기 위해 규칙 기반 방식을 사용하여 데이터를 사전 처리한다.

하이브리드 방식이 두 가지 방식을 같이 사용한다고 해서 규칙 기반 방식이나 통계적 방식 하나만을 사용하는 번역 결과물보다 품질이 좋다고 단정할 수는 없다. 기계번역 엔진들이 가지고 있는 데이터, 언어 규칙, 문자열 형식, 선택 언어 등에 따라서 품질이 달라질 수 있기 때문이다.

기계번역 엔진 선택

기계번역 엔진을 선택할 때는 각 엔진의 특성과 제품의 필요를 잘 고려해야 한다. 먼저 가격으로 나누면 유료와 무료가 있는데, 유료 버전은 라이선스 가격이나 제품 구성에 따른 가격 옵션이 있다. 무료 버전 엔진이라도 무료 사용 범위를 정확히 구분해야 한다. 예를 들어 구글은 무료 기계번역 엔진을 웹 버전으로 제공하지만, 기계번역 엔진 API 사용은 유료 서비스다. 개발자들은 유료 API를 사용해서 번역 기능을 사용하는 앱을 개발할 수 있다.

엔진이 어떤 플랫폼을 지원하는지도 고려해야 한다. 윈도우, 리눅스, 유닉스, 맥, 모바일 플랫폼, 그 밖에 다중 플랫폼에서 지원되는 웹 서비스 등 다양한 엔진이 있다.

기계번역 엔진 사용 방법이나 기능도 고려해야 하지만, 어떤 언어를 지원하는지가 엔진 선택의 중요한 결정 요인이 된다. 언어를 확인할 때는 지원되는 언어 쌍을 확인해야 한다. 예를 들어 2015년 기준으로 시스트란 엔진의 Instant Translation 기능은 프랑스어 → 독일어 번역을 지원하지만, 프랑스어 → 러시아어 번역은 지원하지 않는다. 대신 영어 → 러시아어 번역은 지원한다.

여러 엔진들이 영어와 많은 다른 언어를 쌍으로 지원한다. 즉 영어를 다른 언어로 번역하거나 다른 언어를 영어로 번역할 수는 있다. 많은 엔진이 영어 외의 다른 언어들끼리의 쌍은 제한적으로 지원한다. 예를 들어 한국어와 태국어 쌍이나 포르투갈어와 중국어 쌍 같은 경우는 대부분 지원되지 않는다. 이는 영어 외 다른 언어들 간의 데이터가 충분하지 않기 때문일 것이다.

또한, 해당 분야에 맞는 데이터로 학습시킨 엔진을 사용하길 권장한다. 예를 들어 의료 관련 데이터로 학습시킨 엔진을 윈도우 제품에 사용하면 좋은 결과를 얻기는 어려울 것이다. 연관된 제품이나 해당 분야 데이터로 학습시킨 엔진을 사용하도록 한다.

엔진을 학습시킬 때 원본과 번역본의 충분한 데이터가 모여야만 기계번역에 사용할 수 있을 만큼 엔진이 똑똑해진다. 충분한 데이터가 모이지 않으면 학습을 해도 고품질의 기계번역 결과물을 산출하기가 어렵다. 주입하는 데이터의 품질은 엔진이 산출하는 번역 품질의 중요한 요인이다. 올바르게 번역된 문자열을 주입하면 그 데이터를 사용하여 엔진이 더 똑똑해진다.

▪ 아웃소싱하여 외부 번역업체가 번역하는 모델

외부 번역업체를 사용하여 제품을 번역하는 모델은 많은 기업이 오랜 기간 동안 사용해온 모델이다. 번역 전문 업체와 특정 기간이나 특정 프로젝트에 대한 계약을 맺으면, 그 업체가 번역 서비스를 제공하는 방식이다.

Statista에 따르면 2013년 세계 번역 서비스 시장 규모가 35조 달러로 추정된다고 한다(http://bit.ly/1QgCw6l). 정확한 시장 규모는 측정하기 어렵지만, 현재 많은 번역업체들이 존재하며 시장은 빠르게 성장하고 있다. 한국에만 수백 개 이상의 번역업체가 있다. 많은 업체가 글로벌 회사이기 때문에, 다른 나라에 지사(보통 허브라고 한다)나 본사를 둔 경우도 있다. 이런 전문업체들은 다양한 고객사의 필요에 부응하는 유연성과 시스템을 갖추고 있고, 전문적인 품질의 서비스를 제공하기 때문에 많은 기업이 번역업체를 이용한다.

적합한 경우

아웃소싱 모델은 보통 기업 내에 로컬라이저를 고용하는 것보다는 비용이 적게 들고, 기계번역보다는 비용이 많이 든다. 비용 대비 전문적인 언어 품질 서비스를 받을 수 있기 때문에 품질과 비용 절감이 모두 중요한 경우는 아웃소싱 모델이 적합할 수 있다.

제품이 지원하는 언어가 많을수록 아웃소싱 모델이 편리하다. 보통 번역업체는 단일 언어가 아니라 다국어를 지원하므로 국내에서는 사용하지 않는 언어도 업체에서는 지원하는 경우가 많다. 또한 보통 번역한 만큼의 양에 따라 비용을 지불하기 때문에, 제품이 비활성화되었을 때는 비용이 들지 않는 계약을 할 수 있다.

적합하지 않은 경우

제품이 외부에 노출되지 말아야 할 엄격한 기밀 프로젝트라면, 번역업체와 비밀 유지 계약서를 작성한다고 해도 디자인과 기능이 외부에 누출될 가능성이 있다. 또한, 번역에 전문적인 지식을 요구하지만 기존에 시장에 출시된 적이 없는 제품이라면 적합한 번역업체를 찾기가 어려울 수 있다.

장점

번역업체들은 치열한 경쟁에서 살아남기 위해 번역 품질이나 프로세스 자동화에 투자하는 것을 중요하게 생각한다. 즉 품질관리나 번역 서비스 측면에서 전문성을 가진다. 따라서 기업 내에서 번역 작업에 많은 투자를 하는 것보다, 알맞은 번역업체를 선택하는 게 효율적일 수 있다.

번역업체들은 여러 언어를 담당하는 번역가들의 수급을 프로젝트의 주기에 따라서 쉽게 조절할 수 있으므로 요청하는 번역 분량에 맞게 서비스를 제공한다. 보통 번역 양에 따라서 비용을 지불하는데, 프로젝트 주기는 대개 일정하지 않으므로 번역업체의 이런 유연성이 개발 기업에는 편리한 점으로 작용한다.

주의할 점

최근에는 크고 작은 번역업체들이 난립하고 있다. 어떤 번역업체들은 비용을 낮추기 위해서 번역 전문가가 아닌 자격 미달인 사람들을 고용하기도 한다. 이런 경우 언어 품질이 낮아지고, 그 결과 부정적인 제품 이미지로 이어질 수 있다.

번역을 잘하려면 제품의 기능을 잘 이해하는 과정이 필요하다. 특히 기술 제품은 전문용어를 사용하기 때문에, 제품에 대한 기술 지식이 필요하다. 하지만 번역업체는 제품 개발 단계에 참여하지는 않기 때문에, 제품의 기능과 용어 등을 이해하는 게 어려울 수 있다.

■ 현지화 모델 정리

지금까지 살펴본 현지화 모델의 장단점을 비교하여 다음 표로 정리했다. 앞에서 살펴본 것처럼 각 장단점은 상황에 따라 달라질 수 있고 보완될 수 있다.

표 6-1. 현지화 모델별 장단점

	장점	단점
기업 내 로컬라이저	• 깊은 제품 이해도 • 높은 현지화 품질 • 제품 보안	• 많은 투자 비용 • 빠른 확장성이 부족
크라우드소싱	• 적은 투자 비용 • 사용자 커뮤니티 활성화	• 불안정한 프로젝트 관리 • 낮은 현지화 품질
기계번역	• 적은 투자 비용 • 빠른 프로젝트 확장	• 낮은 현지화 품질 • 엔진 학습 시간과 데이터 필요
외부 번역업체	• 전문적인 품질과 프로젝트 관리 • 프로젝트 확장성	• 낮은 제품 이해도 • 프로젝트 비용

- 제품 기능과 지역에 따라서 현지 맞춤 기능이 성공 요인으로서 꼭 필요한 경우가 있다. 현지 맞춤 기능은 시각적인 부분과 기능적인 부분으로 나눠 고려할 수 있다. 기술 중심의 사고에서 사용자 중심의 사고로 전환하여 현지 사용자가 필요한 기능을 제공해야 한다.

- 효과적인 현지화 프로젝트 관리를 위해서 프로젝트 관리자에게 필요한 능력은 국제화와 현지화 경험, 기술 지식 등이고 현지화 번역 작업을 담당하는 로컬라이저에게 필요한 능력은 언어 및 제품 이해, 도구 사용 능숙도 등이 있다.

- 현지화 워크플로는 개시(현지화 마켓과 모델 결정), 계획(모델 프레임워크와 프로젝트 계획), 실행(현지화 엔지니어링, 작업, 품질관리), 모니터링 및 제어(진행 보고, 제품 업데이트), 종료(제품 출시)의 5단계로 나눌 수 있다.

- 현지화 모델의 종류는 간단하게는 기업 내 로컬라이저, 크라우드소싱, 기계번역, 아웃소싱으로 나눌 수 있다. 각 모델마다 장단점이 있기 때문에 특정한 모델이 모든 제품에 적합하다고 말하기 어렵다. 제품의 특성, 사용자, 예산 등 여러 요건을 따져보고 알맞은 모델을 선택한다.

CHAPTER 7

현지화: 엔지니어링, 번역 작업, 품질관리

현지화의 실제 작업은 리소스 파일을 준비하는 엔지니어링과
현지화 시스템을 이용한 현지화 번역 작업,
그리고 측정 기준에 따른 품질관리로 나눌 수 있다.
이들 각각의 프로세스와 팁, 주의사항을 알아본다.

현지화 프로세스

이제는 현지화 프로세스를 살펴보자. 먼저 기업 내 현지화 담당자는 소스 파일이나 콘텐츠를 엔지니어링하고, 로컬라이저에게 이 파일을 보낸다. 로컬라이저는 현지화 시스템을 사용하여 콘텐츠 특성에 맞게 번역 작업을 한다. 또한 전체적인 현지화 프로세스에서 품질관리도 병행하여 이루어진다.

품질관리는 개발자, 프로젝트 매니저, 현지화 엔지니어, 로컬라이저 등 팀이 함께 참여해야 한다. 하나씩 살펴보면 개발자는 리소스 파일에 주석을 달아서 리소스에 대한 문맥을 제공하고, 프로젝트 매니저는 각 담당자가 역할을 수행할 수 있게 프레임워크와 가이드로 사용할 자료를 제공한다. 현지화 엔지니어는 현지화 시스템이 필요에 맞게 동작하는지, 파일에 오류가 없는지 등을 확인한다. 로컬라이저는 언어와 제품을 이해하여 품질 기준에 맞게 현지화하는 작업을 한다.

품질관리에서 프로젝트 매니저의 역할이 중요한 것은 두말할 나위가 없다. 필자는 프로젝트 및 프로그램 매니저로 일하기 때문에 전체적인 그림을 이해하고 현지화 계획을 세우는 일을 한다. 그리고 각 업무에서 필요한 게 무엇인지를 이해하고 높은 품질의 결과물을 낼 수 있는 프레임워크를 제공한다.

현지화 엔지니어링

현지화 프로세스의 첫 단계인 현지화 엔지니어링은 크게 보면 콘텐츠 준비 과정이다. 현지화 엔지니어링은 리소스 파일을 관리하는 단계라고 볼 수도 있다. 번역된 파일이 올바른 언어 정보를 가지도록 하는 절차도 현지화 엔지니어링에 속한다. 엔지니어링 단계가 올바르게 되어 있지 않으면 번역 단계에서 문제가 많이 생길 것이고, 그 문제들을 번역 단계에서 하나하나 고치는 것은 훨씬 많은 비용이 들 수 있다. 엔지니어링 단계는 리소스 파일을 준비하고, 수도(pseudo) 문자열 등을 이용해 현지화하고, 각 기업의 기술에 맞게 현지화된 파일을 빌드하는 일 등을 포함한다.

■ 리소스 파일 준비

현지화하는 대상은 소프트웨어, 문서, 오디오, 비디오 등으로 다양하다. 이런 다양한 파일은 txt, dll, html, xml, hlp 등 여러 확장자 형식을 가진다. 제품 코드에서 분리한 리소스도 rc, resx, hpp 등 다양한 확장자 형식을 포함한다.

현지화할 리소스를 현지화 도구가 지원하는 파일 형식으로 생성하여 현지화하는 것을 권장한다. 여러 형식이 있지만, 현지화에서 주로 사용되는 파일 형식은 XLIFF 표준이다.

XLIFF 표준

XLIFF(XML Localisation Interchange File Format)는 현지화 산업에서 널리 사용되는 XML 기반의 파일 형식이다. 현지화 데이터가 여러 도구 사이에서 교환되는 방법을 표준화하기 위해 만들어졌다. 파일 확장자는 xlf이며, 2015년 8월 기준 2.0 버전이 최신이지만, 널리 쓰이는 버전은 1.2다. e비즈니스와 웹 서비스의 세계 표준을 개발하는 데 힘쓰는 비영리 컨소시엄 OASIS가 채택한 표준이다.

XLIFF 표준을 사용하면 현지화의 많은 부분을 개선할 수 있다. 보통 현지화하는 기업들은 다양한 도구를 사용하여 여러 파일 형식을 다루므로 도구 간에 파일 형식을 변환해야 하는 경우가 많다. 통일된 XLIFF 표준을 사용하면 파일 형식을 변환하는 불편함을 해소할 수 있다.

또한 표준 형식을 사용하면 여러 다른 스키마를 이해해야 하는 부담을 덜 수 있다. 파일에서 사용할 스키마나 태그 등에 대한 이해도가 높아지면 파일의 상태를 확인하고 파일에서 사용되는 정보를 제어하기가 쉬워진다. 눈으로 스키마를 검증하는 게 아니라 XLIFFChecker 같은 오픈소스 도구를 사용하여 검증할 수 있어, 현지화 파일 품질을 높이는 데 도움이 된다.

주석 달기

개발자가 제품에서 로딩할 문자열이나 그림 등의 리소스에 대한 주석을 달면 현지화에 큰 도움이 된다. 따라서 이 작업을 개발자가 해야 하는 이유는 제품을 만드는 사람이 개발자이고, 따라서 문자열이 어떻게 표시될지 가장 잘 아는 사람도 개발자이기 때문이다. 로컬라이저에게 보내는 파일에 주석을 포함해야만 현지화할 때 각 리소스에 해당하는 주석을 쉽게 볼 수 있다.

XLIFF 파일을 사용하면 <note> 요소를 사용해 현지화에 관련된 주석을 달 수 있다. 주석은 다음과 같은 내용을 포함한다.

- 문자열을 잠그면(lock) 현지화하지 말라는 뜻이다. 제품 이름이나 특정한 문자열 등 현지화할 필요가 없는데 리소스로 관리해야 하는 경우는 잠가야 한다.
- 다른 리소스와 일치하거나 또는 달라야 한다면 어떤 리소스인지 알려준다. 예를 들어 버튼에 표시되는 문자열과 텍스트 박스에 표시되는 문자열이 같아야 하는 이유가 있다면 주석을 단다.
- 현지화할 때 사용할 수 있는 문자에 제한이 있으면 주석을 단다. 예를 들어 문자를 256개 이상 사용할 경우 문제가 생긴다면 문자 수를 제한한다는 주석을 다는 게 좋다.
- %s나 %d 변수를 사용할 때는 언어에 따라서 변수의 순서가 바뀔 수 있기 때문에 각 변수에 어떤 문자나 값이 사용될지, 그리고 어떤 순서로 사용해야 하는지 주석을 달면 유용하다.

▪ 수도 문자열로 UI 검증

'수도(pseudo)'는 의사(擬似), 유사란 뜻으로 수도 문자열은 본격적으로 현지화를 시작하기에 앞서 국제화 UI가 잘 구현되었는지 먼저 검증하는 데 사용된다. 국제화 UI가 잘 구현되었는지 검증해보면 현지화 단계에서 발생할 수 있는 여러 버그를 미리 발견하고 예방할 수 있다.

수도 문자열의 예는 [!!!Psèúdô!!!] 이런 식으로 영어 문자에 악센트 등의 기호를 추가한 것이다. 이런 문자열은 악센트를 무시하고 읽을 수 있어서 테스트할 때 좀 더 편리하다. 이렇게 문자열을 늘리면 러시아어와 같이 긴 문자열을 사용하는 언어에서 잘림이 있는지도 알 수 있다. 그리고 유럽어와 같이 악센트를 많이 사용하는 언어에서 일어날 수 있는 다양한 문제를 발견할 수 있다.

또는 아스키 문자가 아닌 구현하기 까다로운 동아시아어(한국어, 중국어, 일본어 등)를 선택하여 기본 언어와 함께 수도 언어로 사용할 수도 있다. 예를 들어 [!三緖Open File灰!] 이렇게 영어와 임의의 한자를 앞뒤에 붙인 수도 문자열은 UI뿐만 아니라 폰트나 인코딩 문제를 발견하는 데에도 도움이 된다.

만약 기본 언어가 영어이고 중국어로 현지화한 제품에 영어 단어가 나올 경우, 이것이 의도적으로 영어 단어를 사용한 건지 아니면 단어를 코드와 분리하지 않은 문제 탓인지 구분하기가 어렵다. 이런 경우도 수도 문자열을 사용하면 버그를 발견하는 데 도움이 된다.

수도 문자열로 UI에 표시되는 문자열을 기본 언어보다 길게 만들어보면 UI 문자열 잘림 현상이 생기는지 확인할 수 있다. 아랍어와 같은 양방향 언어로 현지화가 제대로 이루어졌는지도 테스트할 수 있다. 만약 UI에 기본 언어 문자열만 보이고 수도 문자열이 보이지 않는다면 리소스가 코드와 분리되지 않은 채 하드코딩되었다는 사실을 알 수 있다.

SDL Passolo나 Alchemy Catalyst 같은 도구는 수도 언어를 제공하는 기

능을 포함한다. 이외 다른 현지화 공급업체에서 제공하는 도구도 있고, 무료로 수도 문자열을 제공해주는 서비스도 있다.

수도 문자열을 사용하여 UI를 테스트하는 일은, 개발팀이 국제화 단계에서 할 수도 있고 현지화팀이 할 수도 있다. 이 과정에서 주의해야 할 사항은 다음과 같다.

- 이미 현지화를 시작했다면 여러 언어에서 버그가 발생할 수 있으므로 효율을 높이려면 현지화 시작 전에 수도 문자열 제품으로 테스트해야 한다.
- 여기서 발생하는 버그는 개발자가 코드에서 고쳐야 하는 문제이다.
- 어떤 수도 문자열을 사용하든지 기본 언어의 문자열보다 길고 복잡한 언어 문자열을 사용하는 것이 버그를 발견하는 데 도움이 된다.

■ 파일 확인 및 정보 제공

로컬라이저에게 파일을 보내기 전 파일에 오류가 없는지 확인하고, 현지화에 필요한 정보도 제공해야 한다. 먼저 다음과 같은 점에 유의하여 파일을 정리하고 확인한다.

- 파일이 올바른 인코딩인지(유니코드를 사용하는 것이 좋다), 인코딩으로 인한 문자 깨짐 현상은 없는지 확인한다.
- 문자열뿐 아니라 그림, 오디오 등 현지화해야 하는 다른 리소스가 있다면 포함한다. 제품을 소개하는 설명 글이나 설치 설명서 등의 문서도 포함할 수 있다.
- 앱을 현지화할 때는 앱스토어에 표시될 제목과 설명서 등의 파일을 포함한다.
- 사용하지 않는 리소스는 파일에서 제거하여 정리한다.
- 파일에 메타데이터나 주석의 형태로 소유자, 리소스 유형, 버전, 업데이트 날짜 등의 정보를 포함한다.

- 보내는 파일(예를 들어 XLIFF 형식)의 스키마가 올바르게 사용되었고 오류가 없는지 확인한다.

로컬라이저에게 제공해야 하는 정보는 다음과 같다.

- 어떤 번역메모리나 용어사전을 사용해야 할지 알려준다.
- 각 언어별로 사용하는 폰트가 있다면 지정 폰트를 명시한다.
- 전반적으로 적용하고 싶은 언어 스타일이 있다면 스타일 지침서를 제공한다. 예를 들어 대화하는 듯한 스타일, 교육적인 스타일, 명랑한 스타일 등 언어를 사용할 때 적용할 전체적인 분위기를 밝힌다.
- UI 디자인에서 유의할 점을 담은 디자인 지침서를 제공한다. 현지화를 할 때 UI 레이아웃을 조정해야 할 수 있기 때문에 디자인 지침서가 있으면 도움이 된다.

■ 현지화 시스템 및 도구

앱 개발자가 여러 언어로 번역할 수 있게 도와주는 도구를 현지화 시스템(translation management system)이라고 한다. 시중에는 번역 공급업체들이 개발했거나 사용하고 있는 다양한 현지화 시스템이 있다. 현지화 공급업체에서 만들어 관리하는 시스템을 사용하면 기업은 그 시스템을 관리하거나 운영할 필요가 없다는 이점이 있다. 기업에서 시스템을 개발하는 데 투자하지 않아도 되기 때문에 인력이나 자본이 충분하지 않은 작은 회사에서는 이런 시스템에 의존할 수 있다.

하지만 이런 경우 공급업체에 의존하기 때문에 기업이 시스템을 개선하거나 제어하기가 어렵다. 그리고 시스템이 전체적인 워크플로를 모두 관리한다면 공급업체를 바꾸는 것도 쉽지 않을 수 있다. 만약 한 공급업체에 대한 의존도를 낮추고 싶으면 프로젝트를 여러 공급업체에 맡기는 방법도 있다.

기업 내에서 시스템을 직접 개발하지 않고 기존 시스템이나 도구를 선택할 때는 자사에 필요한 여러 가지 사항을 고려해야 한다. 먼저 지원하는 언어 목록,

라이선스나 구입 비용, 고객 지원 등을 생각해봐야 한다. 그리고 기본적인 언어 품질(맞춤법, 숫자, 띄어쓰기, 용어의 올바른 사용 등) 검사 기능이 얼마나 훌륭한지, 지원하는 형식(XLIFF, XML 등)은 어떤 것인지, 용어사전과 번역메모리를 어떻게 지원하는지 등 현지화 번역 작업에 기본적으로 필요한 기능에 대한 고려도 필요하다.

시중에 나와 있는 몇 가지 대표적인 도구를 간단히 살펴보자.

비주얼 스튜디오는 모바일이나 데스크톱용 프로그램, 소프트웨어 테스트 코드 등을 쉽게 구현할 수 있게 도와주는 개발자 도구다. 비주얼 스튜디오의 애드온 중에는 다국어 앱 도구 키트(Multilingual App Toolkit)가 있다. 흔히 MAT라고 부르며, 이를 이용하면 프로그램을 간단하게 번역할 수 있다. 예를 들어 사진첩 앱을 독일어로 번역한다고 해보자. 번역하기 전에 MAT를 설치하여 산업 표준인 XLIFF 파일을 생성한다. 그다음 번역 편집기를 사용하여 XLIFF 파일의 문자열을 독일어로 번역한다. 또는 MAT에 통합된 마이크로소프트 기계번역 서비스를 사용하여 문자열을 자동으로 번역하고, 번역한 문자열을 편집기를 사용하여 편집할 수도 있다. MAT는 비주얼 스튜디오의 애드온이기 때문에 비주얼 스튜디오의 여러 기능과 함께 사용할 수 있다. 8장에서 MAT를 사용하여 현지화하는 실습을 할 것이다.

SDL Trados Studio에서는 번역 작업, 용어 관리, 프로젝트 관리를 할 수 있다. 자동으로 번역메모리에서 번역된 문자열을 불러오거나, 반복되는 리소스에 대한 자동 입력도 가능하다. 물론 불러온 번역은 사용자가 바꾸거나 거부할 수 있다. 단일 파일과 다중 파일 번역 워크플로를 포함하는 프로젝트 패키지 워크플로도 제공한다.

Visual Localize는 exe, dll 등의 바이너리 형식 및 rc, resx, resources 등의 리소스 파일 형식을 지원한다. 이외에도 HTML, XML 등의 다양한 파일 형식을 지원하며, 마이크로소프트의 데이터베이스와 닷넷 프레임워크에 대한 지원을 포함한다. 기본적인 번역 작업 시스템을 포함하며, 닷넷 프로그램을 사용하는 경우는 현지화한 파일로 위성 어셈블리를 생성할 수 있다. 이 제품은 비주얼 스튜디오와 무관하며 그 자체로 사용할 수 있다.

Atril의 Déjà Vu는 몇 가지 버전이 있는데, 작업그룹 버전은 번역 작업을 포함하여 프로젝트 관리, 용어사전, 번역메모리 등의 기능을 포함한다. 또한 PDF, XML, MS 오피스, 인디자인 등의 파일에 대한 필터도 제공한다.

Multilizer는 msi, xap, pdf 등 30개 이상의 파일 형식을 지원하는 플러그인을 갖추고 있다. 기계번역도 지원하며, 프로젝트 데이터를 로컬라이저들이 교환하는 기능도 포함한다. 대부분의 현지화 시스템과 마찬가지로 용어사전과 번역메모리를 지원한다.

맥 OS용 현지화 편집기로는 Sorcerer가 있다. 맥용 데이터 파일과 리소스 파일을 쉽게 편집할 수 있다. 리소스를 디자인하거나 편집하고, UI를 수정하는 등 다양한 작업을 할 수 있다.

커넥터란?

현지화에서 커넥터(connector)란 여러 시스템을 연결해주면서 파일 전송을 자동화해주는 플러그인을 의미할 때 사용된다. 커넥터를 제품 빌드나 특정 폴더에 연결하여 모니터링하면, 파일이 업데이트되거나 추가될 때 자동으로 파일이 현지화 시스템에 전송되도록 할 수 있다. 그 반대, 즉 로컬라이저가 현지화한 파일을 체크인해야 할 시스템에 전달하는 기능 또한 제공한다.

기업마다 빌드 시스템이 다양하기 때문에 시중의 커넥터를 찾기보다는 기업이 커넥터를 개발해야 할 수도 있다. 개발 비용은 들어가겠지만, 애자일하게 출시되는 서비스 제품이 많아지면서 커넥터의 역할은 더 중요해지고 있다.

커넥터를 선택하거나 개발할 때는 커넥터가 어떤 현지화 시스템과 연동되는지, 어떤 파일 형식을 지원하는지, 얼마나 자동화되어야 하는지 등을 고려해야 할 것이다.

현지화 번역 작업

■ 용어와 용어사전

단어나 문자열을 재활용하기 위해서는 용어와 용어사전의 개념을 갖추고 설계하는 게 좋다. 먼저 용어(terminology)는 기본 언어와 현지화 언어의 번역, 개념, 문맥, 사용하는 제품 등의 정보를 포함한다. 용어는 보통 한 팀만 사용하는 게 아니라 여러 팀이 다양한 제품에 사용하기 때문에 전사적으로 관리해야 된다. 그리고 여러 팀이 접근할 수 있도록 웹이나 데이터베이스 형식으로 만들어놓을 수 있다.

예를 들어, '애자일', '모니터링', '클라이언트' 등 기술 단어를 포함하여 제품 명까지 다양하게 용어로 사용할 수 있다. 다음은 '애자일'이라는 용어를 관리하는 예제다.

표 7-1. 용어 예제

용어	개념	현지화 언어	현지화 언어 번역	사용하는 제품	상태
Agile	애자일은 전통적인 폭포수 개발 방법론 개발 방식에서 벗어난 가볍고 빠른 개발 방법론이다.	한국어	애자일	비주얼 스튜디오	승인

기술 용어를 따로 관리하는 이유는 현지에서 어떻게 사용되는지 조사하고 기술이 바뀌면 업데이트해야 하는 노력이 필요하기 때문이다. 예를 들어 기업이 새로운 기술의 단어를 만들었다면 제품이 확산되면서 현지 사용자들이 현지에 맞게 번역해서 사용할 수 있다. 이런 경우는 현지 사용자들이 널리 사용하는 번역으로 용어를 업데이트하는 것이 효과적이다.

제품을 현지화하기 전에 기본 언어의 리소스에서 용어로 정의해야 할 만한 단어를 추출한다. 이런 과정을 용어 추출 또는 용어 마이닝이라고 한다. 이때 도구를 사용하여 자동으로 파일을 스캔하도록 하면 시간을 절약할 수 있다. SDL MultiTerm Extract는 번역이 아직 되지 않은 문서는 물론, 이미 번역된 문서에서도 용어를 추출할 수 있다. 또는 Terminotix의 LogiTerm이나 SynchroTerm 같은 제품을 사용하면 단일 언어 파일이나 이중 언어 파일에서 용어를 추출할 수도 있다. 이런 기능 자체가 현지화 시스템에 포함되어 있는 경우도 있다. 유사한 기능을 제공하는 현지화 공급업체가 다양하기 때문에 기업은 공급업체에 이러한 기능을 일임하는 방법을 선택할 수도 있다.

용어사전(glossary)은 현지화에 사용할 여러 용어를 목록으로 만든 것이다. 그리고 이런 용어사전을 현지화 시스템에서 사용할 수 있도록 데이터베이스 형식을 가진 경우 텀베이스(termbase)라고 부르기도 한다. 용어사전을 사용하여 현지화하면 같은 용어를 일관되게 번역할 수 있다. 이미 번역된 용어를 재사용할 수 있기 때문에 효율도 높아진다. 간단하게는 엑셀 파일을 사용하여 용어 목록을 관리할 수 있지만, 현지화할 때 재활용도를 높이려면 용어사전 전문 도구가 필요하다. 용어사전 도구를 자동화하면 이미 번역된 용어가 있는 경우 현지화해야 할 단어를 효과적으로 줄일 수 있다. 이는 비용 절감으로 이어진다.

용어를 업데이트하거나 추가하는 일은 기술을 이해하는 용어 전문가에게 맡기는 것이 좋다. 기술을 잘 이해하는 개발자와 용어 전문가가 함께 일을 하면 기술과 언어 규칙에 적합하게 용어를 현지화할 수 있다.

■ 번역메모리

번역메모리(translation memory)는 원본과 번역본의 문장을 병행 저장한 데이터베이스를 말한다. 보통 번역메모리에서는 단어 단위가 아닌 문장 단위를 취급한다. 현지화할 때 번역메모리가 동일한 문장을 발견하면 번역메모리에 저장된 번역본 문장을 자동으로 불러와서 사용한다.

번역메모리가 번역된 문장을 불러올 때 현지화하려는 문장과 100% 동일한 경우는 드물 것이다. 이때 활용되는 것이 퍼지매칭(fuzzy matching)이다. 퍼지매칭은 100% 동일하지 않아도 비슷한 문장이면 번역문을 불러 오는 기술이다. 사용자가 유사한 정도를 퍼센트로 설정하면 그 설정에 맞게 문장을 불러오는 것이다. 사용자는 불러온 문장을 보고 그 문장을 그대로 사용할지 결정할 수 있다. 소프트웨어보다는 번역해야 할 양이 방대한 문서 등에서 퍼지매칭을 사용하는 경우가 많다.

번역메모리를 사용하면 여러 가지 장점이 있다. 먼저 반복하여 같은 문장을 번역해야 하는 시간을 절약할 수 있다. 번역 전문가가 번역을 한다고 해도 긴 문장을 반복해서 번역해야 한다면 시간이 걸릴 것이다. 번역메모리가 자동으로 번역된 문장을 불러오면 이런 노력을 줄일 수 있다. 또한 용어사전이 용어를 일관되게 번역하여 현지화하게 해주는 것처럼 번역메모리는 같은 문장을 일관되게 번역하도록 해준다.

단점도 있다. 일치하는 문장이 있다고 해도 문맥이나 내용에 따라서 다르게 번역해야 하는 경우가 있는데, 이럴 때 번역메모리를 그대로 사용하면 부자연스럽게 번역될 수 있다. 물론 일치하는 문장이 있을 때 사용자는 그대로 쓸지 바꿔서 쓸지 결정할 수 있기 때문에 상황을 제어할 수 있다. 번역메모리에는 번역된 내용이 저장되어야 하기 때문에, 번역메모리 파일 용량이 매우 커져서 업데이트와 관리가 어려워질 수도 있다.

시중에는 다양한 번역메모리가 있는데 SDL Trados, Wordfast 등을 대표적인 예로 들 수 있다. 번역메모리의 파일 형식이 표준화되어야만 이런 시스템 간의 데이터 교환이 원활해진다. TMX(Translation Memory eXchange)는 번역메모리 데이터를 현지화 시스템 간에 교환할 수 있도록 만든 XML 사양이다. Trados를 포함한 많은 번역메모리 도구는 TMX 형식을 지원하고, memoQ, Okapi 등 여러 현지화 도구도 TMX 형식의 문서에 대한 다양한 작업을 지원한다.

■ 리소스 재활용

현지화할 분량은 기술 제품의 경우 단어 수를 사용하여 측정하는 경우가 많다. 현지화하는 언어가 많아질수록 효율적인 관리를 위해서라도 각 언어의 단어 수와 단어당 비용을 계산해야 한다. 다만 이런 방법은 상징이나 그림이 많이 들어간 마케팅이나 홍보물 등에는 부적합하다. 또한 그림이나 비디오도 단어 수를 계산하여 분량을 정하는 것은 적합하지 않다. 이런 경우는 단어 번역보다는 그 외에 작업이 많이 요구되기 때문에 시간으로 비용을 계산하는 게 적합하다.

소프트웨어나 문서를 현지화할 때 단어 수를 계산하고자 하면 다양한 현지화 시스템을 사용하여 자동으로 확인할 수 있다. 파일 형식이 txt나 doc인 경우 워드 같은 프로그램을 통해서 단어 수를 확인할 수 있지만 체계적인 현지화 프로세스를 위해서는 현지화 시스템을 통해 확인하는 것이 효율적이다.

단어 수를 계산할 때 중요한 부분은 이미 현지화된 용어나 문자열을 재활용 (recycle)하는 것이다. 같은 의미로 사용되는 단어나 문자열을 최대한 재활용하면 번역할 단어 수가 현저하게 낮아져 비용 절감이 되기 때문이다.

하지만 관련 없는 제품의 용어사전을 사용하면 엉뚱하게 번역될 가능성이 많기 때문에 관련된 제품이나 같은 제품의 이전 버전이 있으면 용어사전을 재활용하여 단어 수를 줄일 수 있다. 문서와 같이 긴 문장이 많은 경우는 번역메모리를 통해 재활용을 추구할 수 있다.

■ 스타일 지침서

제품을 현지화할 때는 한 명의 로컬라이저가 모든 리소스를 현지화하는 경우보다 여러 명이 각각 작업하는 경우가 일반적이다. 이런 경우 공통된 스타일을 적용하도록 도와주는 것이 스타일 지침서(style guide)이다.

스타일 지침서는 각 언어에 대한 다양한 정보 및 다음과 같은 질문에 대한 답을 포함한다.

· 제품 이름이나 브랜드를 기본 언어로 유지할 것인가, 현지화할 것인가?

· 문법, 대소문자, 구두점 사용법과 주의사항은?

· 문자열, 그림, 오디오 등 리소스에 사용할 언어톤은?

· UX/UI에서 주의해야 할 부분은?

· 문화적/지정학적 접근성에 필요한 사항은 무엇인가?

· 법적 고려사항이 있는가?

MS 사이트(http://bit.ly/1jEa4Xw)에서 다양한 언어의 스타일 지침서 샘플을 제공하므로 참고할 수 있다.

유형별 현지화 팁

현지화는 다양한 작업을 포함하며, 그 과정을 간단히 나열하면 다음과 같다.

1 문자열 외에 오디오나 그림 등 다른 리소스가 있으면 추가하기

2 용어사전과 번역메모리가 있으면 사용하여 번역하고 검토하기

3 기본적인 언어 검사기를 사용하여 언어 품질 점검하기

4 제품의 리소스(문서, 그림, 오디오 등) 간 용어와 스타일이 일치하는지 확인하기

5 파일 구문에 오류가 없는지 확인하기(특히 XML 기반의 파일)

6 컴파일할 수 있는 환경이라면 현지화된 파일이 제대로 컴파일되는지 확인하기

7 현지화된 UI 레이아웃과 디자인이 깨지지 않고 잘 표시되는지 검토하기

8 현지화한 후 리소스를 용어사전과 번역메모리에 업데이트하기

　문자열을 포함한 모든 리소스를 현지화할 필요가 없을 수도 있다. 비용이 소요되기 때문에 리소스가 어떤 시나리오에서 사용자에게 표시되는지 고려하고 우선순위를 정하여 결정하는 것이 좋다.

　실질적으로 현지화하는 과정에서 알아야 할 점과 팁을 대상 유형에 따라 정리해봤다.

■ __소프트웨어__

메뉴, 컨트롤, 툴팁 등 UI에 표시되는 리소스는 현지화해야 한다. 눈에 띄기 쉬운 UI는 사용자가 최종 사용자든, IT 관리자든, 개발자든 현지화하는 것을 권장한다. 현지화에서 우선순위가 높은 부분이다.

　대상이 최종 사용자인 경우는 오류 메시지도 현지화하길 권장한다. 이렇게 할 경우 현지화된 언어의 메시지가 영어 메시지보다 문제 해결 방법을 검색하기가 어렵다는 피드백을 받기도 하지만 IT 관리자나 개발자가 모두 영어를 이해할 거라고 가정하는 것은 위험한 일이다.

　명령 줄 인터페이스에서 명령어는 보통 현지화하지 않는다. 하지만 명령 줄 인터페이스에서 사용하는 명령어에 대한 '설명'은 현지화할 수 있다. UI보다는 우선순위가 낮지만 자세한 설명이나 도움말은 현지화하는 것이 사용자가 제품을 사용하는 데 도움이 된다.

　제품 코드의 주석은 현지화할 필요가 없지만, 사용자에게 코드 템플릿을

제공한다면 템플릿에 들어가는 주석은 현지화한다. 비주얼 스튜디오에서는 여러 개발 언어의 템플릿을 제공하는데 주석은 대부분 현지화되어 있어서 템플릿을 참조할 때 유용하다.

파일 속성은 현지화 우선순위가 높지는 않지만 사용자에게 표시될 수 있기 때문에 용어에 따라 현지화한다. 저작권 정보와 최종 사용자 라이선스는 꼭 현지화하여 제품 언어와 일치하게 해야 한다. 이런 법 관련 현지화는 법률팀이 맡아서 하도록 한다.

앱은 플랫폼마다 현지화해야 하는 프로세스가 다르고 요구사항이 조금씩 다를 수 있다. 공통적으로 중요한 것은 앱 이름과 앱스토어에 올릴 설명이다. 앱에 대한 설명은 물론 홍보용 문자열이나 그림 등 리소스도 현지화하여 마케팅에 활용하면 좋다. 샘플로 보여줄 스크린샷(캡처)을 포함하는 경우 스크린샷에는 현지화된 UI를 사용하는 것을 권장한다. 예를 들어 윈도우 스토어에 올라와 있는 Skype 앱의 설명은 다음과 같이 현지화되어 있다.

그림 7-1. 윈도우 스토어 Skype 앱 설명

또한 구글 플레이에 있는 엑셀 모바일 앱의 스크린샷을 보면 한국어로 현지화된 앱 UI 및 데이터 화면을 확인할 수 있다.

그림 7-2. 엑셀 모바일 앱 스크린샷

이외에도 추가 정보(게시자, 연령 등급, 설치, 지원되는 언어), 사용 조건, 서비스 계약 등 앱을 스토어에 올릴 때 필요한 정보도 현지화하는 것이 좋다. 그 밖에 소프트웨어의 각 요소를 현지화할 때 주의해야 할 점은 이 장 뒷부분에서 더 자세히 살펴보겠다.

■ 문서

소프트웨어에 필요한 문서는 다양한 종류가 있다. 몇 가지 간단한 카테고리로 분류해보면 법률 문서, 설명서, 다운로드 관련 문서, 제품 샘플, 마케팅 자료가 있다.

개인정보 취급 방침, 서비스 계약, 사용자 라이선스 협정 등의 법률 문서는 변호사가 현지화 프로세스를 관리한다. 변호사가 현지화 공급업체를 통해서 현지화한다고 해도 현지 변호사가 검토할 수 있다면 그렇게 하는 것이 좋다. 벌률 문서는 제품을 업데이트할 때마다 변호사가 문서를 업데이트하고 현지화해야 한다.

설명서는 제품의 알려진 문제와 해결 방법, 사용법, 제품 기술 가이드, 라이브러리나 API 정보 등을 포함한다. 이런 설명서는 다운로드 웹사이트, 패키지, 서비스 구입 사이트 등 여러 곳에 게시되어 있을 수 있다. 설명서에서 제품 사용 방법이나 문제 해결 방법은 꼭 현지화하는 것을 권장한다. 기본적으로 알아야 할 내용이기 때문이다. 보통 개발자나 기술자들을 대상으로 하는 라이브러리와 API 정보 및 기술 가이드는 최종 사용자 문서보다 좀 더 적은 언어로 현지화한다. 이런 문서는 기계번역을 적용하여 효율성을 높일 수 있다.

샘플은 주로 코드 샘플이나 앱을 말한다. 샘플에 관한 설명과 샘플이 어떤 의도로 사용될 수 있는지에 관한 내용은 현지화한다. 샘플 코드에 들어가는 주석도 현지화하기도 한다. 하지만 주석을 현지화하고 다시 패키징하는 것은 꽤 많은 노력이 드는 일이기 때문에 우선순위가 낮다.

마케팅 문서는 제품을 홍보하는 다양한 문구, 구입 방법, 평가판 사용 등 여러 정보를 포함한다. 마케팅 문서의 용어는 제품에서 사용하는 용어와 일치해야 한다. 마케팅 문서의 용어와 제품의 용어가 일치하지 않으면 마케팅 문서를 읽고 제품을 구입하는 사용자들에게 혼란을 줄 수 있기 때문이다. 또한 시선을 끄는 그림과 동영상 등을 포함하는 경우가 많기 때문에 현지화할 때 문화적인 요소를 특히 더 잘 반영해야 한다.

- **그림**

그림은 각 지역 특성에 따라 예민하게 받아들일 수도 있는 부분이다. 그림이 부여하는 의미가 지역의 문화에 따라 다르게 해석될 수 있기 때문이다. 기본 그림을 그대로 사용할 수 있는지 아니면 지역 문화에 맞게 현지화해야 하는지 검토하고 결정한다.

그림이 문자열이나 기호 등 현지화해야 하는 리소스를 포함하는 경우는 그림에서 리소스를 분리하여 리소스를 현지화하고 다시 그림에 삽입하는 방법이 있다. 따라서 그림을 만드는 디자이너와 미리 상의하여 현지화할 부분이 있으면 따로 분리해서 작업해야 한다. 5장 '문자열 처리 지침'에서 살펴본 것처럼 문자열과 이미 합쳐진 그림을 사후에 현지화하려고 하면 비용이 많이 들 수 있다.

▪ 멀티미디어

오디오를 현지화할 때는 먼저 기본 언어 음성을 텍스트 대본으로 생성하여 그 대본 문자열을 현지화한다. 그리고 현지화 언어를 구사하는 성우가 현지화한 대본을 읽으면서 녹음 작업을 하는 경우가 있다.

비디오를 현지화할 때는 오디오보다 절차가 좀 더 복잡하다. 자막이 들어가는 경우는 자막을 현지화하고 자막과 영상을 동기화한다. 영상에 표시되는 제품이 기본 언어로 되어 있다면 현지화한 제품을 넣어 다시 영상을 만들지 고민해봐야 한다. 만약 비디오 내용이 제품 사용법이라면 현지화된 제품으로 사용자들이 따라 할 수 있게 하는 게 더 효과적이다. 또한 자막만 현지화하고 영상을 현지화하지 않으면 자막 내용과 영상에 표시되는 제품 UI가 다르기 때문에 혼란스러울 것이다. 비디오에 들어가는 음성도 오디오와 같은 방식으로 현지화할 수 있다.

비디오나 오디오는 단순한 문자열을 현지화할 때보다 여러 작업이 추가되기 때문에 단어 수보다는 시간에 따라서 비용을 지불할 수 있다. 자막을 현지화할 때는 단어 수로 계산하기도 한다.

▪ 제품 패키지

요즘은 웹으로만 출시하는 제품이나 서비스가 많아지고 있지만 아직도 패키지로 배포하는 제품이 있다. 패키지는 소프트웨어 DVD를 포함하는 케이스를 말한다. 패키지 표면에는 제품명, 버전, 간단한 제품 소개 등을 담을 수 있다. 로고나 이미지도 포함한다.

패키지는 브랜드 이미지와 연결된다. 현지 사용자의 시선을 끌고 현지에 맞는 브랜드 이미지를 만들기 위해서는 그림과 문자열 외에 패키지 디자인도 현지화하는 것을 권장한다. 대상 지역에 따라 색깔을 다르게 할 수 있고, 포장 방식을 다르게 할 수도 있다. 현지 제품 느낌을 주는 동시에 글로벌 제품 이미지도 인식시킬 수 있다면 기업의 글로벌 이미지를 유지하는 데 도움이 될 것이다.

▪ 브랜드

브랜드를 현지화할 때 기본 언어 브랜드를 그대로 사용해도 의미가 전달된다면 그대로 사용하는 것이 좋다. 의미 전달이 올바르게 되지 않으면 현지 문화에 맞게 바꾸기도 한다. 이때 파생어를 생각해볼 수 있는데, 예를 들어 한국인에게 익숙한 Think는 영어로 두고 단어가 길어지는 Thinking은 현지화를 하는 것이다. 브랜드는 현지 언어 문자를 사용할 때도 본래 발음을 유지하는 경우가 많다. 예를 들어 Oracle을 오라클, Office를 오피스라고 지칭하는 식이다.

브랜드는 현지화할 때마다 다른 규칙을 정하기보다는 일관된 규칙을 정해서 적용해야 나중에 많은 브랜드를 현지화할 때 혼란을 줄일 수 있다.

현지화 품질관리

현지화에서 핵심이 되는 언어 품질을 관리하려면 먼저 지표가 있어야 한다. 하지만 언어 품질은 주관적인 부분이 있기 때문에 지표를 만드는 데 어려운 면이 있다. 어떤 사용자는 용어 A를 선호하는데 다른 사용자는 같은 의미를 가졌어도 용어 B를 선호할 수 있는 것이다. 또한 같은 지표를 모든 언어에 적용할지 아니면 각 언어당 품질 지표와 기준을 다르게 할지 등 고려할 사항이 많다.

■ 언어 품질 측정 기준

언어 품질을 측정하고 개선하는 일은 절대적 정답을 찾기 어렵다. 하지만 많은 리서치와 경험을 통해 표준처럼 쓰이는 기준을 적용해볼 수는 있다.

1 **명료성:** 번역된 문자열을 로컬라이저가 의도한 대로 이해할 수 있는가? 로컬라이저가 명확한 의미를 전달하도록 제품을 번역했다면 사용자가 올바르게 이해할 수 있을 것이다. 문자열을 의도한 대로 이해하는 데 얼마만큼의 노력이 필요한지 확인해야 한다. 문자열이 너무 길거나, 문맥이 너무 어렵다면 명료성이 떨어지는 것이다.

2 **유창함:** 모국어로 쓴 듯 문자열의 흐름이 자연스러운가? 로컬라이저가 모국어로 번역했다면 특정 문화에서 사용하는 단어나 어구를 자연스럽게 사용할 것이다. 즉 단어 그대로 번역하는 것이 아니라 의미와 문맥에 맞게 번역하는 것이 중요하다.

3 **적합성:** 대상에 맞는 문법, 톤, 형식으로 문자열이 번역되었나? 대상의 연령, 직업 등에 따라 문자열의 톤을 알맞게 정해야 한다. 일반적으로 소셜 네트워크 제품은 친근한 문장 톤과 개인적인 느낌이 나는 톤을 적용하는 시도를 할 수 있다. 예를 들어 '하십시오' 대신 '하세요'를 사용하면 더 친근한 느낌이 든다. 또 수동적인 톤보다 능동적인 톤을 사용하면 적극적인 느낌이 든다. 예를 들어 '이메일이 전송되었습니다'보다는 '이메일을 전송하였습니다'가 능동적이다. 이렇듯 제품의 특성과 전달하려는 의미에 따라서 다양한 톤을 적용할 수 있다. 문장 톤은 제품의 이미지라고

할 수 있고, 사용자에게 어떤 이미지를 심어주고 싶은지를 고려해야 한다.

4 **정확성:** 소스 언어의 내용을 불필요하게 생략하거나 첨부하지 않고 정확하게 전달했는가? 문장이 불완전하거나 누락된 문자열이 있는가? 숫자나 기호 등 현지화하지 않고 그대로 사용해야 하는 부분은 그대로 사용했는가? 현지화할 때 내용을 정확하게 전달하는 것은 신뢰를 쌓기 위한 기본이다. 다국어 사용자가 기본 언어 제품과 현지화된 제품의 내용이 다른 것을 보면 혼란스러울 것이다.

5 **일관성:** 여러 로컬라이저가 번역하는 경우 내용과 스타일이 일관성이 있는가? 제품의 범위가 크고 스케줄이 긴박할수록 한 명의 로컬라이저가 번역하기는 어렵다. 여러 로컬라이저가 동시에 서로 다른 파일을 번역할 때 문장 톤이나 단어 사용법이 다를 수 있기 때문에 주의해야 한다.

제품의 대상이 누구인지(최종 사용자, 개발자, 지식 노동자 등), 어떤 성격을 띠는지에 따라서 각 기준의 무게가 달라진다. 예를 들어 십대들이 사용하는 소셜 네트워크 앱이라면 일관성과 명료성보다 적합성과 유창함에 무게를 두어야 할 것이다. 만약 정부가 사용하는 보안 관련 프로그램이라면 명료성과 일관성이 매우 중요할 것이다

■ 용어 품질

용어를 정의할 때는 콘텐츠 창작자나 개발자가 용어의 의미와 적합한 문맥을 정리하여 로컬라이저가 명확하게 이해할 수 있게 해야 한다. 직역하지 않고 문맥을 이해하고 번역해야 결과물이 자연스럽다.

이는 제품에 대한 지식을 전제하므로, 용어를 바르게 이해하는 것이 중요하다. 따라서 사용자 커뮤니티에서 용어를 올바르게 사용하고 있는지 확인하는 작업이 필요하다. 새로운 기술이 나오면 용어가 바뀌기도 하고, 사용되던 용어가 사장되기도 한다. 사용자 커뮤니티 포럼이나 블로그 등을 모니터링하고, 리서치를 통해 용어가 변하면 빠르게 제품에 반영한다.

제품이나 기능 이름도 용어로 취급하는 게 관리하기가 좋다. 이름은 제품 이미지를 좌우할 수 있기 때문에 기본 언어대로 유지할지 현지화할지 고민해야 한다. 만약 사용자 커뮤니티에서 많이 사용하는 현지화 용어가 있다면 그 용어를 그대로 사용하는 것도 고려해본다.

한 제품의 여러 파일에 용어가 위치하면 일관되게 현지화해야 혼란을 줄일 수 있다. 그리고 제품이 실행되는 운영체제나 플랫폼에서도 같은 용어가 있으면 일관되게 현지화한다. 그럴 일은 없겠지만, 만약 File이라는 용어를 윈도우에서는 '파일'로 현지화하고 엑셀에서는 다른 용어로 현지화한다면 큰 혼란이 일어날 것이다.

■ 화면 캡처

기본 언어 제품을 캡처하여 로컬라이저가 현지화할 때 참조할 수 있게 하면 품질을 높이는 데 도움이 된다. 문자열이나 다른 리소스가 제품에서 실제로 어떻게 표시될지 보면 제품 기능을 이해하는 데 도움이 되기 때문이다. 화면 캡처와 비교하여 현지화된 UI를 검토해보면 어색한 번역이나 맞지 않는 용어를 쉽게 발견할 수 있다.

일반적으로 현지화 가능한 리소스가 모두 현지화되었을 때 한 번만 캡처하여 검토하는 편이다. 하지만 모든 리소스가 현지화된 다음에는 제품 출시일이 가까워 현지화 버그를 발견해도 수정할 일정이 촉박할 수도 있다. 따라서 버그를 고칠 시간을 확보하기 위해 제품 전체가 현지화되지 않았어도 현지화된 리소스를 포함하는 UI를 캡처하여 검토할 수도 있다.

현지화 제품을 캡처할 때는 설정을 기본 언어 제품을 캡처했을 때 사용한 설정(화면 해상도, 버전 등)과 동일하게 해야 비교하기 수월하다.

▪ 품질 검토 체크리스트

현지화 품질이 좋은지 나쁜지 검토하는 방법은 여러 가지가 있다. 리소스를 파일에 있는 상태로 검토할 수도 있지만, 제품에서 어떻게 사용되는지 볼 수 없기 때문에 효과적으로 검토하기는 어렵다. 직접 제품을 사용하면서 검토하는 방법이 효과적이다.

좀 더 정확한 테스트를 위하여 사용자에게 직접 A/B 테스트(A/B testing)를 실시해 검증하는 방법도 있다. A/B 테스트는 동일한 제품의 UX를 바꿔서 A와 B로 나누어 각각 서로 다른 사용자 그룹에게 보여주고 사용자 반응을 보는 기법이다. 이를 현지화에 적용해보면, A 제품과 B 제품이 각각 다르게 현지화된 리소스를 포함하도록 하여 더 좋은 반응을 이끌어내는 UX를 선택하여 품질을 검토해볼 수 있다.

많은 로컬라이저가 필요한 경우 비용이나 고용 가능성 측면에서 모든 로컬라이저가 경험이 많은 전문가이기는 어렵다. 따라서 로컬라이저가 현지화한 내용을 다른 전문가가 검토함으로써 오류를 줄일 수 있다. 기술 제품을 현지화한 로컬라이저가 기술 지식이 부족할 가능성이 있으므로 기술을 잘 알고 현지화 언어를 잘 구사하는 기술 전문가에게 검토를 맡기는 것이다.

품질 검토를 할때는 제품에 맞게 잘 번역되었는지 확인하기 위해 다음과 같은 체크리스트를 활용할 수 있다.

• 기호나 악센트 등 복잡한 문자가 깨지지 않고 잘 보이는가?

로컬라이저가 언어의 기본 폰트를 사용하지 않았거나 파일을 유니코드가 아닌 다른 인코딩으로 저장했을 경우 제품에서 문자가 깨져서 보일 수 있다. 또한 대상 언어 제품에서 다른 언어가 잘못 섞여 있지 않아야 한다.

- 언어 규칙에 맞게 문자열의 줄 바꿈이 제대로 이루어졌는가?

  예를 들어, 텍스트 컨트롤 크기가 작아서 '커넥트올 출시'라는 마케팅 문구를 '커넥트올 출', '시' 식으로 두 줄에 나눠서 보여준다면 제품 이미지에 부정적으로 작용할 것이다.

- 시나리오상 연결된 UI에서 같은 리소스가 사용되는 경우 균일하게 현지화했는가?

  예를 들어 설정 대화창에서 '로그인'이라는 용어를 사용했으면 실제 로그인 UI에서도 똑같이 '로그인'이라는 용어를 사용한다. 이렇게 균일하게 현지화하면 같은 요소임을 쉽게 알 수 있다.

- UI 요소와 리소스가 잘리거나 깨지지 않고 올바르게 보이는가?

  리소스가 잘리거나 겹쳐서 읽을 수 없다면 심미적 측면뿐만 아니라 기능도 문제가 될 수 있다. 예를 들어 두 개의 버튼 컨트롤이 겹쳐지면 하나는 클릭이 안 될 수도 있다. 모든 UI 요소가 문자열보다 너무 길거나 너무 짧지 않고 레이아웃에 잘 맞는지 확인해야 한다. 또한 탭이나 메뉴의 순서가 현지화 제품에서도 기본 언어 제품의 순서와 동일한지 확인한다.

- 문자열이 런타임 시 조합되는 경우 문법에 맞는 문장으로 만들어지는가?

  이는 5장 '문자열 처리 지침'에서 자세히 살펴본 바 있다. 같은 맥락에서 변수 값이 들어간 리소스가 제품에서 올바른 문자열로 표시되는지, 실수로 누락된 문자열은 없는지 등도 확인 대상이다.

소프트웨어 요소별 현지화 주의사항

지금까지 현지화와 관련된 프로세스와 작업 방법 및 지침에 대해 살펴봤다. 여기에서는 특히 소프트웨어 제품의 요소를 현지화할 때 주의할 점에 대해 요소별로 좀 더 자세히 살펴보겠다.

▪ 문자열

문자열이 큰따옴표 안에 있으면 그 안에 따옴표를 중첩해서 사용하는 것을 피해야 한다. 문자열이 끝나는 것으로 잘못 인식할 수 있기 때문이다. 또한 따옴표 쌍에서 하나만 지워서 불완전한 따옴표가 되지 않도록 한다.

기본 언어에서 약어를 사용하는 경우에는 어떤 의미인지 확인하여 약어의 원래 의미를 살린 문자열로 현지화한다.

▪ 컨트롤과 레이아웃

기본 언어 UI에 자동 레이아웃이 설정되어 있으면 현지화 UI에서는 레이아웃을 수동으로 바꾸지 말아야 한다. 또한 여러 컨트롤이 서로 가깝게 배치되어 있으면 문자열이 길어지는 경우 겹칠 수 있으므로 컨트롤 위치가 문자열에 따라서 자동 조정되도록 설정해야 한다.

▪ 단수와 복수

많은 언어에서는 단수와 복수를 엄격하게 구별한다. 한국어로는 '여러 컴퓨터'

라고만 표현해도 복수인 것을 알 수 있지만 영어에서는 many computers, 즉 computer 뒤에 s를 꼭 붙여줘야 한다. 그나마 영어는 러시아어에 비하면 간단한 편이다. 러시아어는 여섯 가지 격에 따라서 규칙이 다르다. 이런 규칙을 적용하면 변형이 정말 많아진다. CLDR에서 언어의 단수와 복수 규칙에 대한 정보를 참고할 수 있다(http://bit.ly/1SkMvpW).

런타임에 리소스가 조합되는 경우에는 단수가 될지 복수가 될지 문자열을 번역하는 시점에서는 알 수가 없다. 예를 들어 "%d computers are rebooted."라는 리소스가 있다고 하자. 그런데 런타임 시 컴퓨터 한 대만 재부팅된다면 "1 computers are rebooted."라는 문법적으로 틀린 문장이 될 것이다. 그렇다고 "%d computer(s) is(are) rebooted."라는 식으로 만들면 지저분할 뿐 아니라 여러 언어로 현지화할 때 더 많은 노력이 들어가게 된다.

이런 문제를 해결하기 위한 여러 노력이 있었다. ICU에서는 `MessageFormat`을 사용하여 복수, 단수에 따라서 사용할 패턴 문자열을 선택하도록 지정할 수 있다. iOS 플랫폼에서는 언어마다 복수 규칙을 따로 저장해놓은 .stringsdict 파일을 사용한다. 이 파일은 키와 값을 포함하는 사전이라고 할 수 있으며, 단수 및 복수 수량에 맞춰(예를 들어 0개, 1개, 2개, 그 이상) 현지화한 문자열이 들어 있다.

■ 현지화 형식 사용하기

직함, 우편번호, 전화번호 등 개인정보는 국제화 단계에서 제대로 구현한 다음, 현지화 시 각 나라에 맞게 형식을 지정할 수 있다. 예를 들어 소스 파일에서 휴대폰 번호가 미국 형식(xxx–xxx–xxxx)으로 되어 있으면 현지화할 때 한국 형식(xxx–xxxx–xxxx)으로 바꿔야 할 것이다.

리소스에 URL이나 파일 경로가 포함된 경우 현지 언어로 된 파일을 가리키는 다른 경로가 있을 수 있기 때문에 확인한 후에 알맞은 경로를 사용한다.

▪ 이스케이프 문자

문자열에서 이스케이프 문자(escape character)란 원래 의미로 사용되는 대신 특정 명령이나 기능을 실행하는 역할을 하는 특수한 문자를 뜻한다. 보통 백슬래시와 한 개의 문자를 결합한다. 예를 들어 \t는 탭, 그리고 \n은 줄 바꿈(개행문자)을 의미한다. 그리고 \uxxxx는 유니코드 문자로서 xxxx에 코드 포인트를 넣어주면 된다. 예를 들어 \u0053은 대문자 S를 의미한다.

그렇다면 이스케이프 문자가 포함된 문자열 리소스, 예를 들어 "Seoul, Korea\t\n Washington D.C, U.S.A \t\n Paris, France" 같은 문자열은 어떻게 현지화해야 할까?

이스케이프 문자는 그대로 사용하되 언어에 맞는 문법대로 단어 위치는 옮겨 현지화해야 한다. 만약 현지화 언어에서 사용하지 않는 이스케이프 문자가 있다면 현지화 언어에서는 사용하지 않도록 한다.

이스케이프 문자를 마음대로 바꿔서는 안 된다. 예를 들어 \t대신 t를 사용하면 완전한 이스케이프 문자가 아니다. 기본 언어에서 이스케이프 문자 주위에 스페이스(space)가 있다면 현지화 언어에서도 그대로 유지한다.

▪ 단축키

접근성을 위해 제공되는 기능인 단축키(shortcut)는 현지화할 때 버그가 많이 생기는 부분이다. 단축키란 예를 들어 워드에서 문서를 저장할 때 Alt 키를 누르고 F를 눌러 '파일' 메뉴에 접근한 다음 다시 S를 눌러 저장하는 것을 뜻한다. 플랫폼에 따라 이런 기능을 다른 이름으로 부르는 경우도 있지만 여기에서는 개념을 이해하기 위해서 단축키라고 하겠다.

예를 들어 다음 그림의 경우 Alt를 누르고 D를 눌러 DEBUG 메뉴에 접근하고 다시 f를 누르면 Performance and Diagnostics 메뉴를 선택할 수 있다. 해당 메뉴 옆에 'Alt+F2'라고 표시된 것은 '가속키'로서 이어서 살펴볼 것이다.

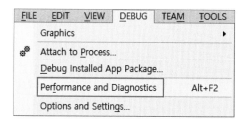

그림 7-3. 단축키와 가속키

단축키는 각 다이얼로그(대화창)나 메뉴에 한해서 중복되지 않게 사용해야 한다. 각 단축키는 현재 활성화된 다이얼로그나 메뉴에서만 작동해야 한다. 기본 언어에서 단축키를 포함하는 경우는 현지화에서도 그 단축키를 포함하도록 한다.

단축키에 많이 사용되는 기호는 &이다. 따라서 이 문자를 문자열에 사용하는 것은 피하는 것이 좋다. 예를 들어 리소스 파일의 "&FILE"이라는 문자열은 메뉴에서는 FILE이라고 표시된다. 이런 경우 Alt 키(혹은 다른 특수키)를 누르고 F를 누르면 해당 메뉴가 선택되는 식이다. 알파벳이 메뉴에 포함되지 않는 한국어에서는 동일한 단축키 F를 사용하되 **"파일(F)"** 식으로 현지화할 수 있다.

유럽 언어에서 많이 사용되는 악센트 문자를 단축키로 넣는 건 피해야 한다. 키보드가 악센트 문자를 다룰 수 없는 경우가 있기 때문이다.

▪ 가속키

가속키(accelerator)란 단축키와 유사하지만 다른 개념이다. 앞에서 언급했듯 문서 저장을 예로 들면, Ctrl 키를 누른 상태에서 S 키를 누를 수도 있다. 이것이 가속키이며, 가속키는 여러 메뉴에 포함될 수 있다. 바로 앞의 그림에서 DEBUG 메뉴의 Performance and Diagnostics 메뉴 옆에 표시된 'Alt+F2'도 가속키의 예다.

단축키는 메뉴와 다이얼로그 범위에 적용되는 것에 비해 가속키는 애플리케이션 전체 범위에 적용된다. 따라서 하나의 가속키를 여러 명령에 사용하면 안 된다.

가속키는 보통 Ctrl, Alt, Shift 등의 키와 알파벳과 숫자를 조합해서 사용하기 때문에 현지화하지 않고 그대로 사용한다. 하지만 기본 언어에서 알파벳을 사용한 경우 알파벳을 사용하지 않는 언어로 현지화할 때 현지 언어 문자를 사용해야 할지 고려해야 한다. 만약 현지화 시 가속키를 바꿀 일이 있다면 중복되지 않도록 주의해야 한다.

현지화하지 않는 요소

보통 모든 리소스를 현지화하지는 않는다. 리소스의 용도에 따라서 현지화하지 말아야 하는 경우가 있다. 이런 경우 잘못 현지화를 하면 기능이 작동하지 않을 수 있다. 리소스에는 단순한 문자열뿐만 아니라 다양한 기호와 특수문자가 사용될 수 있으며, 특히 브랜드 이름 등 특별하게 다뤄야 할 문자열도 포함될 수 있기 때문이다.

예를 들어 버전 정보는 숫자로 나타내는 경우가 많고, 그대로 두는 것이 좋다. 파일 이름과 프로토콜 등도 마찬가지다. 코드에 들어가는 함수 이름과 변수 이름도 현지화하지 않는다. 프로그램이 제대로 작동하지 않을 가능성이 있기 때문이다.

프로그램 기능에 사용되는 변수, 함수 이름, 레지스트리 값 등은 보통 현지화하지 않는다. 예를 들어 **HKEY_CURRENT_USER\Software\TestApp** 같은 레지스트리 값은 현지화하지 않는다.

모든 문자가 대문자인 문자열(예: OPEN)은 명령어일 수 있기 때문에 현지화하지 않아야 할 때가 있다. 또한 캐멀케이스(예: newFileName)[1]로 된 문자열 역시 하나의 식별자로 사용되는 것일 수 있으므로 꼭 현지화해야 하는 게 아니면 그대로 둔다.

밑줄로 합쳐진 합성어(예: create_file)[2] 역시 하나의 식별자로 사용될 수 있으므로 현지화하지 않는 게 나을 수 있다. 식별자가 아니라면 어떻게 사용되는지에 따라서 현지화할 수도 있는데, 이때 언어 문법에 따라서 단어 순서가 영어와 다를 수 있으므로 이에 유의해야 한다.

템플릿이 아닌 경우 제품 코드에 포함된 주석은 로컬라이저나 개발자가 참조하는 내용이기 때문에 보통 현지화하지 않는다. HTML과 XML 같은 마크업 언어의 태그 역시 현지화하지 않는다.

현지화 후 파일 확인

파일을 현지화했으면 여러 작업이 필요하다. 먼저 파일을 컴파일(또는 빌드)하기 전

---

1   camelCase. 여러 단어를 합쳐 한 단어를 만들 때 띄어쓰기 대신 대문자를 사용하여 각 단어를 구분하는 표기법이다. 대소문자가 섞여 있어서 낙타 등처럼 보인다고 해서 이름이 붙었다.

2   스네이크 케이스(snake_case)라고도 한다.

에 파일의 인코딩을 확인한다. 특별한 이유가 있지 않은 이상 유니코드 인코딩을 사용하는 것을 권장한다. 만약에 인코딩이 잘못되어 있으면 제품에서 문자열이 깨져서 보일 수 있다.

또한 현지화된 파일에 문화적, 지정학적, 정치적으로 잘못된 단어와 구문이 사용되었는지 확인해야 한다. 이 작업은 눈으로 모든 내용을 검토하기보다 각 나라와 언어별로 민감한 단어와 구문을 목록으로 만들어서 자동으로 검사하는 것이 좋다. 현지화 공급업체에서 보통 이런 서비스를 제공하기도 한다.

그리고 XLIFF와 같이 XML 기반의 파일 형식을 사용한 경우 XML 스키마에 오류가 없는지도 확인해야 한다. 태그가 빠져 있거나 괄호 안에 요소가 빠져 있는지 등을 확인한다.

문서를 현지화했을 경우, 일부 현지화 공급업체들은 DTP(desktop publishing) 프로그램을 사용하여 현지화된 내용으로 문서를 만들어 인쇄 시 결과물을 확인할 수 있게 해주기도 한다. 레이아웃이나 글자 크기, 그림 등이 기본 언어 문서와 비교해서 올바르게 보이는지 미리 확인할 수 있다. 주로 설명서 같은 문서에 사용된다.

소프트웨어의 경우 직접 실행하여 UI 레이아웃과 리소스가 잘 표시되는지 테스트하는 것도 중요하다. 특히 모바일 앱은 기기마다 UI가 다르게 표시될 수 있기 때문에 하나의 기기에서만 테스트하는 것보다 여러 기기나 에뮬레이터에서 테스트하길 권장한다.

- 현지화 엔지니어링은 리소스 파일에 주석을 달고, 생성된 파일을 검증하여 로컬라이저에게 보내는 일 등을 포함한다. 현지화 파일은 업계에서 널리 사용되는 XLIFF 표준을 사용하도록 한다.

- 현지화 번역 작업은 용어, 용어사전, 번역메모리 등이 포함된 현지화 시스템을 이용해 이루어진다. 소프트웨어, 멀티미디어, 그림 등 유형별 현지화 팁에 대해서도 살펴봤다.

- 현지화 시스템을 통해 단어 수를 자동으로 확인하고, 리소스를 재활용한다. 그리고 스타일 지침서를 사용하여 번역 언어의 톤이나 구두법 등을 올바르게 사용한다.

- 현지화 품질관리는 품질 측정 기준을 세워서 관리한다. 품질을 높이기 위해서는 화면 캡처 A/B 테스트 등 다양한 기법을 사용한다.

- 현지화하지 말아야 할 리소스도 있다. 버전 정보, 파일 이름, 코드에 포함되는 함수 이름, 주석 등은 현지화하면 기능적으로 문제가 생길 수 있고 UI에 보이지 않는 경우가 많기 때문에 현지화하지 않는 편이다.

- 특히 소프트웨어의 문자열, 컨트롤, 레이아웃 등을 현지화할 때 주의해야 할 점들을 살펴봤다. 각 요소의 특성을 이해해야 적합한 방식으로 현지화할 수 있다.

CHAPTER **8**

국제화 및 현지화 실습

3~7장까지 살펴본 국제화 및 현지화 내용을
간단한 예제로 직접 따라 해보며 감을 잡을 수 있도록 실습을 준비했다.
웹브라우저와 비주얼 스튜디오 커뮤니티 버전만 있으면
누구나 따라 해볼 수 있다.

국제화 및 현지화 실습 준비

지금까지 세계화, 국제화, 현지화의 전체적인 내용을 살펴보았다. 제품의 특성에 따라 국제화 및 현지화해야 할 부분이 달라질 수 있다. 국제화는 어떤 개발 언어로 구현하는지, 또는 어떤 라이브러리를 사용하는지 등에 따라서 구현하는 방법이 달라진다. 현지화 역시 사용하는 리소스 파일 유형이나 현지화 시스템에 따라 다양한 방법으로 이루어진다.

이번 장에서는 간단한 실습을 통해 프로그램을 국제화하고 현지화하는 작업 흐름을 좀 더 구체적으로 살펴보겠다. 국제화는 크롬에서 자바스크립트를 사용하고 현지화는 윈도우 10에서 비주얼 스튜디오 커뮤니티 버전(무료)과 C#을 사용하여 실습을 하겠다. 개발 언어를 설명하는 것이 목적이 아니므로, 어려운 코드는 사용하지 않고 국제화와 현지화의 기본 개념을 이해할 수 있을 정도의 간단한 예제만 사용하겠다. 개발에 대한 기초 지식과 경험이 있으면 쉽게 이해할 수 있을 것이다.

개발자가 아니더라도 직접 실습을 해보면 국제화와 현지화의 차이점을 이해하고 나아가 다른 사람에게 설명할 때 도움이 될 것이다. 필자의 경우 회사에서 개발자들에게 국제화와 현지화를 이해시킬 때 어려운 부분이 바로 두 개념의 차이점을 구분하여 설명하는 일이었다. 여기서 살펴볼 예제가 그런 상황에서 도움이 될 수 있을 것이다.

국제화 실습

먼저 자바스크립트로 로케일을 바꿔가면서 그에 따라 여러 데이터 형식이 어떻게 달라지는지 확인해보자. 자바스크립트는 빠르게 성장하는 개발 언어 중 하나이며, 네이티브하게 국제화 기능을 사용할 수 있고 많은 오픈소스 라이브러리를 갖춘 언어다. 그림이나 코드 출력은 필자의 환경인 크롬 기준이지만 다른 환경에서도 큰 차이 없이 따라 할 수 있다.

간단하게 실습을 따라 하기 위해서는 브라우저에서 제공하는 콘솔을 사용하면 된다. 브라우저별로 메뉴가 다른데, 개발자 도구 가속키를 사용하면 편리하다. 인터넷 익스플로러 및 엣지는 F12이고, 크롬은 Ctrl + Shift + J, 파이어폭스는 Ctrl + Shift + K다. 상단의 콘솔 탭이 선택되어 있지 않다면 '콘솔' 또는 'Console' 탭을 선택한다.

그림 8-1. 크롬 콘솔 화면

여기에서는 ECMAScript Internationalization API를 사용해 국제화 기능을 실습해볼 것이다. 앞서 살펴본 ECMAScript Internationalization API는 별도의 라이브러리를 설치할 필요 없이 자바스크립트에서 바로 사용할 수 있으며, 4장에서 살펴본 것처럼 en-US, ko-KR 등의 BCP 47 언어 태그를 로케일 형식으로 사용한다.

■ 날짜 형식 바꾸기

날짜는 국제화의 기본적인 형식 중 하나다. 사용자가 지정하는 특정 작업의 시작, 끝 등도 날짜를 사용하여 처리한다. 겉으로는 제품 UI에 날짜를 보여주지 않더라도 내부적으로 날짜 정보를 가지고 작업하는 경우가 있을 수 있다.

자바스크립트에서는 날짜를 지정할 때 Date 객체를 사용한다. 7개의 숫자인 년, 월, 일, 시, 분, 초, 밀리초를 지정할 수 있다. 주의할 점은 월이 0부터 시작한다는 점이다. 콘솔에 다음과 같이 입력해보자.

```
>> var date = new Date(2016, 2, 14, 6, 12, 30);
<< undefined
```

undefined라는 결과는 실습과는 무관한 내용이므로 넘어가도록 하자. 이렇게 생성한 객체를 Intl.DateTimeFormat 생성자를 이용해 언어에 맞는 날짜와 시간 형식으로 보여줄 수 있다. 예를 들어 날짜에 en-US(미국 영어) 로케일 형식을 사용하면, 다음과 같이 결과가 미국에서 쓰는 날짜 형식인 **2/14/2016**으로 표현된다.

```
>> new Intl.DateTimeFormat('en-US').format(date);
<< "2/14/2016"
```

위 코드에서 로케일만 en-GB(영국 영어)로 바꾸면 결과는 영국 날짜 형식인 **"14/02/2016"**가 나올 것이다. 영국은 미국과 다르게 일이 월보다 먼저 나온다. 마찬가지로 ko-KR(한국 한국어) 로케일로 바꾸면 우리가 사용하는 형식대로 **"2016. 2. 14"**가 나올 것이다.

로케일과 함께 options 객체를 매개변수로 추가하면 기본 로케일 형식 표현을 바꿀 수도 있다. 예를 들어 options 객체의 year 속성을 'numeric'으로 지정하면 연도를 숫자로 표현한다. options 객체의 속성에 대한 자세한 설명은 MDN 문서(http://mzl.la/1TepFRT) 등을 참고하기 바란다. 다음 코드는 몇 가지 속성을 바꾼 예제다. 출력 중 **Korean Standard Time**은 시간대로서 각자의 환경에 따라 다르게 출력될 것이다.

```
>> var date = new Date(2016, 1, 14, 6, 12, 30);
>> var options = { year: 'numeric', month: 'long', day: 'numeric',
hour: 'numeric', minute: 'numeric', second: 'numeric', weekday: 'long',
timeZoneName: 'long' };
>> new Intl.DateTimeFormat('en-US', options).format(date);
<< "Sunday,February 14,2016 6:12:30 AM Korean Standard Time"
```

위 코드를 zh-Hans-CN(중국 간체 중국어) 로케일로 설정하면 결과는 "2016年 2月14日星期日 北美太平洋标准时间上午6:12:30"처럼 나올 것이다. 이런 식으로 원하는 로케일이나 **options**의 속성을 바꿔가며 원하는 형식을 확인해볼 수 있다.

참고로 클라이언트 환경에서 해당 로케일 데이터 형식을 지원하지 않는 경우에 대비해 로케일 문자열들의 배열을 매개변수로 넘겨 대체 로케일을 지정할 수도 있다. 예를 들어 **['az-Latn-SA', 'ko-KR']**와 같이 배열을 매개변수로 넘기면 az-Latn-SA 로케일 데이터 형식이 없는 경우 ko-KR을 사용한다. 이는 이후 다루는 메서드들 대부분도 마찬가지다.

■ **숫자 형식 바꾸기**

Intl.NumberFormat은 언어에 맞는 숫자 형식을 보여준다. 다음은 de-DE(독일 독일어) 로케일을 사용하여 숫자 1234.56을 나타내는 코드다.

```
>> var number = 1234.56;
>> new Intl.NumberFormat('de-DE').format(number);
<< "1.234,56"
```

결과를 보면 마침표와 쉼표가 바뀐 것처럼 보이지만, 4장 '로케일 활용하기'에서 살펴봤듯 독일에서는 숫자의 천 단위 구분 기호로 쉼표 대신 마침표를 사용하고 소수점 기호로 쉼표를 사용한다. 만약 이 코드에서 로케일을 ja-JP(일본 일본어) 또는 ko-KR(한국 한국어) 등으로 바꾸면 결과는 "1,234.56"이 나온다.

▪ 화폐단위 형식 바꾸기

로케일에 맞는 화폐단위를 사용하고 싶다면 날짜 형식 바꿀 때와 마찬가지로 options 객체를 매개변수로 추가하면 된다. 예를 들어 미국 화폐로 바꾸고 싶다면 options에서 style 키를 'currency'로, currency 키는 'USD'로 지정한다. 화폐 기호는 4장 '로케일 활용하기'에서 살펴본 ISO 4217 코드를 사용한다.

```
>> var options = { style: 'currency', currency: 'USD' };
>> new Intl.NumberFormat('en-US', options).format(number);
<< "$1,234.56"
```

또한 currencyDisplay 키를 기본값인 'symbol' 대신 'name'으로 바꾸면 화폐단위의 기호 대신 명칭을 출력할 수도 있다.

```
>> var options = { style: 'currency', currency: 'USD', currencyDisplay:
'name' };
>> new Intl.NumberFormat('en-US', options).format(number);
<< "1234.56 US dollars"
```

▪ 문자열 비교

4장 '로케일 활용하기'에서 문자열을 비교하고 정렬하는 규칙에 대해 살펴봤다. 언어와 지역에 따라 기준이 다르다면 어떤 문자열이 순서상 먼저인지를 판별하는 비교 작업이 필요하다. 이때는 로케일을 사용하여 대상 언어의 정렬 규칙에 따라 문자열을 비교해야 한다.

자바스크립트의 localeCompare() 메서드는 로케일 정보를 사용하여 두 문자열의 정렬 순서를 비교한 결과를 보여준다. 메서드 사용법은 다음과 같다.

```
referenceStr.localeCompare(compareStr[, locales[, options]])
```

언어의 정렬 순서상 referenceStr이 compareStr보다 먼저 오면 음수를, 반대의 경우는 양수를 리턴한다. 만약 두 문자열이 같으면 0을 리턴한다. 브라우저마다 리턴하는 숫자가 −2, −1, 0, 1, 2 등으로 다를 수 있으므로 값이 아니라 부호를 확인해야 한다.

예를 들어 스웨덴어로 사과는 äpple, 바나나는 banan이라고 한다. 만약 이 두 단어를 독일어 규칙에 따라 비교하면 어떻게 될까? 앞에서 살펴본 것처럼 독일어에서는 ä가 알파벳 a 다음에 오므로 b보다 앞에 온다. 즉 음수를 리턴한다.

```
>> 'äpple'.localeCompare('banan', 'de');
<< -1
```

스웨덴어로 이 단어들을 비교해보면, 스웨덴어에서는 ä가 알파벳 z 다음에 오므로 양수가 리턴된다.

```
>> 'äpple'.localeCompare('banan', 'sv');
<< 1
```

Int.Collator 객체의 compare 속성을 이용하는 방법도 있다. 이 속성은 로케일을 지정해 객체를 생성한 다음 두 문자열을 비교하여 음수 또는 양수를 리턴한다. 많은 문자열을 비교한다면 이 방법이 더 성능이 좋다고 한다.

```
>> new Intl.Collator('de').compare('äpple', 'banan');
<< -1
```

localeCompare() 메서드와 compare 속성 모두 옵션을 추가하여 대소문자 구별 여부를 지정할 수도 있다. 예를 들어 sensitivity 키에 'base' 값을 넣으면 ä와 A와 a를 모두 동일한 문자로 본다.

```
>> new Intl.Collator('de', { sensitivity: 'base' }).compare('äpple',
'apple');
<< 0
```

더 자세한 내용은 MDN 문서(각각 http://mzl.la/1WNlLzf 및 http://mzl.la/1QrvsAK)를 참고하기 바란다.

▪ 문자열 정렬

이렇게 각 언어 규칙을 이용해 여러 문자열을 정렬하는 것이 가능하다. 여기에서는 여러 언어의 문자열이 들어 있는 배열을 만들고 이를 정렬해보겠다. 먼저 다음과 같이 sortList 배열을 하나 만들어보자.

```
>> var sortList = ['äpple', 'åsna', 'banan', 'Österreich', '한글', 'カタカナ'];
```

먼저 이 배열을 한국어로 정렬해보자. 정렬에 사용되는 메서드는 sort() 이며, 비교에 사용할 함수를 매개변수로 넘겨야 한다. 여기에서는 방금 살펴본 compare 속성을 이용하겠다.

```
>> sortList.sort(new Intl.Collator('ko').compare);
<< ["한글", "äpple", "åsna", "banan", "Österreich", "カタカナ"]
```

sort() 메서드가 배열의 요소를 정렬하고 리턴한 배열을 볼 수 있다. 로케일을 ko(한국어)로 지정했으므로 실행 결과는 한국어 정렬 규칙에 따라 '한글'이 제일 앞으로 정렬되었고, 이어서 'äpple' 등이 나왔다.

여기에서는 한국어 정렬 순서를 사용하여 배열을 나열했지만, 사실 '한글' 문자열을 제외한 나머지는 한국어가 아니다. 즉 로케일를 사용하면 다른 언어의 문자열도 정렬할 수가 있다. 4장 '로케일 활용하기'에서 언급한 것처럼, 서버는 한 언어만이 아니라 클라이언트가 보내는 여러 언어의 문자열을 처리할 수 있어야 하므로, 지정한 로케일이 다른 언어의 문자열도 정렬해야 하는 상황이 생길 수 있다.

▪ 로케일 예제 프로그램

지금까지 로케일에 따라 다양한 데이터를 바꾸는 간단한 실습을 해보았다. 이번에는 일종의 드롭다운 메뉴에서 사용자가 로케일을 선택하면 자동으로 날짜, 긴 날짜, 숫자, 문자열 정렬이 로케일에 맞게 업데이트되는 간단한 웹 애플리케이션을 만들어보자. HTML, CSS, 자바스크립트를 사용할 텐데 여기서는 각 기술에 대해 자세히 다루지는 않고 국제화 관련된 주요 내용만 간략하게 설명하겠다.

그림 8-2. 로케일 예제 프로그램

이 책 사이트의 예제 페이지(http://globalsoftware.kr/demo.html)에서 프로그램을 사용하거나 '소스 보기'로 전체 코드를 볼 수 있다.

먼저 네 가지 유형의 데이터(날짜, 긴 날짜, 숫자, 문자열 정렬)를 표시할 단락을 만든다.

```
<p id="date">Date</p>
<p id="longdate">Long Date</p>
<p id="number">Number</p>
<p id="sort">Sort</p>
```

사용자가 로케일 목록에서 원하는 로케일을 선택하면 그 로케일을 매개변수로 사용하는 자바스크립트 함수를 호출하게 했다. 함수 이름은 setFormat()이라고 하고, en-US, ko-KR, zh-Hans-CN 등의 로케일을 지원하도록 뒤에서 구현하겠다. 버튼을 클릭하면 myFunction() 함수를 호출하여 로케일 목록을 화면에 보이게 바꿀 것이다. 이 함수의 전체 구현은 소스를 참고하기 바란다.

```
<div class="dropdown">
<button onclick="myFunction()" class="dropbtn">Locales</button>
  <div id="locale" class="dropdown-content">
    <a href="#enUS" onclick="setFormat('en-US')">en-US</a>
    <a href="#koKR" onclick="setFormat('ko-KR')">ko-KR</a>
    <a href="#zhCN" onclick="setFormat('zh-Hans-CN')">zh-Hans-CN</a>
    ...
```

로케일을 매개변수로 가지는 setFormat() 메서드는 다음과 같다. 앞에서 살펴봤던 Intl.DateTimeFormat, Intl.NumberFormat, Intl.Collator를 사용하여 날짜, 긴 날짜, 숫자, 정렬 순서를 로케일 형식에 맞게 바꿔준다. 그리고 각 날짜, 긴 날짜, 숫자, 정렬한 값을 위에서 만든 각 단락에 보여주도록 한다.

```
function setFormat(locale) {
    var date = new Date(2016, 1, 14, 6, 12, 30);
    var options = year: 'numeric', month: 'long', day: 'numeric', hour:
'numeric', minute: 'numeric', second: 'numeric', weekday: 'long',
timeZoneName: 'long'};
    document.getElementById("date").innerHTML = "Date: " + new Intl.
DateTimeFormat(locale).format(date);
    document.getElementById("longdate").innerHTML = "Long Date: " + new
Intl.DateTimeFormat(locale, options).format(date);
    document.getElementById("number").innerHTML = "Number: " + new Intl.
NumberFormat(locale).format(1234.56);
```

```
    var sortList = ['äpple', 'åsna', 'banan', 'Österreich', '한글','カタカナ'];
    var collator = new Intl.Collator(locale);
    sortList.sort(collator.compare);
    document.getElementById("sort").innerHTML = "Sort: " + sortList.
join(', ');
}
```

이를 실행하면 버튼 클릭 시 로케일을 고를 수 있는 드롭다운 메뉴가 나
타난다. 예를 들어 ko-KR(한국 한국어)를 선택하면 다음과 같은 결과가 나온다.

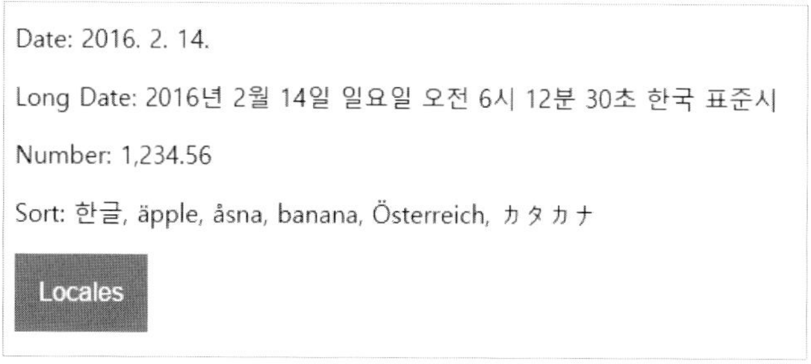

Date: 2016. 2. 14.

Long Date: 2016년 2월 14일 일요일 오전 6시 12분 30초 한국 표준시

Number: 1,234.56

Sort: 한글, äpple, åsna, banana, Österreich, カ タ カ ナ

Locales

그림 8-3. 한국 한국어 로케일 결과

zh-Hans-CN(중국 간체 중국어)을 선택하면 다음과 같이 나올 것이다.

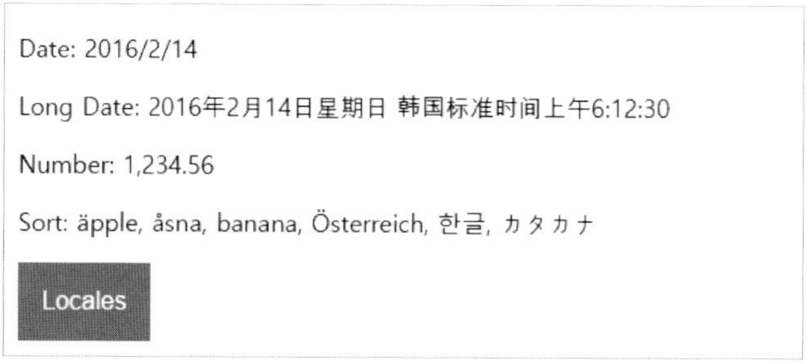

Date: 2016/2/14

Long Date: 2016年2月14日星期日 韩国标准时间上午6:12:30

Number: 1,234.56

Sort: äpple, åsna, banana, Österreich, 한글, カ タ カ ナ

Locales

그림 8-4. 중국 간체 중국어 로케일 결과

이 밖에도 로케일을 바꿔가며 다양한 출력 결과를 확인해보기 바란다.

현지화 실습

다음으로 간단한 현지화 실습을 해보겠다. 7장 '현지화 엔지니어링'에서 언급한 비주얼 스튜디오의 MAT(다국어 앱 도구 키트)는 C++, C#, 자바스크립트, VB 프로젝트의 현지화 워크플로를 도와주는 도구로서 비주얼 스튜디오와 연동하여 사용할 수 있다. MAT는 표준으로 사용되는 XLIFF(1.2 버전)를 사용하기 때문에 생성된 파일은 다른 현지화 시스템과도 쉽게 호환된다.

    MAT는 수도 언어 엔진을 포함하여 하드코딩된 문자열이나 잘린 리소스 등을 미리 테스트함으로써 현지화를 시작하기 전에 현지화 가능성을 검증할 수 있게 해준다. 마이크로소프트의 기계번역 엔진이 통합되어 있어서 리소스를 많은 언어로 쉽게 기계번역할 수도 있다. 또한 MS의 언어 포털(https://www.microsoft.com/Language)과 통합되어 있어서 인터넷이 연결된 경우는 용어 서비스 API를 통해서 MS 제품에서 사용하는 용어를 쉽게 찾아볼 수 있다.

▪ 비주얼 스튜디오 및 MAT 설치

MAT는 2016년 1월 기준으로 4.0 베타 버전까지 나왔다. 이 버전부터 윈도우 10 프로젝트를 지원한다. 이 4.0 베타 버전을 사용해 실습을 해볼 것이다. 비주얼 스튜디오는 무료 버전인 Visual Studio Community 2015를 이용하겠다. 운영체제는 윈도우 10 사용을 권장한다.

    먼저 비주얼 스튜디오 2015 커뮤니티 버전의 한국어판을 다운로드한다. 단축 주소는 http://bit.ly/1LhAosz이다. 설치할 때 '사용자 지정 설치'를 선택하고 '유니버설 Windows 앱 개발 도구(Universal Windows App Development Tools)'를 모두 선택하여 설치하면 된다. 윈도우 10을 권장하지만, 윈도우 8.1을 사용하고 있다면 'Windows 8.1 및 Windows Phone 8.0/8.1 도구' 항목도 체크해야 한다.

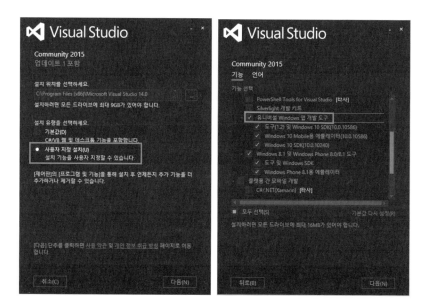

그림 8-5. 비주얼 스튜디오 커뮤니티 2015 설치 화면

그다음 비주얼 스튜디오 갤러리 사이트에서 MAT 4.0 베타를 다운로드한다. 단축 주소는 http://bit.ly/1RtiBRJ이다. 다운로드한 파일을 실행하여 설치하기 전에 비주얼 스튜디오가 실행 중이라면 종료하는 게 좋다. MAT 설치 과정에서 설치 종류를 물어보면 '전체(Complete)'를 선택한다.

그림 8-6. MAT 설치 과정

■ 기본 언어로 간단한 프로그램 만들기

먼저 비주얼 스튜디오에서 제공하는 템플릿을 사용하여 C# 언어를 사용하는
유니버설 Windows 프로젝트를 하나 만들어보자. '파일' 메뉴에서 '새로 만들기
〉 프로젝트'를 선택한다.

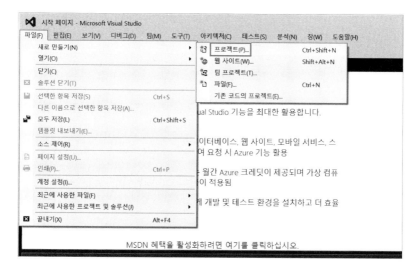

그림 8-7. 파일 > 새로 만들기 > 프로젝트

새 프로젝트 이름 등을 묻는 대화창이 뜰 것이다. '비어 있는 앱(유니버설 Windows)'을 선택한다. 다른 설정은 현재로선 건드릴 필요 없고, 프로젝트명은 적당히 'Demo1'이라고 입력하고 [확인] 버튼을 누른다. 윈도우 8.1을 사용한다면 '비어 있는 앱(Windows 8.1)'을 선택한다.

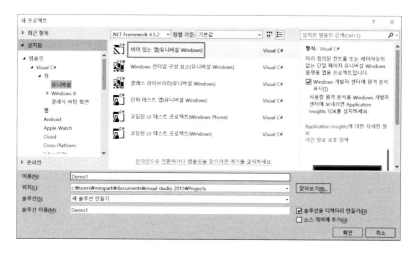

그림 8-8. 비어 있는 앱(유니버설 Windows)

만약 윈도우 10에서 이를 실행하면 다음과 같은 경고 메시지가 뜰 수도 있다. 이 경우 메시지에 포함된 '개발자 설정' 링크를 눌러 제어판으로 이동한다.

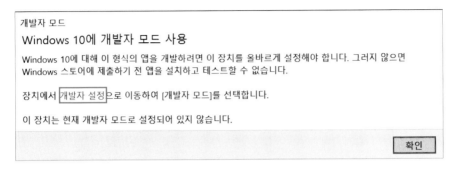

그림 8-9. 개발자 모드 경고 메시지

그 다음 '개발자 모드'를 선택하면 된다.

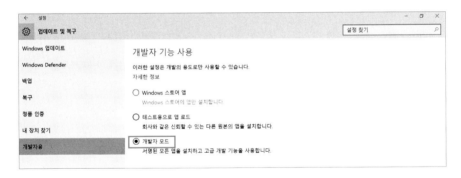

그림 8-10. 개발자 모드 설정

이제 오른쪽 화면의 '솔루션 탐색기'를 보면 생성된 C# 프로젝트의 Main Page.xaml 템플릿 파일이 보일 것이다.

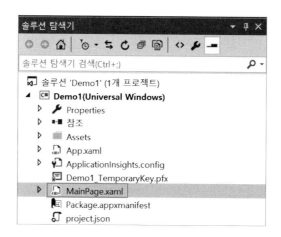

그림 8-11. 솔루션 탐색기

이 파일을 더블클릭하면 다음과 같은 빈 **Grid**를 볼 수 있다.

```
<Grid Background="{ThemeResource ApplicationPageBackgroundThemeBrush}">

</Grid>
```

Grid 태그 안에 다음과 같이 **Viewbox**와 **TextBlock** 코드를 넣는다.

```
<Grid Background="{ThemeResource ApplicationPageBackgroundThemeBrush}">
    <Viewbox Grid.Column="1" Grid.Row="1" >
        <TextBlock x:Uid="message" />
    </Viewbox>
</Grid>
```

이 프로그램은 한국어 버전이기 때문에 한국어 로케일(ko–KR)을 기본으로 사용하도록 지정되어 있다. 만약 기본 언어를 바꾸고 싶으면 Package.appxmanifest 파일에 들어가 기본 언어 로케일을 바꿀 수 있다. 기본 언어는 프로그램 실행 시 표시될 리소스의 기본 언어를 의미한다. 이 실습에서는 기본 언어를 바꾸지는 않을 것이다.

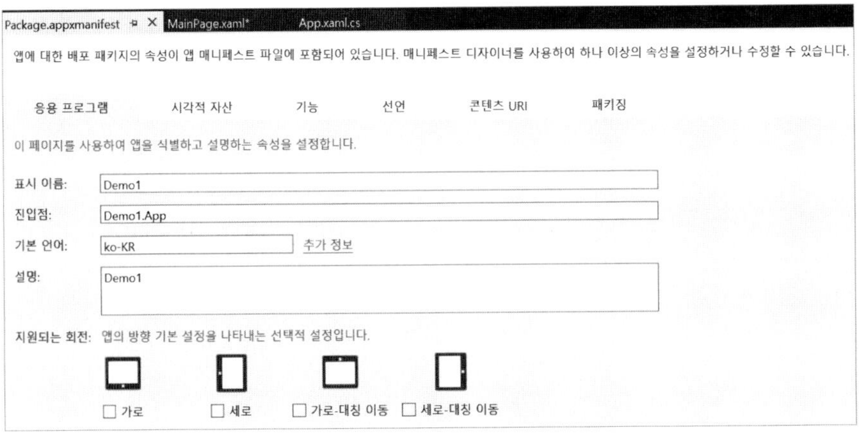

그림 8-12. Package.appxmanifest 화면

기본 언어가 ko-KR이라고 지정되어 있어도 ko-KR 리소스가 없으면 보여줄 수 없기 때문에 프로그램 실행 시 보여줄 ko-KR 리소스를 만들어보자. 프로그램은 실행 시 리소스 파일에 접근하여 TextBlock에 보여준다. TextBlock 안에 표시될 리소스를 직접 코드에 삽입해서 코드로 불러오는 게 아니라 ko-KR 리소스 파일에서 불러오게 해야 한다.

먼저 프로젝트에 ko-KR이라는 새 폴더를 추가하자. 솔루션 탐색기에서 프로젝트 이름을 우클릭하고 '추가 > 새 폴더'를 선택한 다음 폴더명에 ko-KR을 입력한다.

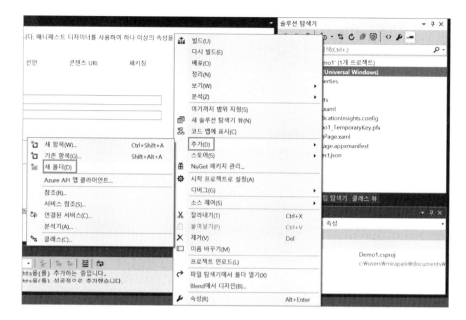

그림 8-13. 새 폴더 추가하기

그다음 생성된 ko-KR 폴더를 우클릭하여 '추가 > 새 항목'을 선택하고 스크롤을 내려 '리소스 파일(.resw)'을 선택하고 [추가] 버튼을 누른다. 새 리소스 파일이 추가되었고 자동으로 열릴 것이다.

그림 8-14. 리소스 파일 추가하기

이 Resource.resw 파일에 프로그램을 실행했을 때 TextBlock에 표시될 ko-KR 리소스를 추가한다. 앞에 코드에서 TextBlock의 x:Uid를 message라고 지정했으므로 다음 그림과 같이 리소스 이름을 message.Text라고 입력한다. 값에는 텍스트의 내용으로 "이것은 다국어 앱 도구 키트 예제이다."라고 입력하겠다. 설명 칸은 비워뒀지만 개발자가 현지화할 때 주의해야 할 점을 주석으로 달 수 있다.

그림 8-15. 리소스 추가하기

이제 F5 키를 눌러 프로그램을 실행하면 한국어 폴더 ko-KR에 포함된 Resource.resw 파일에서 한국어 리소스를 불러와 다음과 같이 보여줄 것이다.

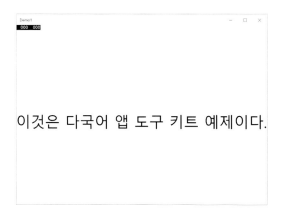

그림 8-16. 한국어를 보여주는 실행 결과

- MAT로 새로운 언어 추가하기

이제는 MAT를 사용하여 en-US(미국 영어)를 추가해보자. 다음처럼 '도구 > 다국어 앱 도구 키트'를 선택하면 '선택 가능'과 '선택 사용 안 함' 2가지 메뉴가 있다. 현재 MAT가 활성화되어 있지 않기 때문에 '선택 가능'만 선택할 수 있다.

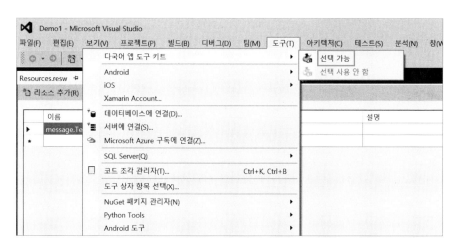

그림 8-17. 다국어 앱 도구 키트

MAT가 활성화되면 새로운 언어를 추가할 수 있다. 프로젝트를 우클릭하여 '다국어 앱 도구 키트 > 번역 언어 추가…'를 선택하면 된다.

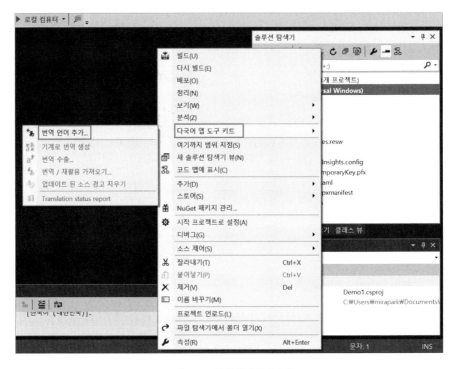

그림 8-18. 번역 언어 추가하기

영어를 추가할 텐데 English 항목 아래에 많은 종류의 영어가 있다. 이 중에서 미국 영어, 즉 '영어(미국) [en−US]'를 선택하고 [확인] 버튼을 누른다.

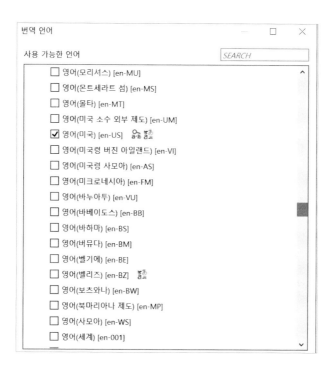

그림 8-19. 영어 추가하기

그러면 en-US 폴더가 생성되고 그 밑에 Resource.resw 파일이 생성된다. 그리고 MultilingualResources 폴더가 생기고 그 밑에 Demo1.en-US.xlf 파일이 생성되었을 것이다.

그림 8-20. 영어 리소스 파일 생성

Demo1.en-US.xlf 파일은 MAT가 생성하는 파일로서 이 파일의 리소스를 현지화하면 en-US 폴더 밑에 Resource.resw 파일의 리소스 값이 자동으로 채워진다. 프로그램을 실행할 때는 Demo1.en-US.xlf가 아닌 en-US 폴더 밑에 있는 Resource.resw에서 리소스를 불러와서 보여주는 것이다.

MAT에 포함된 다국어 에디터(multilingual editor)로 Demo1.en-US.xlf에 대해 여러 현지화 작업을 할 수 있다. 이 파일을 더블클릭하면 Multilingual Editor를 열어서 현지화해야 할 리소스를 보여준다.

다음 그림을 보면 리소스 ID는 message.Text이다. message.Text는 기본 언어인 ko-KR 폴더 밑에 Resource.resw 파일에 추가했던 리소스 이름이다. MAT가 새로운 언어를 추가할 때 기본 언어의 Resource.resw에서 리소스 목록을 가져와서 새로운 언어에 추가하는 것이다. 이렇게 함으로써, 원본 언어와 현지화 언어가 같은 리소스 목록을 가지게 된다.

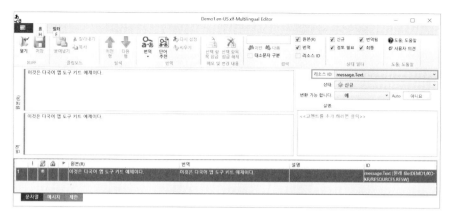

그림 8-21. Multilingual Editor

필자가 직접 '번역' 필드에다가 "This is Multilingual App Toolkit example."
이라고 치면 '상태' 필드가 '신규'에서 '번역됨'으로 자동으로 바뀐다. 만약 리뷰가
필요하면 상태를 '검토 필요'로 바꿔주면 된다.

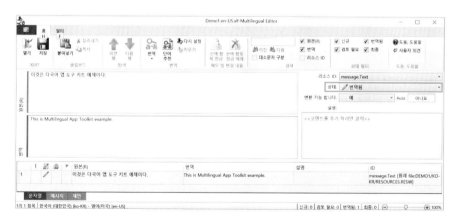

그림 8-22. 리소스 번역하기

메뉴에서 '단어 추천'을 선택하면 Micorosft Translation Provider에서 제
공하는 기계번역 내용을 선택하여 사용할 수 있다. 현지화를 끝내고 저장한 후
에 다국어 에디터를 닫으면 된다.

Seq	신뢰도	원본(R)	과녁명	공급자 이름
1	100	이것은 다국어 앱 도구 키트 예제이다.	This is an example of multilingual app Tool Kit.	변환기 Microsoft 공급자
2	90	이것은 다국어 앱 도구 키트 예제이다.	This is an example of multilingual app Toolkit.	변환기 Microsoft 공급자
3	90	이것은 다국어 앱 도구 키트 예제이다.	This is an example of multilingual app Tool Kit for example.	변환기 Microsoft 공급자
4	90	이것은 다국어 앱 도구 키트 예제이다.	This is a multilingual app Toolkit sample.	변환기 Microsoft 공급자
5	90	이것은 다국어 앱 도구 키트 예제이다.	This is a multilingual app Tool Kit is an example.	변환기 Microsoft 공급자

그림 8-23. 마이크로소프트의 기계번역 이용

번역할 내용이 많아서 기계번역을 모든 문자열에 적용하고 싶으면 Demo1.
en-US.xlf를 우클릭하여 '다국어 앱 도구 키트 > 기계로 번역 생성'을 선택한다.
이렇게 하면 기계번역을 파일에 포함된 모든 문자열에 적용하게 된다.

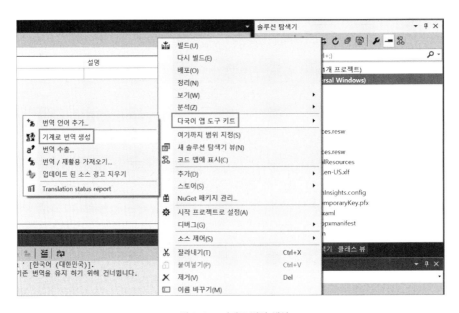

그림 8-24. 기계로 번역 생성

번역을 한 후에 Ctrl + Shift + B 키로 프로그램을 빌드하면 Demo1.en-
US.xlf에서 번역한 리소스가 자동으로 en-US 폴더 밑에 있는 Resource.resw
파일로 들어간다. 다음 그림은 자동으로 message.Text에 영어 리소스 값이 채
워진 모습이다.

그림 8-25. 영어 리소스 업데이트

프로그램의 기본 언어는 한국어로 지정되어 있지만, 추가된 영어 리소스를 프로그램에 보여주게 만들 수 있다. 리소스를 불러올 언어를 바꾸려면 다음과 같이 영어를 가장 우선순위가 높게 지정해주면 된다.

윈도우에서 '제어판 > 시계, 언어 및 국가별 옵션 > 언어'에 들어간다. 만약 'English(United States)'가 없다면 '언어 추가'를 선택해서 추가한다. 추가한 후에 'English(United States)'를 선택해서 가장 위에 위치하도록 끌어 올려준다.

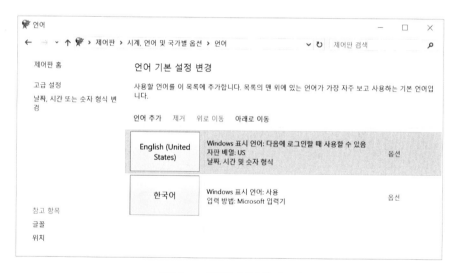

그림 8-26. 영어로 우선순위 바꾸기

또는 '설정 > 시간 및 언어 > 지역 및 언어'에서 'English(United States)'를 선택하고 [기본값으로 설정] 버튼을 눌러도 영어가 기본 언어로 지정된다.

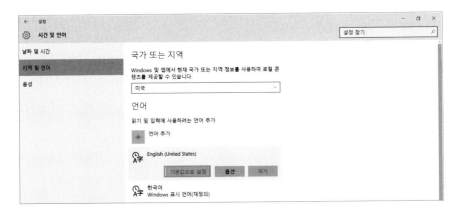

그림 8-27. 영어로 우선순위 바꾸기

이제 비주얼 스튜디오에서 프로젝트를 다시 빌드하고 실행해보자. 영어 리소스를 사용하는 것을 확인할 수 있다.

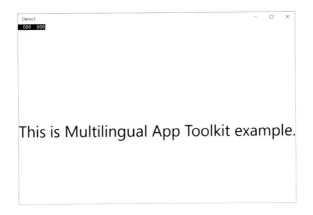

그림 8-28. 영어 리소스를 불러온 화면

이상으로 간단하게 국제화 및 현지화 실습을 마쳤다. 아주 간단한 국제화와 현지화 실습이지만 개념을 확실히 이해하도록 돕는 것을 가장 큰 목표로 했다. 이 실습을 통해서 독자가 제품의 세계화에 재미를 느끼고, 국제화와 현지화를 통해 세계를 누비는 제품을 만들기를 바란다.

부록: 기술 정보

다양한 기술과 라이브러리

앞서 8장에서 자바스크립트와 C#을 사용하여 간단한 실습을 해보았지만, 실제로 제품을 개발할 때는 훨씬 복잡하고 다양한 상황에서 국제화와 현지화를 구현해야 할 것이다. 제품 기능과 파일 유형은 물론 대상 플랫폼도 다양할 것이기 때문이다. 사용할 수 있는 기술과 라이브러리도 다양하다.

또한, 본문에서는 개발자가 아닌 독자를 고려하여 기술적 세부사항을 언급하지 않은 부분이 있었다. 이에 본문에서는 자세히 살펴보지 않고 넘어갔던 다양한 기술 정보를 이곳에 부록 형태로 수록한다.

▪ 플랫폼별 국제화 클래스

국제화 시 로케일에 맞게 데이터 형식을 사용하는 것이 얼마나 중요한지는 국제화를 다룬 챕터에서 충분히 설명한 바 있다. 대부분의 경우 플랫폼이 제공하는 기능을 이용하는 것을 권장한다.

여기에서는 닷넷 프레임워크, 안드로이드, iOS 플랫폼에서 제공하는 몇 가지 중요한 국제화 관련 클래스에 대해 짚고 넘어갈 것이다. 여기에서 나열한 클래스, 메서드 등은 물론 포괄적인 목록은 아니고 중요하다고 생각하는 부분 위주로 나열했다. 더 자세한 내용이 필요하다면 이 내용을 바탕으로 더 찾아보고 조사할 수 있을 것이다.

▪ 닷넷 프레임워크

닷넷 프레임워크의 System.Globalization 네임스페이스는 다양한 국제화 클래스를 포함한다. 달력, 날짜, 숫자, 화폐 및 정렬 순서 등의 형식을 정의하는 클래스들이 있다. MSDN 문서(http://bit.ly/20b466w)에서 자세한 정보를 찾을 수 있다. 많이 쓰이는 클래스 몇 가지를 꼽아보면 다음과 같다.

CultureInfo 클래스

로케일에 맞는 국제화 형식에 대한 정보가 들어 있으며, 다양한 국제화 관련 속성과 메서드를 포함한다. 예를 들어 `currentCulture` 속성에서 현재 환경의 로케일 정보를 불러올 수 있다.

주요 속성으로는 `Calendar`, `DateTimeFormat`, `NumberFormat`, `KeyboardLayoutId`, `TextInfo`, `TwoLetterISOLanguagName` 등이 있고, 주요 메서드로는 `GetCultureInfo()`, `GetCultures()`, `GetFormat()`이 있다.

CompareInfo 클래스

앞에서 문자열 정렬은 언어에 따라 비교 기준이 다르다는 점을 살펴보았다. 이 클래스는 각 문화권의 언어 정렬 규칙을 사용하여 문자열을 비교하는 작업을 수행한다. 이때 `GetCompareInfo` 메서드를 사용하여 로케일을 지정할 수 있다.

RegionInfo 클래스

지역별 정보를 담고 있다. 예를 들어 `CurrencySymbol`, `ISOCurrencySymbol`, `CurrencyNativeName` 등의 속성은 화폐 이름이나 기호를 가져온다. 또한 `IsMetric` 속성은 어떤 국가나 지역의 측정 단위가 미터법을 사용하는지 알려준다.

- 안드로이드

안드로이드에서는 자바의 각종 클래스를 이용할 수 있다. 안드로이드 개발자 레퍼런스(http://developer.android.com/reference)에 자세한 정보가 있다.

Locale 클래스

로케일의 국가와 언어 이름을 비롯하여 로케일 관련 정보를 얻을 수 있다. getDefault() 메서드를 사용하면 사용자 환경의 기본 로케일을 알 수 있다.

대표적으로 getAvailableLocales(), getCountry(), getDisplayLanguage() 등의 메서드를 포함하여, 이들을 통해 사용 가능한 로케일이나 로케일의 국가나 언어 정보 등을 얻을 수 있다.

NumberFormat 클래스

getNumberInstance(), getPercentageInstance() 등의 메서드는 지정한 로케일을 사용하여 숫자나 퍼센트 값을 로케일에 맞게 형식화할 수 있다. 매개변수가 없는 경우에는 기본 로케일을 사용한다.

getCurrencyInstance(), getCurrencyInstance() 등은 화폐단위를 로케일에 맞게 형식화하는 데 사용된다.

DateFormat 클래스

getDateInstance() 메서드는 날짜를 지정한 로케일에 맞는 형식으로 다루기 편리하도록 DateFormat 인스턴스를 리턴한다. 매개변수에 로케일을 지정하지 않으면 사용자 기본 로케일을 사용한다. `getDateTimeInstance()`도 비슷한 역할을 한다. 날짜뿐만 아니라 시간도 로케일에 맞는 형식으로 보여줄 때 사용한다.

Calendar 클래스

`getInstance()` 메서드는 지정한 시간대와 로케일에 맞는 `Calendar` 인스턴스를 생성한다. 매개변수를 지정하지 않으면 기본 시간대와 로케일을 사용한다.

Collator 클래스

`getInstance()` 메서드는 지정한 로케일에 맞는 `Collator` 인스턴스를 리턴한다. 그다음 `compare()` 메서드를 사용하여 지정한 로케일의 언어 규칙에 맞게 문자열을 비교할 수 잇다.

▪ iOS

iOS에서는 파운데이션 프레임워크의 각종 클래스를 이용한다. 파운데이션 프레임워크 레퍼런스(http://apple.co/20YYfBA)에서 더 자세한 정보를 찾아볼 수 있다.

NSLocale 클래스

주요 메서드와 키는 다음과 같다.

- `currentLocale` 메서드: 사용자의 현재 로케일 정보를 얻을 수 있다.
- `NSLocaleUsesMetricSystem` 키: 현재 로케일이 미터법을 사용하는지 알 수 있다.

- NSLocaleCurrencySymbol 키: 로케일의 화폐 기호를 문자열로 표현한 값을 알 수 있다.
- displayNameForKey:value: 메서드: 현지화된 언어 이름을 알 수 있다.

NSNumberFormatter 클래스

숫자 형식에 로케일을 적용하거나, 로케일을 인식하는 NSNumber 객체로 현지화된 문자열로 표현할 수 있다. localizedStringFromNumber:numberStyle: 메서드로 특정 스타일을 사용하여 숫자를 현지화된 문자열로 표현할 수 있다.

NSDateFormatter 클래스

날짜와 시간 형식에 로케일을 적용하거나, 로케일을 인식하는 NSDate 객체로 현지화된 문자열로 표현할 수 있다. localizedStringFromDate:dateStyle:timeStyle: 메서드로 특정 스타일을 사용하여 날짜와 시간을 현지화된 문자열로 표현할 수 있다.

NSCalendar 클래스

한 달에 며칠이 있는지 알아내거나, 날짜의 요소를 가지고 오는 등의 달력 계산을 할 수 있다. currentCalendar 메서드를 사용하면 사용자 로케일의 달력을 구할 수 있다.

NSString 클래스

localizedCompare 메서드를 사용하면 로케일에 맞게 문자열을 비교할 수 있다.

이 클래스를 사용하는 현지화된 문자열 비교는 CLDR을 사용하는 유니코드 콜레이션 알고리즘을 기반으로 한다.

■ ICU 활용하기

ICU의 유용함에 대해서도 앞에서 살펴본 바 있다. ICU 레퍼런스 문서(http://bit.ly/1QbyEDQ)에서 더 자세한 정보를 찾아볼 수 있다. 주요 국제화 클래스는 다음과 같다.

NumberFormat 클래스

createInstance(), createCurrencyInstance(), createPercentInstance() 메서드는 현재 로케일이나 지정한 로케일에 맞는 숫자, 화폐, 백분율 형식을 각각 리턴한다.

기본적으로 화폐 형식 객체가 생성될 때 화폐가 설정될 수 있다. 하지만 국가가 화폐단위를 바꿀 수도 있고 로케일 데이터가 없을 수도 있기 때문에 불안정하다. 그래서 이런 경우 화폐를 직접 지정해줄 수 있다. setCurrency()에 3자리 ISO 화폐 코드를 지정하여 화폐를 설정할 수 있다.

DateFormat 클래스

로케일에 맞게 날짜 형식을 바꿔주고 날짜를 파싱하는 역할을 한다. createDateInstance(), createTimeInstance() 메서드를 사용하여 로케일의 국가에 맞는 날짜 형식과 시간 형식을 생성할 수 있다.

MessageFormat 클래스

문자열을 결합할 때는 주어가 여성, 남성인지 또는 명사가 단수, 복수인지 등에 따라서 언어의 규칙에 맞는 형식으로 보여줘야 한다. 이런 역할을 담당한다.

자바스크립트 라이브러리

자바스크립트로 된 여러 다양한 라이브러리에서 국제화 기능을 제공한다. 본문에서 살펴본 ECMA Internationalization API는 별도의 라이브러리 설치 없이 사용이 가능하다. 더 자세한 내용은 MDN 문서(http://mzl.la/1o5vhlk)에서 찾아볼 수 있다. 8장에서는 이를 실습에 이용해보기도 했는데, 그 내용을 정리하면 다음과 같다.

- Intl.DateTimeFormat: 로케일에 따른 날짜와 시간 형식을 사용할 수 있다. 달력을 지정할 수도 있다. 옵션으로 시간대, 년, 월, 일, 시, 분, 초 등을 다양한 자료형으로 지정할 수도 있다.
- Intl.NumberFormat: 로케일에 따른 숫자 형식을 사용할 수 있고 숫자 체계도 지정할 수 있다. 옵션으로 화폐 형식을 추가할 수도 있어서 화폐의 기호나 이름을 보여주도록 지정할 수 있다.
- Intl.Collator: 언어에 따른 문자열 비교를 할 수 있다. 옵션으로 문자열 비교가 정렬이나 검색을 위한 것인지 지정할 수 있다. 그리고 문자열에서 어떤 차이점(악센트나 대소문자 등)까지 인식하여 비교할지를 지정할 수 있다.

그 밖에도 사용할 수 있는 다양한 오픈소스 자바스크립트 라이브러리가 있다. 이러한 라이브러리를 정리해놓은 깃허브 저장소(http://bit.ly/1X5rm7U) 등을 참고하여 필요한 기능을 사용할 수 있다.

현지화의 표준 XLIFF

본문에서 설명한 것처럼 XLIFF는 현지화의 사실상 표준처럼 널리 사용되는 파일 형식이다. XLIFF를 표준으로 채택함으로써 다양한 파일 유형을 현지화할 때 한 가지 형식인 XLIFF만 사용하면 된다는 이점이 생긴다. 이를 통해 특정 현지화 시스템이나 공급업체에 대한 의존도를 낮추고 파일 데이터를 효율적으로 교환할 수 있다.

XLIFF를 사용하려면 현지화할 다양한 원본 파일에서 현지화 대상 리소스를 추출하고 나중에 현지화한 리소스를 다시 원본 파일 형태에 병합하는 업무가 별도로 필요하다. 기업이 이런 기능을 직접 구현할 수도 있지만, 현지화 시스템은 필터를 포함하여 HTML, XML 등 많이 사용되는 파일 형식에서 텍스트를 분리해낼 수 있는 기능을 제공한다. 현지화 공급업체 역시 리소스 파일을 전달받으면 여러 변환기를 이용해 리소스를 분리하여 XLIFF 형식으로 만드는 작업을 한다.

시중에는 다양한 파일 형식을 XLIFF 파일로 변환하고 다시 원본 파일로 변환해주는 도구들이 있다. Okapi Framework, Translate Toolkit 등이 XLIFF 형식을 지원한다. 맥이나 iOS에서는 Xcode 도구를 사용하여 XLIFF 파일을 생성할 수 있다.

XLIFF 1.2가 널리 쓰이긴 하지만 2014년에 새로 출시한 XLIFF 2.0 버전으로 업데이트하는 사용자들이 늘어나고 있으므로 XLIFF 2.0을 사용하는 것을 권장한다.

XLIFF 파일의 헤더를 설정하는 방법을 살펴보자. 예를 들어 영어를 한국어로 현지화한다고 하면, 원본 언어(srcLang)를 영어로 지정하고 현지화 언어(trgLang)를 한국어로 지정한 다음, 영어 문자열과 현지화된 한국어 문자열을 넣는다.

```
<xliff xmlns="urn:oasis:names:tc:xliff:document:2.0" version="2.0"
srcLang="en-US" trgLang="ko-KR">
```

또한 원본 언어와 현지화 언어의 내용을 각 unit 및 segment 안에 포함한다.

```
<unit id="1">
  <segment>
    <source>Choose your favorite laptop. </source>
    <target>가장 좋아하는 노트북을 선택하세요. </target>
  </segment>
</unit>
```

자세한 내용은 Oasis 페이지를 참조한다(http://bit.ly/1m6WRxf).

에필로그

김훈 대리: 팀장님, 파이팅입니다! 열심히 연습한 대로만 하시면 성공적인 연설이 될 겁니다.

나원래 팀장: 고마워, 김훈 대리. 라스베이거스 세계가전전시회(CES)에서 연설을 하게 될 줄 누가 알았겠어. 기회가 주어졌으니 후회 없이 최선을 다해야지. 그나저나 내 영어 발음 잘 알아들어야 할 텐데, 하하.

나원래 팀장이 이끄는 팀은 국제화를 시작하면서 해외 사용자가 어떻게 제품을 사용할지 이해하기 위해 해외 사용자를 모집하여 베타 테스트를 진행했다. 코드에서 리소스를 찾아내어 리소스 파일로 옮기고, 리소스는 리소스 파일에서 불러오도록 구현하였다. 현지화 단계에서는 전문업체를 통해 영어, 중국어, 일본어로 현지화하였다.

미국에 커넥트올을 출시한 직후, 여러 IT 매체에서 제품을 집중 소개했다. 폭발적인 반응 속에 나원래 팀장은 CES 스피커로 초청받기까지 했다. 나원래 팀장의 팀이 세계화를 기획하고 시작한 지 8개월, 커넥트올을 선보이기까지 쉽지만은 않은 여정이었다. 나원래 팀장은 그 시간과 노력이 더 많은 가치를 창출하기 위한 투자였다고 믿는다. 이제 글로벌 시장을 향해서 힘차게 점프하게 된 것이다.

나원래 팀장이 소프트웨어 세계화를 이뤄나가는 여정만큼이나 이 책의 집필은 나에게도 뜻깊은 여정이었다. 인생의 반은 한국에서, 다른 반은 미국에서 산 내가 한국어로 글을 쓸 수 있을까 하는 의구심이 있었다. 컴퓨터 지식과 용어는 영어로만 공부했고, 일할 때도 영어 위주로 사용했기 때문이다.

에필로그

그럼에도 이 글이 한국 독자에게 도움이 되길 바라는 마음에서 한국어로 책을 쓰게 되었다. 한국에서 좋은 아이디어와 소프트웨어가 개발되고 있지만, 국내에서만 출시되고 사라지곤 하는 상황이 안타까웠기 때문이다. 이제는 더 많은 한국 제품이 글로벌 시장에서 성공적으로 자리 잡고 큰 영향력을 끼칠 수 있기를 바란다.

글을 쓰면서 많은 리서치를 하고 지식과 생각을 정리하는 시간을 가졌다. 개인적으로 성장하는 동시에 많은 것을 배울 수 있었던 값진 경험이었다. 글을 쓰면서 아직도 배울 것이 많다는 사실과 다른 사람의 글을 함부로 판단해서는 안 된다는 것도 깨달았다. 모든 글은 각자의 색깔과 고유성을 갖는다는 것을 알게 되었기 때문이다.

이 책은 주위의 고마운 분들 덕분에 나올 수 있었다. 건설적인 피드백을 주고 에디터로서 꼼꼼하게 검토해준 담당 에디터 이상복 님께 감사한다. 그리고 한국과 미국에서 교육과 생활을 경험할 수 있게 해주셨던 부모님께 감사드린다. 두 문화를 경험하였기에 세계화 일을 할 수 있었고, 그 중요성을 깨달았기 때문에 책을 쓸 수 있게 된 것이다. 이 글을 쓸 수 있게 격려와 조언을 해준 멋진 남편에겐 큰 감사의 마음을 전하고 싶다. 남편은 『헬로 데이터 과학』 책을 쓰고 나는 이 책을 쓰면서 함께 1년의 시간을 보냈다. 남편은 글을 쓰는 이에게 가장 큰 도움은 함께 글을 쓰는 것이라고 말했고, 실제로 우리는 그렇게 서로에게 큰 힘이 되어주었다.

끝으로 생각과 지식을 표현할 수 있도록 영감을 준 미국의 예술가 오드리 플랙(Audrey Flack)의 명언을 독자 여러분과 나누고 싶다.

"위대한 예술을 낳는 밑거름은 당신이 잘 알고 좋아하는 것에 대해 말하고 쓰고 그릴 수 있는 용기에 있다."

"What makes for great art is the courage to speak and write and paint what you know and care about."